JN221995

「本当にあった事件」でわかる

金融と経済の基本

山本御稔
Yamamoto Mitoshi

日本実業出版社

はじめに

まずは、この本を手にとっていただき、ありがとうございます。この本では、金融と経済の基本とその背景を、さまざまな「事件」をテーマに解説していきます。

時々、筆者は鏡で自分の顔を見ては「なんでこんなになったのかなあ」と落胆してしまいます。せっかくなので、鏡で自分を見てみてください。「化粧がくずれてる」「ひげが残ってる」「肌が荒れてる」「なんだか太ってきた」とかさまざまな思いがめぐると思います。そして「なんでこうなったのかなあ」と筆者と同様に思われるのではないでしょうか。

鏡を見ながら「すてき！」とか「いけてる！」と思うことは多くはないでしょう。しかし、ただ落胆していても面白くありません。

今の自分が「こうなった」理由がわかれば、対処方法がわかります。その理由を探るには、自分自身ができあがった理由を探し出す必要があります。

経済や金融も同じです。「なんで今の金融・経済はこうなったの？」という質問の答えを探すには、基本を学び、これまでに起きた事件や事実から、理解することが必要です。

この本では、これまであったことを、２０２４年から徐々にさかのぼって学んでいきます。１９７０年ぐらいまでわかれば、

「だから、今は、こうなっているのか！」

という発見が、たくさんあることでしょう。

それがわかると、もしかしたら経済と金融をより良くする解決策が思い浮かぶかもしれません。思い浮かんだら、ぜひそれを実行してください。期待しています!!

２０２４年12月　山本御稔

SECTION 1

日本銀行の役割

２０２４年 新紙幣発行

SECTION 2

貨幣価値と決済システム

2022年 ロシア・ウクライナ戦争

SECTION 3

通貨・暗号資産 2018年 コインチェック事件

SECTION 4

独占市場、寡占市場、自由競争

2016年 電力自由化

SECTION 5

SECTION 6

公共投資　2011年 東日本大震災

SECTION 7

国家財政と国債

2010年 ギリシャ財政危機

SECTION 10

銀行の役割、直接金融と間接金融

2004年 メガバンクの時代

SECTION 11

金利

1999年 ゼロ金利政策

SECTION 12

有効求人倍率、完全失業率

1993年 就職氷河期

SECTION 13

インフレからデフレへの急降下
1990年 バブル崩壊

SECTION 14

消費税と経済動向

1989年 消費税導入

SECTION 15

バブル経済と株価

1986年 バブル経済の始まり

SECTION 16

企業物価指数、消費者物価指数

1973年 オイルショック

SECTION

17

貿易と経済圏

1971年 ニクソンショック

カバーデザイン　吉村 朋子
カバーイラスト　大原 沙弥香
DTP・本文イラスト　ナカミツデザイン

SECTION 1

日本銀行の役割

2024年 新紙幣発行

日本銀行がしっかりしているからこそ、
円は貨幣なのだ！

1万円札、渋沢栄一へ

新紙幣、偽造対策を強化

○×新聞

発行○× 新聞社

2024年 令和6年
7月3日

5千円札は津田梅子 1千円札に北里柴三郎

7月3日、2004年以来20年ぶりに紙幣のデザインが変更された。新紙幣の発行後も今までの紙幣はこれまでの通り使用することが可能。紙幣の肖像は、これまでの福沢諭吉、樋口一葉、野口英世から渋沢栄一、津田梅子、北里柴三郎になった。

改刷の理由は偽札の増加にある。偽札の流通は、国内問題に留まらず、その国の紙幣の信用力を著しく低下させ、ひいては国そのものの信用力の低下につながる。

今回の改刷では、偽造防止として、これまでの技術に加え、最新の偽造防止技術を採用し対策を強化。また、ユニバーサルデザインを取り入れている。

チ37号偽札事件のトラウマ

改刷は偽札との戦いの歴史とも言える。1961年、日本銀行秋田支店で戦後最大と言われる偽札事件が発生。日本銀行、民間金融機関の間では有名な「チ37号」と呼ばれる。見た目、触り心地では偽札だと簡単に見抜くことができないほど、高精度の偽札がつくられたため、流通が拡大してしまった。1961年に初めて見つかってから約2年で、22の都道府県で利用されたと見られている。事態の収束のため、当時の大蔵省（現・財務省）も日本銀行も即座に動く。事件から2年後の1963年には新千円札が発行され、それまでの聖徳太子の千円札から、最新の技術を用いて伊藤博文の千円札に改刷した。以来、一定の期間で改刷が行なわれるようになっている。

チ37号事件では、結局犯人は見つからず、1973年に時効を迎えました。警察だけではなく大蔵省も悔しい思いをしたことでしょう。何より紙幣の番人である日本銀行の悔しさは計り知れません。

Q1 なぜ、偽札の流通は、国そのものの信用力の低下につながるのでしょうか？

Q2 偽造防止には、どのような技術が使われているのでしょうか？

1 お金と法定通貨

さっそくですが、質問です。あなたは日常的に誰の顔をもっとも見ていますか？　家族ですか？　友だちですか？　お気に入りの歌手や俳優ですか？　それとも会社の上司ですか？

おそらく正解は、1万円札、5千円札あるいは1千円札といった紙幣の肖像画の顔ではないでしょうか。渋沢栄一、津田梅子、そして北里柴三郎をこれから毎日のように、見続けることになるのです。

2024年7月の改刷は偽札防止だけを意図したものではありません。日本のこれからのありようを表現している部分もあるのです。

時代のことば　**2024年「DX（デジタルトランスフォーメーション）」**

マイナンバーカードで公的サービスが利用できるようになり、金融のデジタル化やデジタル通貨も話題となっています。メタバースによる仮想空間でのコミュニケーションも企業や個人で広がり始めています。時代はめまぐるしく変革しているのです。

渋沢栄一は著書『論語と算盤《そろばん》』で、経済だけでなく社会貢献の必要性について記しました。渋沢栄一は、今の私たちが目指しているＥＳＧやＳＤＧｓの重要性、津田梅子は女性の活躍や男女平等、そしてグローバル化の重要性を表わしているように思えます。北里柴三郎は、私たちが日常的に必要としている医療の重要性や、イノベーションを思い起こさせます。お札の顔になった人々は、さまざまな願いや情報を表現しているのです。

それでは、このお札である「紙幣」や「硬貨」について、基本的なところから学んでみましょう。

日本銀行（日銀）が発行する1万円札、５千円札、１千円札は「**日本銀行券**」と呼ばれます。これは紙幣として、国立印刷局で印刷されています。

硬貨である５００円、１００円、50円、10円、５円、１円は、政府が造幣局で製造しています。これらの紙幣と硬貨は「**法定通貨**」と呼ばれます。

法定通貨とは、国が認めた貨幣（紙幣と硬貨をまとめて貨幣）のことです。それぞれの国や地域で確実に使えるパワー（強制通

図1-1　世界の法定通貨の一例

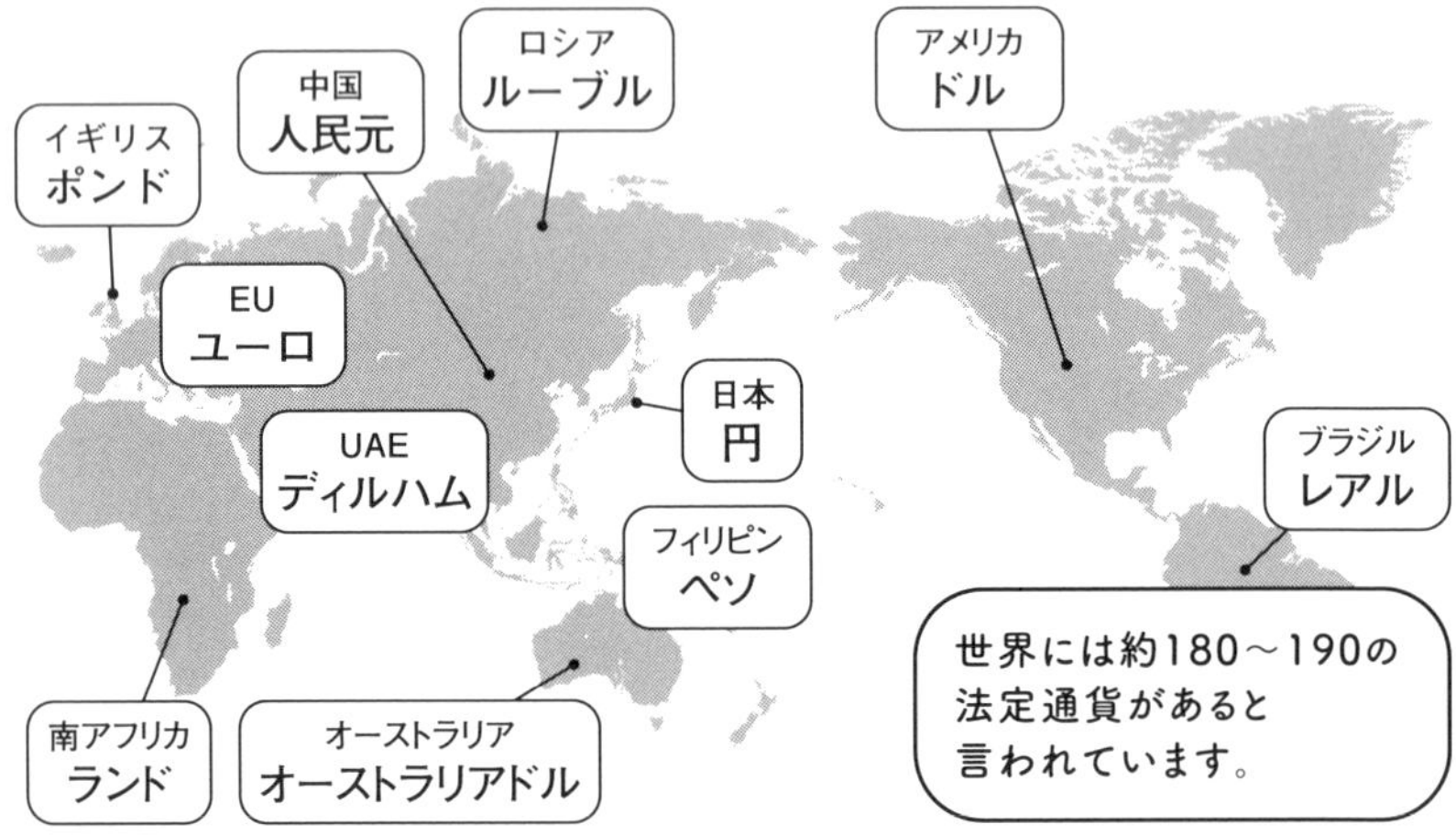

用力）を持っています。

日本で使える法定通貨は「円」です。円は、日本国内であればどこでも通用します。アメリカなら「ドル」が法定通貨であり、中国なら「人民元」が法定通貨です。

図1-1の「世界の法定通貨」をご覧ください。

さまざまな国で政府によって法定通貨が定められ、それを基本的に中央銀行が管理しています。**中央銀行とは、民間銀行のとりまとめなどの役割を果たす、国の金融機関の中核となる銀行です。そして、日本の中央銀行が「日本銀行」です。**

中央銀行は世界に122行ある（2022年日本銀行調べ「海外の中央銀行・通貨当局」）と言われています。法定通貨は、各国でそれぞれ発行されているのですが、2021年にエルサルバドル共和国が法定通貨として暗号資産の一種であるビットコインを利用すると発表して、話題となりました。

「通貨」と「貨幣」、似たような言葉ですが、それぞれ意味に違いはあるのでしょうか？

図1-2　「お金」という言葉にはさまざまな意味がある

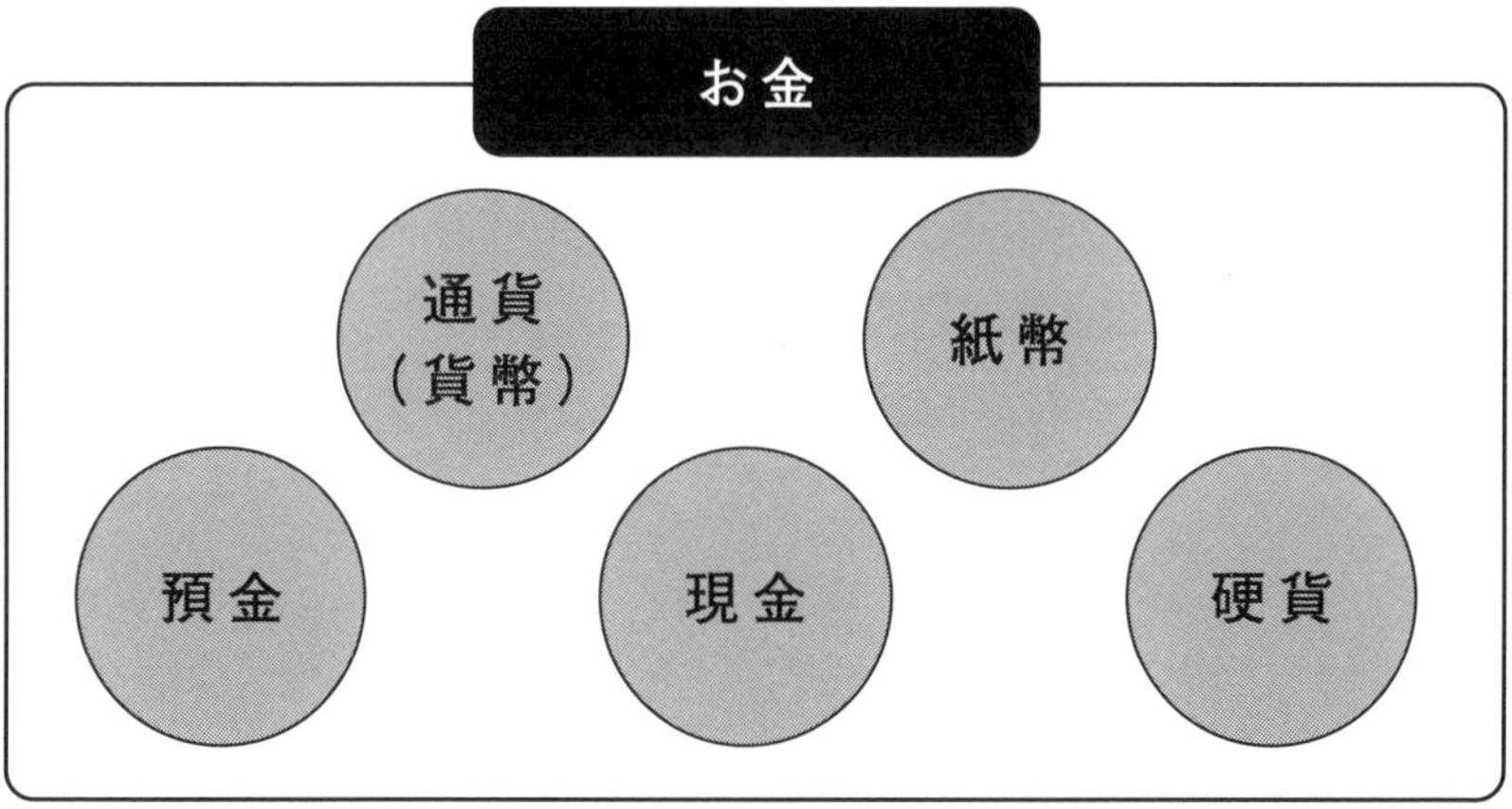

「貨幣」は物々交換を簡単に行なうためにつくり出された〝代用品〟と言えます。古代の巨大な石貨や江戸時代の小判も貨幣ですし、今皆さんの手元にある渋沢栄一の1万円札も「貨幣」です。「貨幣」とは、モノの価値をはかる〝手段〟としての呼び方と言えます。

「通貨」という呼び方は、その貨幣が流通でも利用できる価値を備えたという意味で使われます。1万円札は日本銀行がその価値を証明していますので、日本国内のどこでも使えますし、世界でも流通しています。「円」は日本の「貨幣」であり、世界に流通する「通貨」なのです。

また、通貨と呼ばれるものの中には、「預金通貨」というものもあります。これは銀行の〝要求払い預金〟のことです。要求払い預金とは、銀行にお願いをすれば、いつでも紙幣などの現金で払い戻しができる、流動性が高い預金のことを言います。代表的なのは、私たちが一般的に利用している民間銀行の普通預金です。

現金通貨（現金）についても理解しておきましょう。

現金とは、中央銀行が定めた紙幣、硬貨である、いわゆる〝物理的に存在するお金〟〝触ることができるお金〟を意味します。ただし、会計上では、すぐに現金化できる銀行預金（預金通貨）や小切手も現金に含まれます。

②　日本銀行券は日本経済の基盤

法定通貨である日本銀行券の信頼性を理解することが、日本経済の基盤の強さの理解につながります。

近年、現金（物理的に触れるお金）としての日本銀行券（お札）を使う機会が減っていることを実感しませんか？　経済産業省「キャッシュレスの将来像に関する検討会」によれば、キャッシュレス（クレジットカードやＩＣカードなど）の利用量は、２０１０年の13％から２０２１年に32・５％にまで伸びていますが、海外に比べればまだまだ低いです。韓国や中国は90％を超えていますし、アメリカでも55％を上回っています。日本より低いのは、たとえばドイツで、21％です。

この状況は、見方を変えれば「日本では紙で印刷された銀行券の信頼性や安定性が高い」とも言えます。

日本人は紙幣も硬貨も信頼しています。**中央銀行である日本銀行の法定通貨に対する信頼性の高さが、日本銀行券の安定性を高め、ひいては経済力の基盤を強化しています。**

こうした強い基盤は、貨幣そのものの信頼性に加え、日本銀行の目的である「**物価の安定**」と「**金融システムの安定**」で成り立っているのです。

それでは法定通貨の〝日本銀行券〟の、信頼性の高さを裏打ちする技術について見てみ

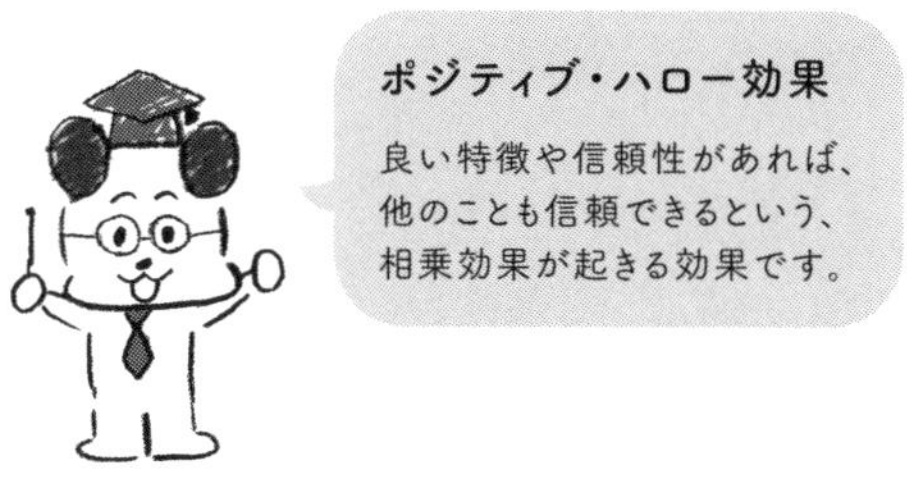
ポジティブ・ハロー効果
良い特徴や信頼性があれば、他のことも信頼できるという、相乗効果が起きる効果です。

ましょう。

日本銀行券の技術

紙幣である銀行券が「安全である」、つまり「偽造できない」ということは、円という貨幣の安定性につながります。

銀行券が信頼できるのなら、それを使って取引がされる銀行を通じた貸借や、銀行口座に紐づくクレジットカードも信頼できます。また、もし円が信用できなければ、貿易のためのドルやユーロへの交換も対応してもらえません。貿易には円の信頼性が必須です。

図1-3　1961年と2024年のお札印刷技術 聖徳太子から渋沢栄一へ

1万円札：聖徳太子（1961年）の技術

発行開始日：昭和33（1958）年12月　発行停止日：1986年（昭和61年）1月4日、寸法：84×174mm

①「すかし」、②「細密画線」、③「凹版印刷」の技術

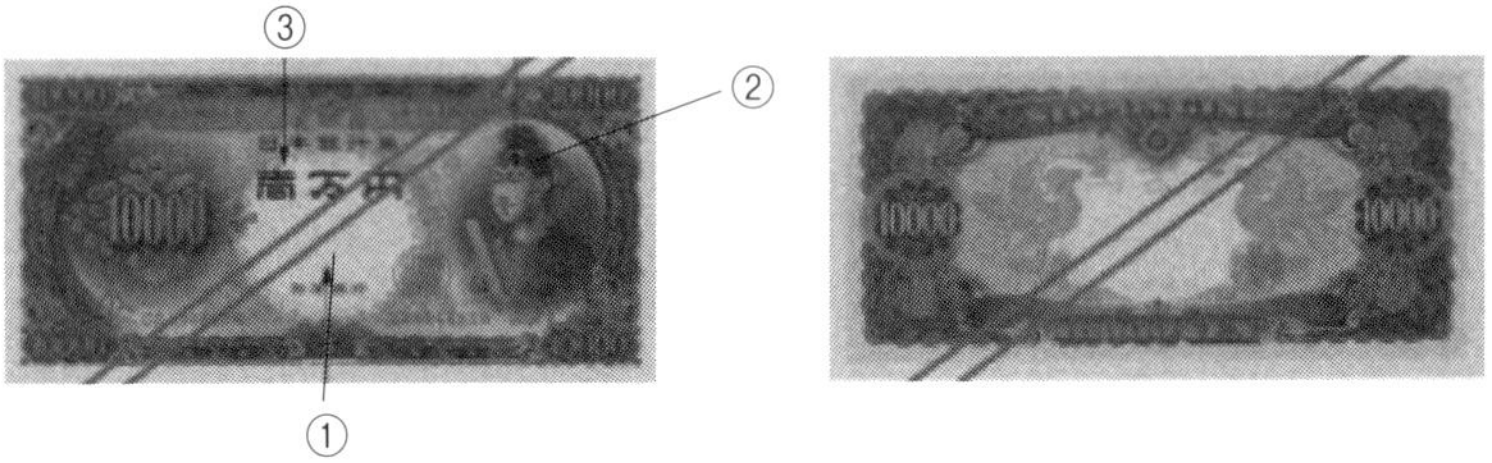

1万円札：渋沢栄一（2024年）の技術

発行開始日：令和6（2024）年7月、寸法：76×160mm

①「深凹版印刷」、②「高精細すき入れ（すかし）」、③「すき入れバーパターン」、④「ホログラム」、⑤「潜像模様」、⑥「パールインキ」、⑦「マイクロ文字」、⑧「特殊発光インキ」

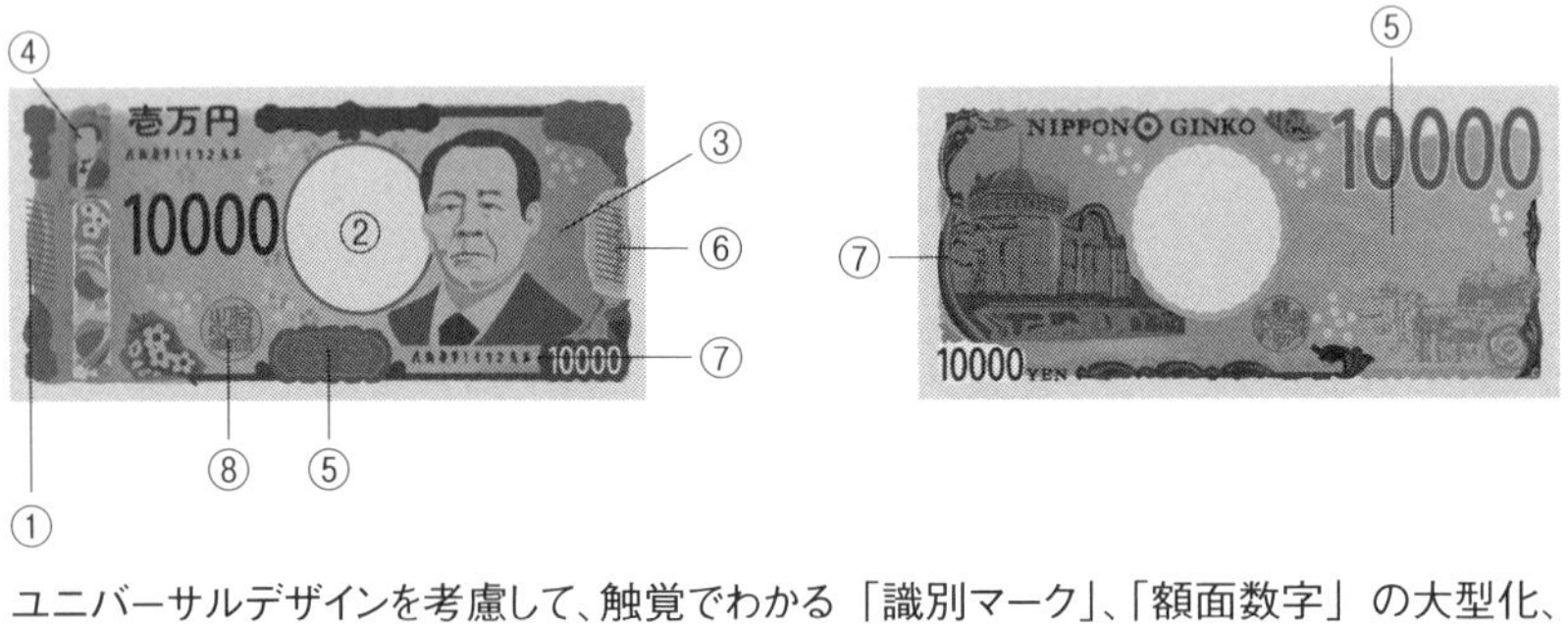

ユニバーサルデザインを考慮して、触覚でわかる「識別マーク」、「額面数字」の大型化、「ホログラム・すき入れの形・配置」の工夫で銀行券の見分けが楽になるような工夫がされました。

出所：旧札は日本銀行 HP

経済活動の基盤を高めるため、円の信頼性を高めるためのスタートが、日本銀行券である紙幣＝現金の安全性・信頼性なのです。安全性・信頼性の技術とその進展については、図1-3をご覧ください。

偽造の罪は重い

このような技術力で、日本のお金は偽札をつくることができないようにされています。しかし、偽札事件は起こってしまいます。この偽造を抑止するため厳しい法律があります。紙幣や硬貨の偽造、あるいはその行使（使うこと）、どちらにも重い罰則が科されます。日本で流通するお金の安全性と信頼性を損なうことがあってはならないので、罪も重くなります。そして罪が重いと抑止にもつながります。

偽造は、通貨偽造・変造罪（刑法第１４８条第１項）として、「無期又は3年以上の懲役」が科されます。

偽札を使う場合には、偽造通貨・変造通貨の行使罪（刑法第１４８条第２項）として、「無期又は3年以上の懲役」が科されます。

罪が重くとも、偽札はなくなりません。図1-4では、近年の偽札の状況について記されています。枚数的には圧倒的に多い1万円の偽札でも年間千枚単位ですから、海外の偽札量と比較すれば圧倒的に少ないのですが、根絶はされていません。

2012年から比べると、2013年には偽1万円札は大幅に減って1000枚を切っています。しかし2019年、2020年には3000枚に近づくほど増えています。この動きを見て、改刷が決まったのです。

偽札は根絶できない？

罪が重く、まったく効率的ではないのになぜ偽札がなくならないのでしょうか？

行動経済学の理論からは「楽観バイアス」つまり「他者はともかく自分は見つか

図1-4　偽札はなくならない

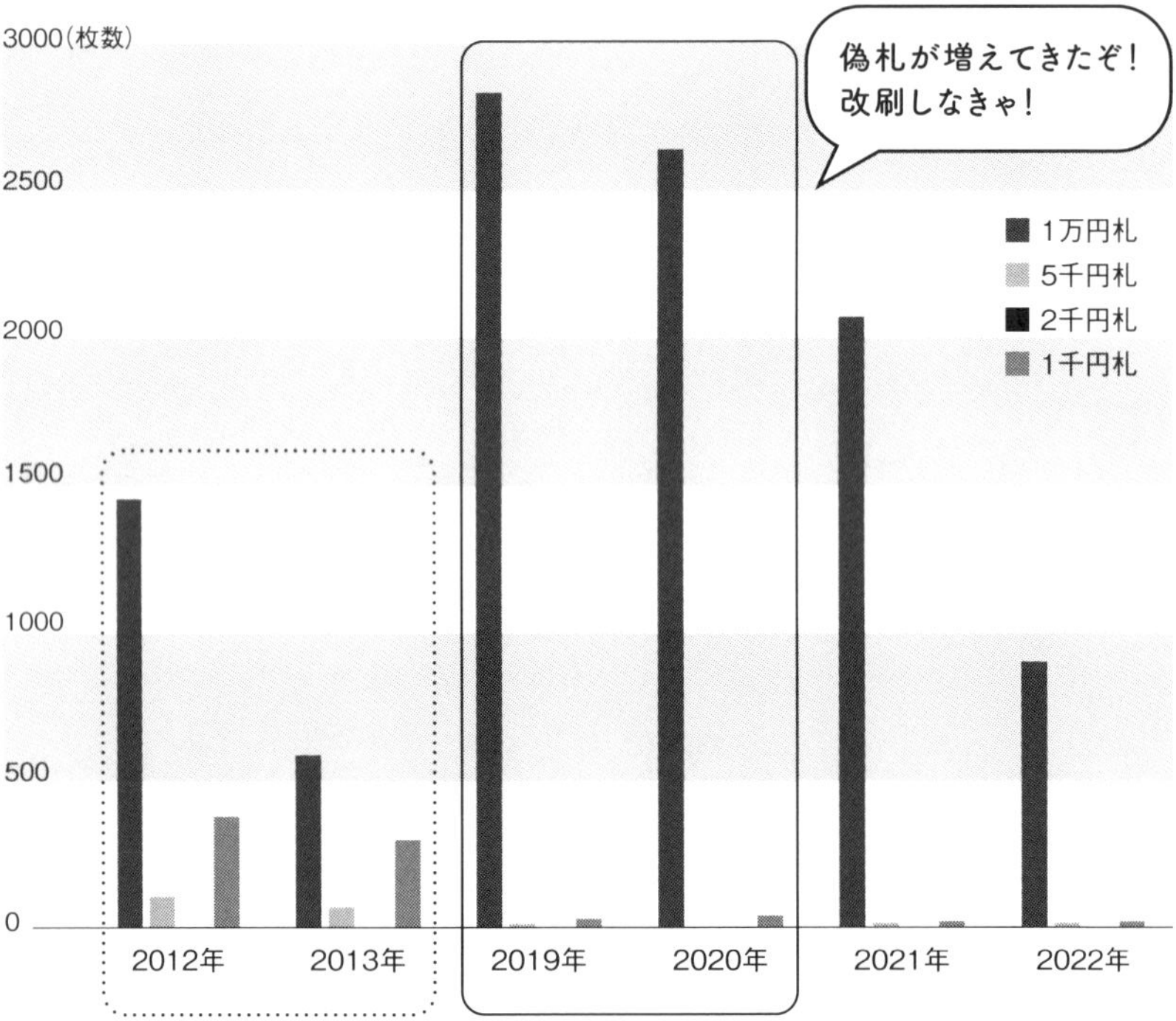

出所：警視庁「偽造通貨の発見枚数」をもとに筆者作成

らないだろう」というご都合主義に陥りがちな人間の特性が原因ではないかと言われています。どんな理由があろうとも、絶対に偽札は許されません。

③ 貨幣価値を揺らがせないための日本銀行

高度な技術で偽札を根絶するということは、日本における貨幣価値を揺らぎないものにする、そして安定させるということです。偽札が多く刷られてしまう国の貨幣なんて、誰も信用しません。

そして、貨幣価値の安定性を損なうのは、現物として存在する「偽札」だけではありません。**日本銀行は貨幣価値の安定性を維持するために「物価の安定」と「金融システムの安定」に力を注いでいます。**

物価の安定

物価の安定とは、モノやサービスの価格が安定するということです。インフレやデフレのコントロールによって、モノ・サービスの価格が安定することを重要視しています。**目指しているのは「モノ・サービスの価格がまったく上がらない」ということではありません。**モノの価格がまったく上がらない、ということは、場合によっては企業の収益が上がらないということにつながりかねません。すると、従業員の給与も上がりません。これでは人間心理として、つまらないのです。また、給与が上がっている海外の企業に劣ってしまう懸念もあります。給与が上がるという前提のもとで、物価はゆっくりと上がるというのがあるべき姿です。

ただし、物価が上がるのが先で給与が追随すること（遅行）はあまり望ましくありません。また、物価が急激に動くことも望ましくありません。物価が急激に上がる、たとえば1万円で買えていた洋服が急に10万円になったとすれば、1万円紙幣をいっぱい発行するか、新しく10万円紙幣を発行しなければなりません。

1990年前後、（1万円札を超える）10万円札など高額紙幣の発行が議論され始めている、という噂が流れました。しかし、実際に発行にはなりませんでした。

もしも10万円札が不用意に発行されたら、物価の不安定さをもたらし、ひいては「日本円は信頼できない」ということになってしまいます。1万円札の価値は、60年以上にわたって維持されています。これは日本銀行が頑張ってコントロールして、物価を安定させているからなのでしょう。

ところで「物価」と書きましたが、その定義について記しておきます。**「物価」とは、個々のモノとサービスの価値を金額で表現したものです。モノとサービスのことは「財」とも言います。**

モノとサービスと言っても、内容はさまざまです。衣服もあれば、食品、教育、医療もあり、それらの〝価値を総合的に表わすもの〟が〝物価〟です。

モノとサービスの価値を金額で表わす時は、「買う側」と「売る側」の合意という、いわば人と人の人間味のある判断が入り、これが「価格」になります（Section：§4参照）。これらのさまざまな大量・多数のモノとサービスの価値判断の合計が「物価」で、物価が継続的に上がればインフレ、継続的に下がればデフレになります。

金融システムの安定

日本銀行だけではなく、世界中の中央銀行は「金融システム」を重要視しています。金融システムとは何でしょうか？

システムとは、「仕組み」を意味します。システムキッチンは調理場、洗い場、収納場、作業台などのさまざまな仕組みが組み合わされて、効率的なキッチンになります。

この〝システム〟という仕組みを金融に応用するのが金融システムです。

金融には、お金を「使う」「貸す」「借りる」「外貨に換える」といったやりとりがあります。これらを実現するためのシステムが必要です。また、日本銀行と民間銀行とのやりとりや、民間銀行同士のやりとりにもシステムが必要です。海外の銀行とのやりとりにも、システムが必要となります。このようなものをまとめて「金融システム」と言います。

この金融システムは何をおいても、安定していることが重要です。

金融システムの安定は、日本銀行法第1条第2項の「信用秩序の維持に資すること」と密接に結びついており、日本銀行が物価の安定と同様に自らの目的として掲げていることです。日本銀行は、図1-5のような行動で、金融システムを安定させています。

中央銀行として金融システムの全体像をとらえ、そこからリスクを早期に発見して改善する役割を「マクロ・プルーデンス」と言います。

〝マクロ〟は一国の経済全体で、〝ミクロ〟は企業ごとの経済と言え

図1-5　日本銀行の仕事

日本銀行券提供	・発行 ・流通 ・管理
決済サービス提供	・当座預金の受入れ ・国債決済制度の提供 ・決済方法の維持・改善
金融政策の運営	・物価の安定 ・オペレーション ・金融政策の決定
金融システム安定の取組み	・金融システムの正常化機能 ・金融機関の監督 ・最後の貸し手
国の事務、政府取引業務	・政府預金（国庫金）の管理 ・政府有価証券の管理・事務 ・国債に関する業務
国際業務	・国際金融業務 ・各国中央銀行との連携 ・財務大臣指示の外国為替平衡操作

ます。**プルーデンスとは信頼性・安全性**を意味します。

具体的には、１９８０年代の後半から起きたバブルから１９９０年代前半のバブル崩壊（§13参照）、あるいは２００８年のリーマンショック（§８参照）といった国全体の金融危機が生じた時に、それが国際的に波及するリスクを〝マクロ・プルーデンス〟として、政策などを取り込みコントロールしています。

マクロ（大きな視点）があれば、ミクロ（小さな視点）もあります。

「ミクロ・プルーデンス」は民間銀行など、金融機関の個々の健全性を把握、コントロールします。金融機関は他の金融機関と連携していますから、どこか1つの銀行が不健全で問題を起こせば、あっという間に他の金融機関へ問題が連鎖してしまいかねませんので、それを、予防する必要があるのです（§８、§11参照）。

日本銀行は、ミクロ・マクロ両方の視点で金融・経済を管理・監督する重要な役割を持っています。こうした役割を果たすことから、**日本銀行は「銀行の銀行」と呼ばれることがあります。**

日本銀行券を製造（印刷！）
しているのは、
独立行政法人国立印刷局です。
工場は東京、小田原、静岡、
彦根、岡山などにあります。

④ 日本の金融の歴史的変遷

日本銀行ができるずっと前からの、金融の歴史的変遷も見てみましょう。次ページの図1-6「日本の貨幣と金融の変遷」をご覧ください。

富本銭《ふほんせん》という7世紀の貨幣発行から始まって、江戸時代の大判、小判発行へと進みます。この頃から両替商ができました。明治時代になると、ドイツやイギリスの影響を受けて両替商から民間銀行の設立へとつながり、そして、今の日本銀行や民間銀行（メガバンクや地方銀行、信用金庫など）の原型ができあがり始めました。こうした歴史を経て、日本の金融と経済は発展してきたのです。

図1-6　日本の貨幣と金融の変遷

発行・流通時期		事件
富夲銭《ふほんせん》	7世紀前半頃	物々交換から貨幣を使い始めた大事件!
和同開珎《わどうかいちん》	708年 (和銅元年)	国内で銅が見つかり、銅貨が国内生産できるようになった。貨幣の発行量を増やすことができる!
渡来銭《とらいせん》	9世紀	外国から来たお金、さまざまな渡来銭が使われ始めた。中国の宋銭も使われ、今から1000年以上前から日中間の貿易があったことがわかる。
大判・小判・ 一分金・長銀・ 豆板銀	1601年 (慶長6年)	徳川家康の時代。天下が統一され、貨幣が統一されたと考えられる時代。しかし、金と銀だけを使っていたので、その総量は限られた。貨幣の総量のコントロールが難しく、庶民の使い勝手もイマイチだった。
寛永通宝	1636年 (寛永13年)	3代徳川家光の時代、銅銭をつくり始めた。金銀銅貨幣の総量が増え、利便性が高まったことで経済が大きく成長した。
明治通宝札	1872年 (明治5年)	円、銭、厘という通貨単位になり、初めて紙幣を作成。不換紙幣だった。偽札対策でドイツの印刷技術を導入した。
第一国立銀行	1873年 (明治6年)	渋沢栄一による日本初めての株式会社として第一国立銀行が設立され、国立銀行紙幣が発行された。当時は国立銀行条例によって、銀行券の発行が可能だった。1882年の日本銀行設立によって一般銀行になる。現在のみずほ銀行のご先祖様。
西南戦争	1977年 (明治10年)	戦費が必要になり、政府が紙幣を大量発行。インフレが起きる。
日本銀行の設立	1882年 (明治15年)	大蔵卿(大臣)の松方正義による「松方財政」が進められる。各国の中央銀行の制度を学び「一国金融の心臓」として日本銀行を設立。
日本銀行券の発行	1885年 (明治18年)	銀兌換紙幣として「日本銀行券」を発行。これまでの不換紙幣から、銀がある分だけお金が刷れる形へ移行した。
金本位制に移行	1897年 (明治30年)	金0.7g=1円とする「貨幣法」を制定。日清戦争の賠償金で移行可能になった。欧米に遅れることなく金本位制を確立し、国際経済・金融秩序の仲間入りを果たした。
金融恐慌	1927年 (昭和2年)	大蔵大臣片岡直道(若槻礼次郎内閣)の、「○○銀行が破綻している」という失言で多くの銀行が経営危機に陥る。日本銀行の非常貸出によって収束する。
管理通貨制度	1931年 (昭和6年)	1929年にアメリカ株価大暴落(ウォール街大暴落)が起き、それがイギリスなど主要国に広がった。それにより金に交換できる日本銀行券が大量流出し、日本も恐慌に陥ったため、金兌換制度を停止し管理通貨制度に移行した。
軍票《ぐんぴょう》	1941年 (昭和16年)〜 1945年 (昭和20年)	戦費調達のため、軍票が発行された。戦中に利用された一種のお札で、金兌換はできず、発行元は日本銀行ではなく政府。第二次世界大戦以外にも、日清戦争、日露戦争、日中戦争など戦争が起きるごとに発行された。
新円切替・ 証紙貼付銀行券	1946年 (昭和21年)	戦争が収束し、戦地から多くの人が戻る。旧軍人の退職金のため臨時軍事費など支出が膨大になったことで、猛烈なインフレとなった。対応として、円の価値を下げた銀行券に切替えるとともに、製造が間に合わない分は証紙を旧券の表面に貼付することで臨時的に新銀行券として扱った。

おぼえてほしい
§1のキーワード

日本銀行券	日本銀行が発行する紙幣であり、法定通貨でもある。硬貨は政府が発行している。
法定通貨	中央銀行、政府が発行する通貨で、発行した国においては強制通用力があり、それで決済が完了できる。
現金	紙幣や硬貨といった現物。震災などの緊急事態で電力が利用できずにATMや銀行口座が使用できない状況でも現金は利用が可能であるメリットがある。
金融システム	金融市場や金融機関と、それらが利用する決済などの仕組みを指す。金融システムが安定していることが経済の安定につながる。
日本銀行の役割	日本銀行券の発券銀行として紙幣の発行・流通・管理を行なう。物価の安定のために尽力し、金融政策を立案する。お金の流れを円滑にするために、決済と金融システムの安定を図る。

SECTION 2

貨幣価値と決済システム

2022年 ロシア・ウクライナ戦争

えっ！　銀行口座が凍結!?
経済制裁が目指した戦争終結への道

○× 新聞

ロシア、ウクライナに軍事侵攻

ウ大統領「私たちはここにいる」

○×新聞

発行○×新聞社

2022年 令和4年
2月24日

国際法違反 米欧が非難

2月24日早朝、首都キーウ郊外の空港エリアや主要都市が空から急襲された。巡航ミサイル、弾道ミサイルや無人機による攻撃とみられる。2014年のクリミア半島に続く侵攻に、各国から非難の声が高まっている。

ウクライナのゼレンスキー大統領は25日夜、自身のフェイスブックに政府幹部たちとともに映るビデオメッセージを投稿。「私たちは全員ここにいる、自分たちの独立と国を守る」と脱出の噂を否定。抗戦の構えを示した。一方、ロシアのプーチン大統領は「特別軍事作戦」を宣言。ウクライナが加入を目指していたNATO（北大西洋条約機構）の拡大を非難し、ロシアを守るための作戦であることを強調した。

SWIFT、ロシアへの送金を停止

米欧は2月26日、SWIFTからロシアの一部銀行の排除措置を決定、日本も制裁に加わることを表明した。排除は3月12日から開始され、ロシア国内第2位のVTBバンクなど7銀行が対象となる。すでに実行されていたロシアの海外資産の凍結や、輸出入の規制などに続く制裁の強化となる。

外国為替市場ではルーブル安が進む。侵攻前は1ドル＝70～80ルーブル台だったが、侵攻開始直後から100ルーブル台まで急落。一時持ち直したものの、3月7日には1ドル＝150ルーブルの史上最安値を更新した。

「対ロシアSWIFT制裁」はロシアの経済的価値を、大きく下落させました。
SWIFT からの排除がここまで大きな問題になるのは、ある理由があるのです。

Q1 SWIFTから排除されると、どのようなことが起きるのでしょうか？

Q2 外国為替相場の「円高・円安」とはどういう状態でしょうか？

1 「通信を遮断して銀行口座を凍結させる」という事件

「通信」は今や私たちにとってはなくてはならない、極めて重要なコミュニケーション手段です。日常生活や仕事では、電話やメールという通信が欠かせません。

これが遮断されるということは大問題です。想像してみてください。もしも、あなたが家族や友だちと、あるいは会社の関係者と通信できなくなったらどうでしょう。不安でいたたまれないと思います。そのうえ、通信が遮断されたのは自分だけで、周囲の人々は通常通りに通信していたら……遮断された方は途方にくれるだけではなく、さまざまな不利益を受けるでしょう。

経済制裁における〝通信〟が指すのは、電話やメールといった一般的な通信手段ではあ

時代のことば　**2022年「キエフがキーウへ」**

ウクライナ首都の日本語呼称を、ロシア語の「キエフ」から、ウクライナ語の「キーウ」へと変更すると外務省から発表されました。このような首都名や国名の変化は他にもあります。ペルシャ→イラン（1935年）、紅茶の名前でも知られるセイロン→スリランカ（1972年）、ローデシア→ジンバブエ（1980年）などが代表的です。いずれも、その国や地域の住民の言葉が持つ本来の意図の名前に代わっています。

りません。私たちが日々行なっている銀行口座を利用した送金も、通信の1つです。

世界中の銀行と銀行との間の送金による入出金という〝やりとり〟がすべて止まってしまうのが、「SWIFTからの通信を遮断する」という経済制裁なのです。

2023年10月10日、日本でも銀行間の送金の遮断が起きました。これは故意の制裁などではなく、不注意による事故でした。全国銀行資金決済ネットワーク（全銀ネット）のネットワーク上で通信障害が起き、いくつかの銀行の通信が途絶え、口座振込みができなくなってしまいました。振込まれる側にとっては口座に入金がない、つまりお金が入ってこないという非常事態になったのです。この時は日本国内の話で済んだのですが、世界で起きると大変な問題になります。銀行における通信システムは、止まることがあってはならないのです。

銀行間の通信ネットワークシステムとして世界的に有名なのが「SWIFT」です。詳細は後半部で説明しますが、ここでは簡単に説明しておきます。

「SWIFT」とは、国際的な銀行間の送金ができるネットワークです。

SWIFTを使うことで、ある国の銀行から別の国の銀行へ、ネットワークを使って送金ができるようになっています。もし、SWIFTなしで送金しようとすれば、資金（現物のお金）を飛行機や船で運ぶ……なんてことになり、大航海時代と同じように、海賊に金貨などのお金を奪われかねません。お金を「現物」ではなく、「ネットワーク」で運べてこそ、資金決済が安全に簡単化され、貿易が活発に行なえるのです。**SWIFTなしでは**

貿易や、海外への投資が事実上できないのです。

ロシアの経済制裁の影響

ＳＷＩＦＴから排除されることで、具体的に何が起きるのか、それが「制裁」といった強い言葉で表わされるのはなぜなのかを考えてみましょう。

ＳＷＩＦＴから排除されたロシアの銀行は、制裁の声明に署名したＥＵやアメリカなどの銀行とのお金のやりとり、たとえば送金ができなくなります。ロシアにとっては外貨などの金銭の獲得ができなくなってしまいます。

すると、ロシアの銀行と取引しているロシア国内の企業が困ります。モノ・サービスを輸出したとしても、輸出先のＥＵ各国、アメリカ、日本などから支払われたお金がロシア国内の銀行に届かないのです。

こうなると、事実上、ロシア企業は制裁を実施している国との貿易を縮小せざるを得なくなります。十分な輸入もできなくなります。ロシア国内では輸入されるモノが減少するため外国の商品が希少になり、そのモノの価格が上がります。希少なモノだけではなく、それに関連するモノの価格も上がります。そしてインフレになります。**インフレになると貨幣価値が下がります。**こうして、ロシアルーブルの貨幣価値が下がってしまったのです。

国内でモノが足りなくなり、物価は上がり、ルーブルの貨幣価値が下がってますます輸

図2-1　インフレと貨幣価値

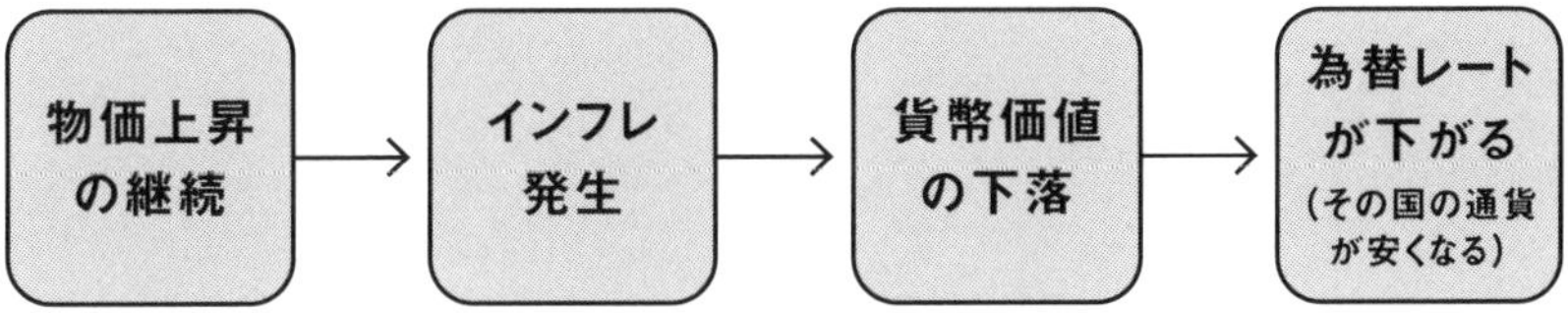

入が厳しくなり、モノが足りなくなり……という、マイナスのループ状態になってしまいました。

これがＳＷＩＦＴから排除されることが「制裁」となる理由です。

② 貨幣価値の下落と上昇

貨幣価値が下落したら、どうなるのでしょうか？

たとえば、日本の法定通貨である円の価値が変動（上昇・下落）すると何が起きるのでしょうか？

そもそも、江戸時代のような鎖国経済であれば、外国との貨幣の交換はほとんどありません。基本的なことですが「**外国為替**」とは〝**貨幣が異なる国・地域との貨幣の交換**〟です。**貨幣（通貨）交換のレート（比率）が外国為替レート**（§17参照）ですから、もし海外とモノのやりとりがなければ、外国為替レートという考え方もありません。

円高と円安

外国為替レートで使われる、「**円高**」「**円安**」の意味について考えてみましょう。

外国の貨幣との交換レートが、自国にとって有利な状況になれば〝高〟であり、円の価値が上がったということで、これが「円高」です。

不利になれば〝安〟になり、円の価値が下がったということで、「円安」です（§17参照）。

円高になると海外のモノがお得に買えるようになったり、海外旅行がしやすくなったりします。企業なら輸入がしやすくなります。

逆に円の価値が下がる円安になると、外国人（海外の通貨を円に交換する人）が日本で消費しやすくなるほか、日本から海外への輸出が増えます。

２０１７年頃からインバウンドの外国人旅行者が増えています。２０１９年には３０００万人を超え、新型コロナウイルス感染症の影響で一時縮小しましたが、２０２３年以降回復しています。円安が、この急回復の大きな要因です。

海外の方からすれば自国の通貨（ドル・ユーロ・元など）を円安の日本で円に為替交換すると、いっぱいモノを買えるという「安いニッポン」のお得感があるのです。反対に、日本人が海外にいく時は、苦しくなります。

昨今、海外の企業が日本の企業を買収することが増えています。日本企業の技術力を評価している面も、もちろんありますが、円安の影響で買収費用が安く済むという面も大きいのです。

なぜ為替レートは変動するのか？

円高や円安という為替変動が起きるのには、さまざまな要因があります。

たとえば、「輸出・輸入」すなわち貿易の状況です。**輸出が多ければ貿易黒字になります。**輸入した国はモノを得るのですが、それに対して輸出した国に支払いをしなければなりません。

日本が輸出すれば、輸入国は日本に（日本の輸出企業に）円を支払う必要があるのが原則です。輸入側は輸出側に円を支払うために輸入側の貨幣（ドルやユーロなど）を売って、円を買います。輸入側の国の貨幣売り・円買いが起きますので円高になります。日本の輸出が多い状態、すなわち円での支払いをしなくてはならない国が増える貿易黒字は、円高要因というわけです。

逆に日本の輸入が輸出より多ければ、貿易赤字となり、円安になります。

また、輸出入以外に「金利」の状況も為替レートに影響します。アメリカの金利が日本に比べて高ければ、アメリカの銀行に預けたり、アメリカの債券を買ったりするためにドルを用意しますので「円売り・ドル買い」になります。金利が高い国の貨幣は、その高金利を求める需要が高まると貨幣価値は上がります。

さらに、政府や中央銀行による円買い・円売りといった、国による為替操作の動き、専

債券

発行体（国や企業）が、投資家から資金を借入れる際に発行する有価証券です。「証券（§８参照）」として財産的価値があり、市場で売買することもできます。代表的なものは、国債や社債です。投資家は利子を得られるほか、債券では満期（償還日）が設定されており、満期を迎えるとその金額が投資家に払い戻されます。

門用語で言えば**「介入」**が為替レートに影響することがあります。

日本銀行は2024年に為替相場の想定以上の変動が、実際に企業や消費者に与える悪影響をゆるやかにするため、外国為替の市場介入を行ないました。

インフレ、為替レート、貨幣価値は連動している

〝貨幣価値〟の変動と、「外国」とのやりとりである為替、「国内」の物価の変動（インフレ）は相互に関連しています。これは、どのようなメカニズムで起こるのでしょうか？

インフレが起きている国では、「同じモノ」の価格が上がっていくのですが、「同じモノ」とは「同じ価値のモノ」を意味します。**同じ価値のモノの価格が上がるということは、その国の貨幣価値が下がることを意味します。**

例として、1箱100円のチョコレートを考えてみてください。インフレで1箱が200円になった場合でも、価格は上昇しましたが、「チョコレート1箱」という量的価値は同じです。価値は同じなのに価格だけ高くなっているのです。

さて、貿易の目線で考えてみましょう。この1箱100円のチョコレートは、アメリカでも、1ドルで売られていました。この時、1ドル＝100円です。

日本でインフレが起き、チョコレートは200円になったとしましょう。でも、アメリ

カでは（同時にインフレが起きていなければ）チョコレート1箱は1ドルのままです（図2-2）。

ということは、1ドル＝100円の状態から、1ドル＝200円が「貨幣価値」になったということです。

チョコレートを介さず、「円」から1ドルに直接交換する時も、これまで100円玉1枚で良かったのが、「2枚じゃないとNO」と言われることになるのです。

このように、インフレ、為替レート（円安・円高）、そして貨幣価値は連動するのです。

非常事態による変動

近時、非常事態による為替レート、

図2-2　同じモノの価値（為替とインフレ）

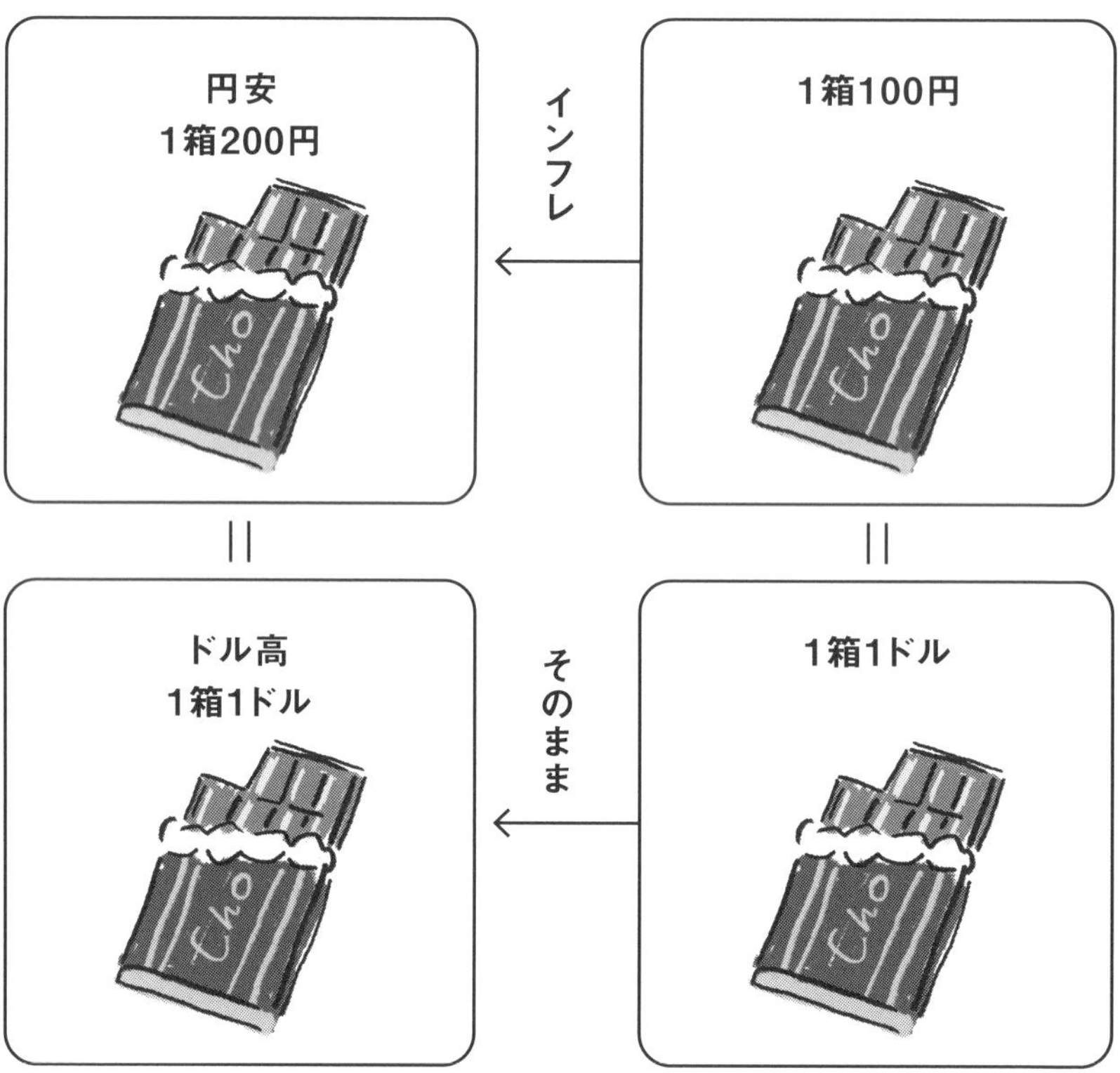

あるいは貨幣価値の変動が起きています。それが、「ロシアによるウクライナ侵攻」をきっかけとしたものです。ロシアの行為を受けて、アメリカ、ＥＵ、日本が貿易、特に石油など資源エネルギーの輸入を一部停止しました。加えて、ロシアに向けたＳＷＩＦＴによる銀行間の送金が制裁で停止されました。

ロシアの資源の輸出ビジネス自体が減少するだけではなく、ロシアが何かを輸出してもその代金の受取りが制限されているのです。つまり「売ったは良いけれど、その代金を受取る口座がＳＷＩＦＴの対象であれば入金されない」という事態です。ロシアの貿易収支は赤字に転落したと言われています。

輸出しても口座は凍結され、ルーブルはロシア国内の企業に入金されません。制裁を行なっている国々からの輸入も難しく、代替の輸入品の価格も上がります。モノの価格だけが上がっていく、つまりルーブル安となりました（図2-3）。ロシアルーブルの貨幣価値が短期で急激に弱まったのです。

ロシアルーブルの価値が弱まるということは、同じモノを手に入れるのにより高い価格を支払う必要が生まれ、ロシアの消費が弱くなるということです。こういう時、一般的に政府は公共投資や福祉政策などの財政政策を用いて、消費を活発化させようとします（§6参照）。これが財政拡張です。同時に中央銀行が金融緩和（銀行の金利を下げる）を行ないます。金利を下げると、貯金をしているメリットが小さくなるので、お金を使う人が増えて消費がそして経済力が回復します。これが通常の考え方です。

図2-3　SWIFT制裁とルーブル安

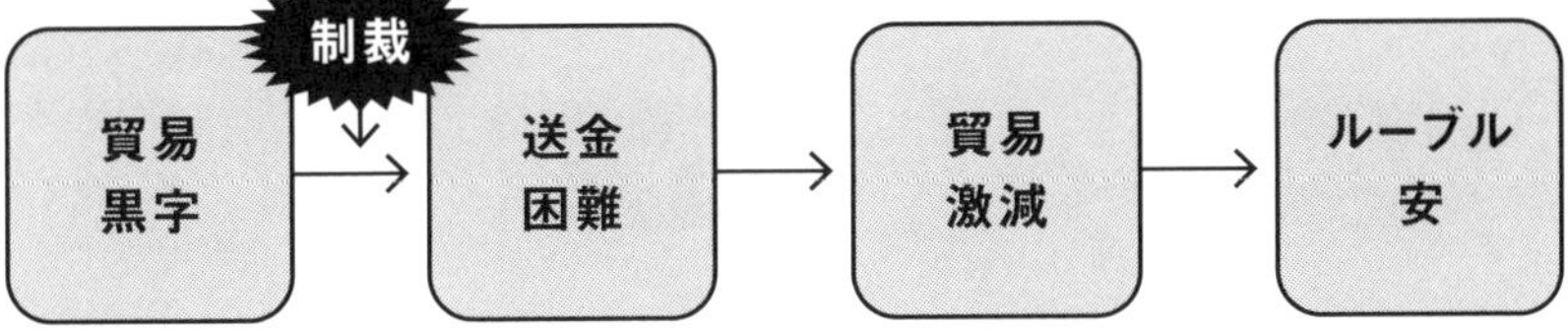

つまり、貨幣価値が下がることで国民の生活が苦しくなってしまうといった問題がある時、通常はそれに対して、**財政拡張（政府が国のためにお金を使う）**と**金融緩和（金利を下げて企業や国民がお金を借りやすくする）**が起きます。

しかし、ロシアでは財政拡張（政府が誰かにお金を使う）をしながら、金融引締（銀行の金利を上げる）が実施されるという、不思議なことが起こったようです。

それぞれの施策を分析していくと、ロシア政府の軍事費の拡大のための財政政策と考えれば、つじつまが合いそうです。ただし、あくまでも報道ベースでの推測ですので、時が経たないと事実はわかりません。

③ ＳＷＩＦＴとは？

このセクションの冒頭で「ロシアの特定の銀行が、ＳＷＩＦＴから排除された」ことを紹介しました。「排除」という言葉でＥＵやアメリカがロシアに示したかったのは、ロシアと各国の銀行による送金が制限されるということです。

図2-4　ロシア国内の金融施策

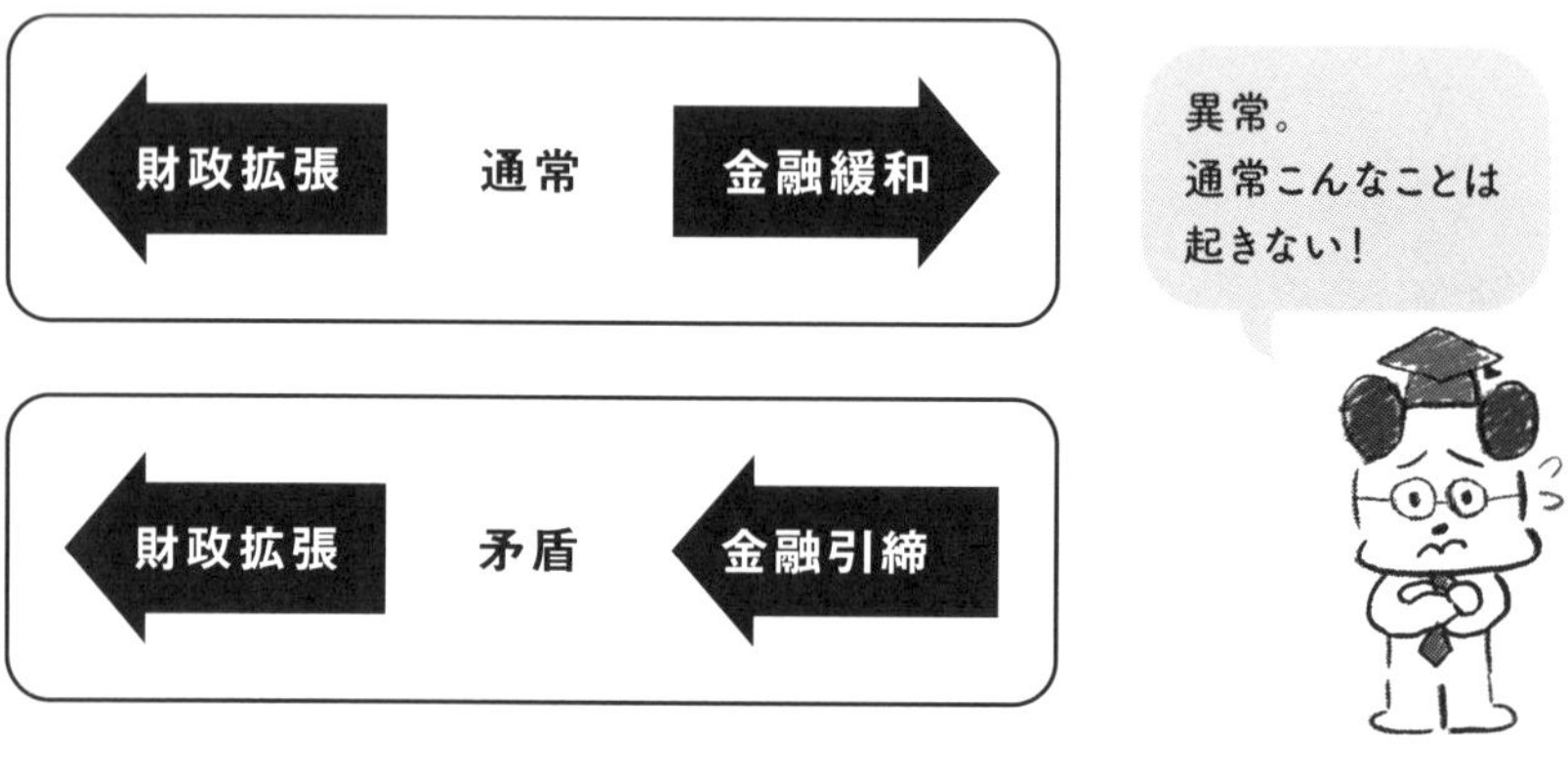

ここではＳＷＩＦＴとは、どういう組織で、何を行なっているのかを見てみましょう。

ＳＷＩＦＴとは何なのか？

「ＳＷＩＦＴ（Society for Worldwide Interbank Financial Telecommunication）」、翻訳すると〝国際銀行間通信協会〟となります。通信を行なっている民間の団体です。国際的な決済ネットワークを行なう協会で、そのシステムの維持・管理もしています。世界の多くの銀行が海外とのやりとりに利用しています。

ＳＷＩＦＴの重要性を考えると、ＳＷＩＦＴはどこかの国の中央銀行か、政府機関のような気がしますが、実体はベルギーにある協同組合で、民間団体なのです。そして、現物の資金移動ではなく、単に通信を行なっているだけです。

決済ネットワークとは？

「決済」とは正確に表現すると「債権・債務をお金によって解消すること」です。売り手と買い手が商品やサービスをやりとりする場合に、売り手には「買い手からお金を受取る権利である〝債権〟」が生じます。同時に買い手には「お金を払う〝債務〟」が生じます。この債権・債務を解消することを決済と言います。

決済は個人間でも起きますが、その場合は現金などで決済できます。しかし、企業間であれば多額になりますので、大量の現金でのやりとりは非効率です。そこで、効率的な銀行でのやりとりを利用します。

α社の取引銀行のA銀行、β社の取引銀行のB銀行があるとします。売り手である債権者α社と買い手である債務者β社の売買が起きた時に、双方の資金決済をA銀行とB銀行が行ないます。その際、**A銀行とB銀行が決済ネットワークでつながっていることが必要になります。**

このA銀行とB銀行のつながりのネットワークを構築しているのが、日本では**全国銀行資金決済ネットワーク（全銀ネット）**です。国内の金融機関同士はこの全銀ネットによって銀行間の送金・着金が可能になっています。

国際銀行間の決済ネットワークがSWIFT

ネットワークが必要なのは、国内だけではありません。輸出入が一般的な現状では、海外の銀行と国内の銀行との決済ネットワークも活発に動きます。

図2-4　決済システムのつながり

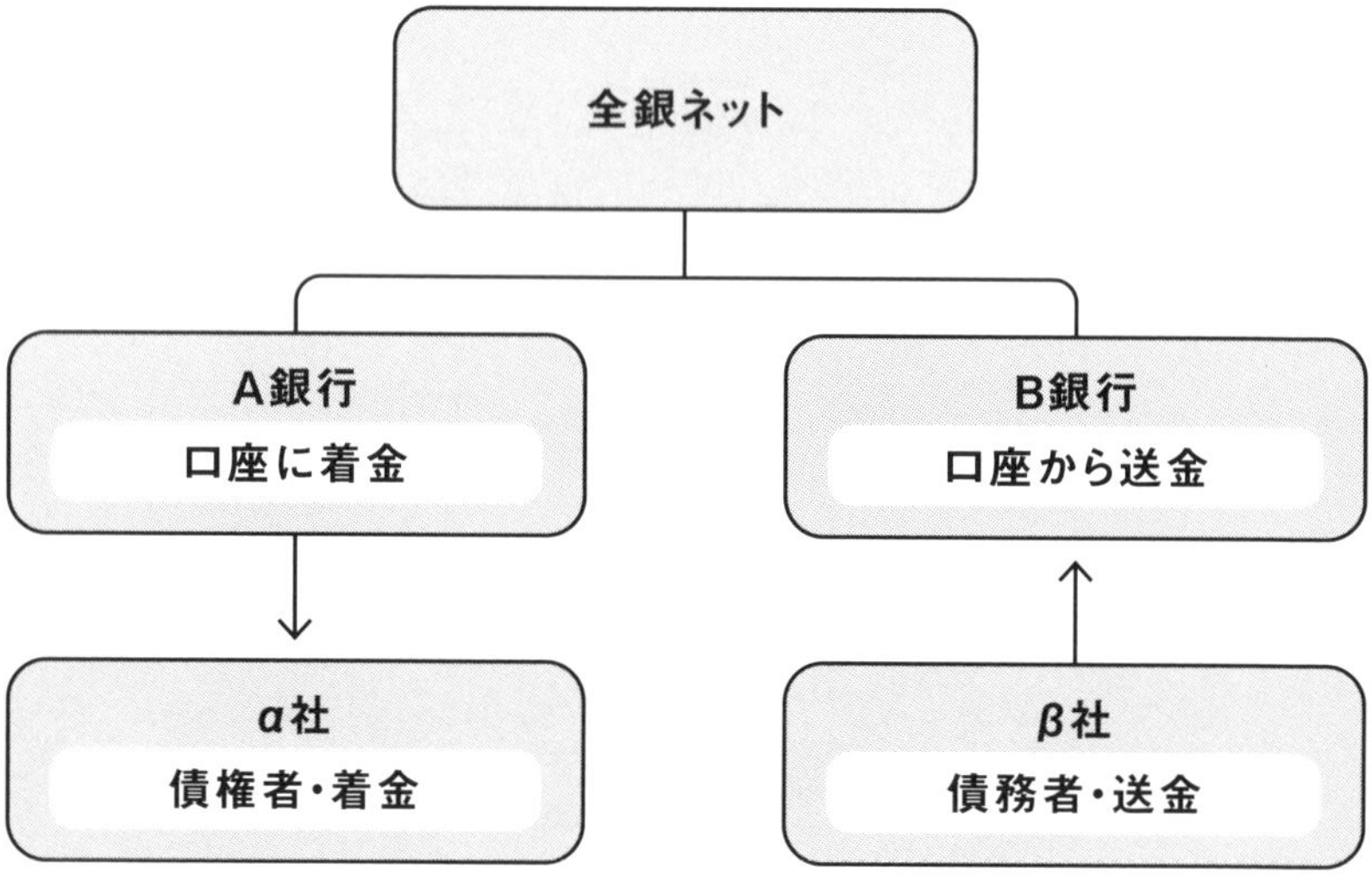

世界中の銀行を含む金融機関とのクロスボーダーな取引を含む決済ネットワーク、つまり国際銀行間の決済ネットワークが「SWIFT」です。

その決済メッセージのやりとりは1日で数千万通になることもあります。世界中の銀行・金融機関間での決済のやりとりの数はすさまじいのです。所属する国や地域は200を超え、金融機関も1万社をはるかに超えると言われています。また、世界のクロスボーダーの金融決済の約半分が、SWIFTで行なわれているとも言われています。

ネットワークからの締め出しで起きること

国際銀行間のネットワークが通じないということは、輸出や輸入ができないのも同然です。

SWIFTから除外された国だけが問題を抱えるわけではありません。貿易は、輸出入という双方向のやりとりで成り立っています。

たとえば日本とロシアの関係では、日本はロシアから原油といったエネルギーやパラジウムといった希少資源を輸入しています。一方、ロシアは日本から自動車を輸入していま す。ここでSWIFT除外となれば、両国の貿易量が減ります。原油や希少資源を利用する日本の製造業も問題を抱えます。

モノやサービスが輸出入できたとしても、その送金ができないのならビジネスになりません。

ビジネスにならないということは、その国の経済力が落ちてしまい、財政的にも余力がなくなります。２０２２年2月26日のＥＵ、アメリカなどの共同声明は、ロシアの貿易を弱体化して、経済力を弱め、財政力を弱め、結果として軍事にかける費用を低下させて紛争を解決しようとしたということです。

決済ネットワークであるＳＷＩＦＴは、想像を超える経済的な力を持っているのです。

④ SWIFT「ではない」決済システム

これまで事実上、ＳＷＩＦＴ「ではない」決済システムはありませんでした。しかし、今、新しい決済システムがつくり出されています。決済の量が多くなっている国、貨幣のやりとりが増加している国といえば、中国です。今やＧＤＰは世界第2位で、将来的には第1位になるかもしれないとも言われている経済大国です。

２０１５年に中国人民銀行（中央銀行にあたる銀行）は、**人民元の国際銀行間決済システム（CIPS：Cross-Border Interbank Payment System）**を導入しました。人民元での決済や送金が可能になるということですので、中国と輸出入を行なった各国の企業はその対価を人民元で支払う、あるいは受取ることができます。

ＣＩＰＳには中国や欧米の大手金融機関のほか、日本のメガバンクも参加しています。日本の銀行と中国企業がＣＩＰＳを利用すると、中国の中継銀行を介さずに人民元での決済ができます。

中国は、ＢＲＩＣＳ（ブラジル、ロシア、インド、中国、南アフリカ）経済圏での決済システム構築により「脱ドル」を目指しているとも言われています。新たな決済手段により、これまでの「ドル」を中心とした経済秩序に揺らぎが生じる可能性もあります。

今後もＣＩＰＳを始めとする決済システムの動向から目が離せません。

おぼえてほしい §2のキーワード

SWIFT	国際的な通信ネットワークのシステム。金融機関間の決済情報や取引メッセージの伝送に特化している。金融機関ではなく非営利の協同組合組織であり本社はベルギーにある。
円高	円の価値が他国の通貨（アメリカドルなど）に対して高いこと。1ドルのモノを買うのに150円払わなければならなかった状態から、100円だけで買えるようになるのが円高。海外から見れば日本はモノが高い国になる。
円安	円の価値が他国の通貨（アメリカドルなど）に対して安いこと。1ドルのモノを買うのに100円払えばよかった状態から、150円払わなければならなくなるのが円安。海外から見れば日本はモノが安い国になる。
金融緩和と金融引締	金融緩和は市中の銀行の金利が低くなること。市中に出回るお金が増えるため、お金を借りやすくなり経済活動が活発になる。金融引締は金利が高くなること。過熱化した経済活動を抑えるため市中のお金を銀行に取り込み、お金を借りにくくすること。

SECTION 3

通貨・暗号資産

2018年 コインチェック事件

バーチャルな資産が変えた
現代の"銀行強盗"の形

○× 新聞

コインチェック社　資産流出

約580億円盗まれる

○×新聞

発行○×新聞社

2018年 平成30年
1月26日

端末がマルウェア感染か

1月26日、大手仮想通貨取引所コインチェックから、仮想通貨NEM約580億円分が不正流出していることがわかった。

NEMが存在する取引所であるコインチェックの社内ネットワーク端末がマルウェア（コンピュータウイルス）感染し、NEMがネットワーク上で盗まれたと見られている。2014年にはビットコイン取引所のマウントゴックスでハッキングによって約465億円が流出し、同社は経営破綻した。

仮想通貨の取引所は法律上「交換業者」となる。金融庁は2017年に世界に先駆けて交換業者登録制を導入し、安全対策の義務付けなどを進めていたが、コインェック社は未登録の見なし業者だった。金融庁は仮想通貨をフィンテックの推進の一環として扱ってきた一方、これまで仮想通貨取引所は銀行や証券会社のような金融機関に対する厳しい規制が適用されておらず、今後のルールづくりが注視される。

盗まれた資金、どこへ

今回の流出は外部からのハッキングによるものとみられる。こうした事態を防ぐため、取引所では、ネットアクセスを遮断したコンピュータで資産保管を行なうなどの対策が取られてきたが、コインチェックではオンラインのままだった。流出したNEMの大半はすでに他の口座へ分散し、資金洗浄（マネーロンダリング）が進んでいるとみられ、取り戻すことは難しいと予想される。

この事件では、「やはり暗号資産は信用できない」という空気感が強くなりました。しかし、これは暗号資産そのものが信頼できないということではなく、取引所が脆弱《ぜいじゃく》であったと考えるべきなのです。インターネット取引が不可欠な今、対策が問われます。

Q1 暗号資産のセキュリティはどのような技術で守られているのでしょうか？

Q2 なぜ、こうした「ネットワーク上のお金」が注目されたのでしょうか？

1 コインチェック事件は現代の銀行強盗

私たちが日々お金のやりとりをしている銀行も、その昔は億単位もの現金が銀行強盗によって奪われるような事件がありました（現金を運び出すのも相当重かったことでしょう）。強盗は、銀行という、物理的な建物や管理体制のスキを突いて悪事を働くことができていたのです。

しかし今や、銀行には現金そのものが、以前ほど存在しません。銀行口座に〝数値〟として保管されています。強盗が苦労して銀行に入り込んでも、現金は思ったほどはないのです。

時代が変わり、**暗号資産という〝通貨〟に似たものが流通し始めました。**通貨に似ていて、でも通貨ではない。けれど何だか価値はありそうです。

時代のことば

2018年「今年の漢字『災』」

2018年12月、今年の漢字「災」が発表されました（日本漢字能力検定協会発表）。北海道、近畿、山陰地方で地震が続き、いくつもの台風が夏場に発生し日本を直撃しました。特に21号、24号は近畿地方を直撃し、当時として過去最大の猛威の記録が残されました。冬には北海道で、異常な低温のために周囲が真っ白に見えるホワイトアウトが何度も発生し、事故が相次ぎました。これまでの常識が自然界でも崩れ始めたのです。

暗号資産取引には銀行のような実物の建物はありません。手に取ることができる紙幣や硬貨もありません。ネットワークシステムが銀行のビルのようなもので、紙幣も貨幣も存在せず、ネットワーク上に暗号化された資産があるだけです。強盗への対策が、建物や管理体制の強化であるように、ネットワーク上の建物や、お金を送金したり格納したりするシステムを強靭《きょうじん》にすれば、コインチェック事件のようなインターネット強盗が起きる可能性は減るはずです。

現代では、もはやインターネットを利用する金融取引は不可欠なものとなっています。それが暗号資産を扱うのか、既存の中央銀行の発行する法定通貨を扱うのかにかかわらず、インターネットの取引は進化を止めることはできません。§3では、ビットコインという初代の暗号資産と、それにかかわるブロックチェーン技術、そして、デジタル円（デジタル通貨）は現実になるのかについて考えていきたいと思います。

② ビットコイン誕生とその意味

ビットコインの誕生

2008年、サトシ・ナカモトの論文が発表されました。タイトルは、「ビットコイン：

ピア・ツー・ピア電子通貨システム」。

このタイトルをもう少しわかりやすくすれば「ビットコイン：コンピュータ間で直接やりとりする電子通貨システム」となります。つまり、コンピュータとインターネットを前提とするお金のやりとりのことなのです。

まず、「電子通貨とは何か？」から見ていきましょう。

決済の手段として「銀行口座からの送金・出金のオンライン化」という考え方や、「小切手やクレジットカードなどの電子情報化」というのが一般的な考え方でした。

たとえば「○○ペイ」といった〝電子マネー〟は、基本的に法定通貨（日本なら円）を裏付けとして、その価値を電子マネーに移し変え（チャージ）をします。単に「決済目的の電子的な手段」であり、その価値は変わりません（図表3-1）。1万円チャージすれば1万円分が使えるようになり、価値変動はありません。電子マネーは、後述する「デジタル通貨」とは別物と考えてください。

図3-1　さまざまな電子マネー

銀行預金のデジタル対応	• 口座開設が必要 • 口座の資金を使ってデジタル決済
交通系電子マネー **（例・Suica、Icocaなど）**	• 現金の入金によりデジタル決済 • 銀行などの金融機関の口座から振込みによりデジタル決済
流通系電子マネー **（例・WAON、nanacoなど）**	
QRコード系電子マネー **（例・PayPayやLINE Payなど）**	

電子マネーに対し、**「暗号資産」は円のような法定通貨の裏付けがない電子的な資産、バーチャルな資産です。**法定通貨ではなく、中央銀行（日本の場合は日本銀行）の裏付けはありませんので直感的には不安になりますし、信用しにくくなります。

２００８年というこの時期は、すでにインターネットで個人と個人が自由に、かつ直接にオンラインでコミュニケーションができていました。疑問があれば検索して回答を即座に世界中から国境を越えて得ることができ、欲しいものはインターネットで注文して、宅配便で世界中から自宅に届きます。

しかし、この状況を、金融にも活かそうとは、誰も考えていなかったのです。そこには、私たちがいつの間にか常識的に考えている「お金の流れは中央銀行の法定通貨を金融機関を通じて行なうことが安心だ」という考え方がありました。

こうした考え方があったゆえに、このビットコイン論文は重要視する必要がないと思われて、発表当時は注目もされませんでしたが、徐々に論文の斬新さが明らかになり、ホームページにアクセスする人が増え、注目の的になりました。

そもそもお金は「みんながそれをお金だと思って信用すればそれがお金になる」という〝社会的合意〟に基づきます。時の経過や「ブロックチェーン」など技術の発展により、資産をデジタル空間でやりとりするという点について、この〝社会的合意〟が、徐々に広がり始めたのです。

サトシ・ナカモトが論文に書いたこと

さて、サトシ・ナカモトは論文でビットコインについて何を記したのかを見てみましょう。

論文の初めには「完全なP2P電子通貨の実現により、**金融機関の介在なし**に、利用者同士の直接的なオンライン決済が可能となるだろう」と書かれています。「P2P」とは〝ピア・ツー・ピア〟のことで、仲介機関とのやりとりなく直接の取引ができることを指しています。要するに仲介機関が不要で、個人同士での取引ができると言っているのです。

私たちはお金と言えば日本銀行といった中央銀行が発行する法定通貨で、それを民間銀行の口座を通じて送金したりするのですが、ビットコインの世界では介在する仲介機関は不要で、個人間のインターネットだけで法定通貨ではない別の通貨（暗号資産）でやりとりしようと言っているのです。

図3-2　ビットコイン論文で用いられる専門用語

専門用語	意味
Peer to Peer（P2P） （ピア・ツー・ピア）	複数のコンピュータで直接通信を行なう形態。
Double Spending （ダブルスペンディング）	二重払い、すなわちデータの改ざんが生じること。
Timestamp（タイムスタンプ）	ファイルの更新日時の記録。
Hashing（ハッシュ化）	特定の計算手法に基づいて、元のデータを不規則な文字列に置換する処理。
Proof of Work （プルーフオブワーク）	取引の認証やブロックチェーンへの新しいブロック生成を行なう際のCPUの労力。ここではその能力の高さを重視する。
CPU（Central Processing Unit） （シーピーユー）	コンピュータの中央演算処理装置。
Nodes（ノード）	データなどの連結部分。

彼はそのためにデジタル署名が必要と言います。

「デジタル署名とは私たちがタブレットにタッチペンでサインする単なる署名ではない。データの作成者であり保有者が、そのデータを安全に送信するために、そして安全にそのデータを開封するために必要な電子上の署名だ」と言います。

ただ、デジタル署名だけで問題が解決するわけではありません。ビットコインのような暗号資産の世界では、お金の流れを記録する金融機関は介在しません。責任者もいません。すべては無名の人たちだけでのやりとりなので、その無名の人たちによって意図的に、あるいは意図せずに起きてしまうようなミスをなくさなければなりません。ここで問題になったのがダブルスペンディングです。

〝ダブルスペンディング〟とは、日本語だと「二重払い」と訳されますが、インターネット利用の観点からはこれを「データの改ざん」と考える方がわかりやすいでしょう。金融機関がかかわらない中でデータの改ざんもなくさなくてはならないのです。

サトシ・ナカモトはデジタル署名に加えて、データの改ざん問題が解決されなければビットコインは信用できないと考えました。これらを解決するための手段としてハッシュ化やプルーフオブワークを利用した「ブロックチェーン」の仕組みを提案したのです。

こういった仕組みによって、インターネットでも信用できる金融取引ができることを目指したビットコインが生まれたのです。

ところで、**ブロックチェーンとは、直訳すると「かたまり（ブロック）」の「鎖のようなつながり（チェーン）」となります。**ある一定期間の暗号資産の取引をまとめてかたまりにしたブロックをつくります。そのブロックは10分から15分といった時間が経つごとに次々とできあがります。これをつないだのが、「ブロックチェーン」です。

このブロックチェーンを活用して保護・運用されている暗号資産がビットコインなのです。ビットコインの〝ビット〟はデジタル通信における単位が由来とも言われます。ブロックチェーンというシステムは、他の暗号資産でも、そして法定通貨の世界でも活用が始まっています。

ビットコインとは、金のようなもの

〝ビットコイン〟と聞くと難しいもののように感じますが、金（ゴールド）のようなものです。金は食べてもおいしくありません。重くて持ち歩きも大変です。日々の生活の役には立ちません。でも人間は、金を自然に価値あるものだと感じてしまいます。「金は、それが人々に金として認められるものである」という社会的合意があるということなのです。

人々がこう考えてしまう理由の1つとして、希少性があげられます。金は地球上の埋蔵量が限られていると言われています。その内の相当量を発掘（マイニング）されているので、近い将来、金は取れなくなると言われています。マイニングできる総量が限られているので価値があると感じるのです。

ビットコインも同じです。総発行数は2100万枚と有限性があるがゆえに希少性効果が生まれます。ただし、金のようには触ることはできないので〝デジタルゴールド〟と呼ばれています。金のマイニングはとても手間と費用がかかります。それゆえに発掘者（マイナー）は多額の報酬を受取ります。ビットコインでは、ブロックチェーンをつくり、保存する作業をマイニングと言います。金同様に、ビットコインのマイニングにも手間と費用がかかります。そしてマイナーはある種銀行的な役割を果たした報酬として、多額のビットコインを受取るのです。

3 「リブラ」が「通貨とは何か？」の議論を進めた

通貨から資産になったビットコイン

ビットコインは2008年に誕生し、「仮想通貨」や「暗号資産」などと流動的に呼ばれていました。しかし、多くの国の中央銀行が、こうしたものを「『通貨』ではない」と指摘し、現在では「資産」という認識が定着しています。

通貨ではなく「**資産**」だということは、金や銀と同じように一定の価値を持つ一方で、中央銀行が発行する法定通貨が持つ、**「価値の交換や決済」「価値の尺度」「価値の保存」**

という一般受容性は持っていないのです。

一般受容性とは「みんながそれをお金だと認めて、決済にも使えるし、将来のために貯めておくし、その尺度を統一的に理解する（1万円がどれぐらいの価値なのかをみんながわかっているというのが尺度）」という金銭面での〝社会的合意〟だと言えるでしょう。

一般受容性は基本的に日本の円、アメリカのドル、中国の人民元、EUのユーロなど、中央銀行が発行する通貨が持っています。通貨の信用力が弱い国の通貨は信用されずに基軸通貨（§3、§17参照）でもあるアメリカドルの使用に流れる傾向があります。

ステーブルコイン

「資産」としての認識があたりまえとなった暗号資産ですが、2019年、ある出来事により、一般受容性が与えられる可能性が生まれました。

GAFAの一角のフェイスブック（現・Meta）が、Libra（リブラ）という暗号資産の利用を提案したので

図3-3　通貨の3つの機能

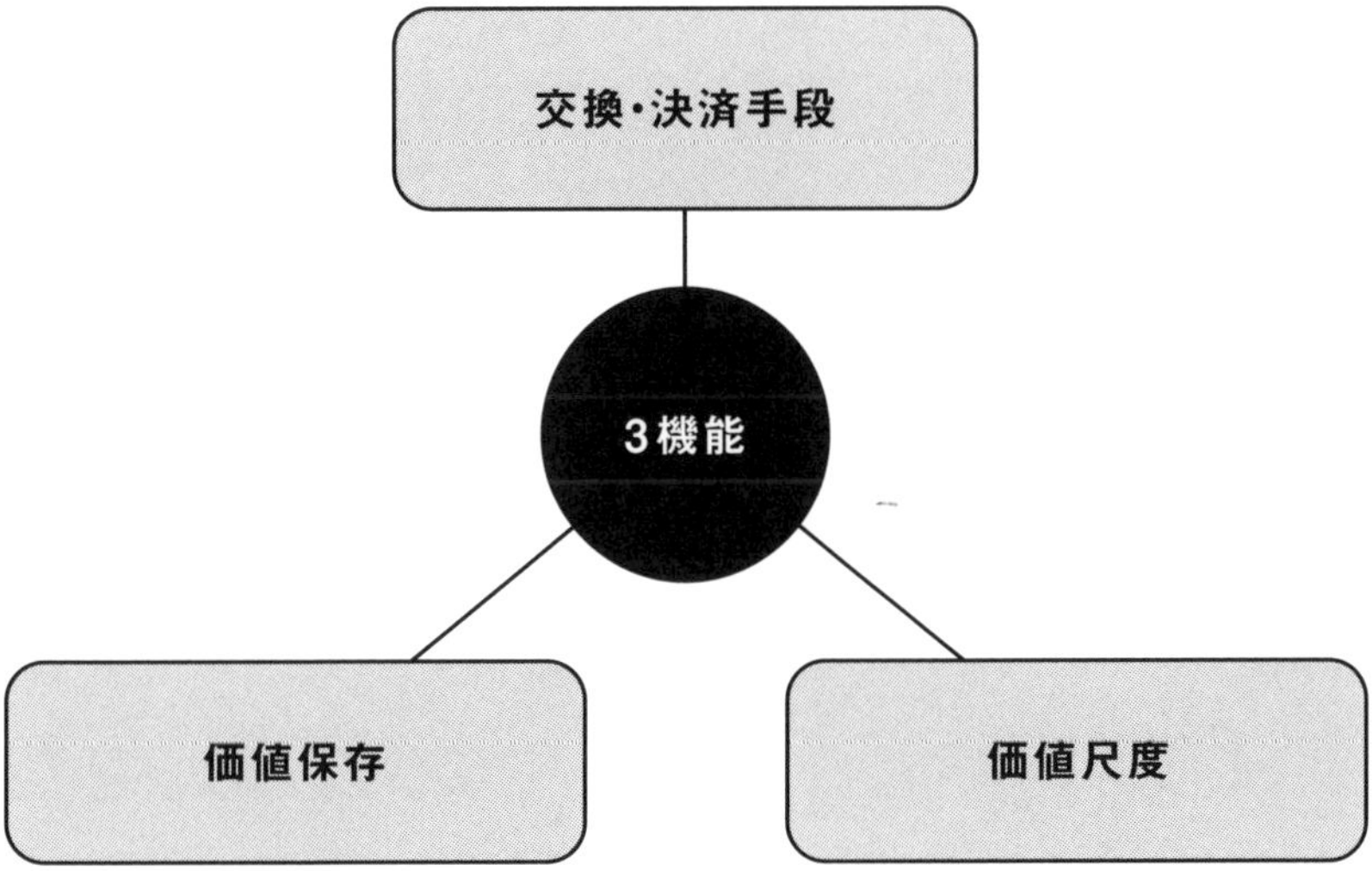

す。フェイスブックの利用者は20億人を超えていると言われています。その20億人がリブラを利用するのであれば、「みんなが認めている」とも言えるでしょう。一般受容性に問題はなくなります。

これに対して、アメリカやＥＵ圏の中央銀行は「ステーブルコインにするのなら」と注文を付けました。**ステーブルコインとは、いつでも法定通貨に切り替えることができ、かつ、その資産価値が複数の国の法定通貨と連動する、通貨バスケット型の通貨です。**

たとえば、１００リブラを発行するならば、発行元はその裏付けとして50リブラ相当のドル、25リブラ相当のユーロ、25リブラ相当の円を保有する、というイメージです。

ステーブルコインは外国為替に似ています。円でドルを買ったとして、そのドルはいつでも円に換えられます。それぞれの中央銀行が通貨を保有しているからです。リブラの場合には中央銀行がありませんから、リブラを発行したフェイスブックはそれと同等の中央銀行の通貨を保有しておくことが求められます。

当初はフェイスブックも、ステーブルコインとしての利用の可能性を探りました。「Ｄｉｅｍ（ディエム）」に改称しつつ可能性を模索するも、最終的には莫大な費用や保管や、マネーロンダリング（不正な資金の洗浄）の問題から、このプロジェクトをあきらめました。

この段階で、ビットコインもディエムも、暗号資産という存在はどれも一般受容性に届かなくなり、暗号資産を巡る動きは一段落しました。中央銀行が発行する法定通貨だけが通貨として認められるという以前の状態に戻ったと言えます。

GAFA（ガーファ）とは、アメリカのIT関連企業大手4社で、グーグル（G）、アップル（A）、フェイスブック（F）、アマゾン・ドット・コム（A）の4社を指します。

金融包摂のズレ

さて、そもそもなぜリブラに注目が集まったのでしょうか？　「金融サービスの在り方」の問題が理由の1つです。金融サービスと言えば銀行が思い浮かびます。私たちが通貨を利用して交換したり決済したりする際には、銀行を利用することが一般的な常識になっています。

しかし、世界に目を向けると状況は異なります。**金融包摂《きんゆうほうせつ》に不平等性が生まれていた**のです。

「金融包摂」とは英語で「Financial Inclusion」。国連の関連機関である世界銀行の考え方で、銀行を始めとする金融サービスに国や地域で差異が生じることがないようにしようというものです。

世界銀行によれば、金融包摂とは**「すべての人々が、経済活動のチャンスを捉えるため、また経済的に不安定な状況を軽減するために必要とされる金融サービスにアクセスでき、またそれを利用できる状況」**と記されています。日本ではあたりまえのように、どこにでも金融機関が存在します。これは世界では珍しいのかもしれません。

国や地域によっては金融サービスを提供する銀行がない国・地域や、あってもそれは都市部に集中しており、地方には銀行もなければATMすらないことは珍しくありません。

そのような国・地域の人も生活やビジネスをしていますから、金銭の交換・決済は行ないます。

そして、そういった国・地域の人もほとんどがスマホは持っています。そのスマホで銀行やATMと同じことができれば、金融包摂が可能になります。

スマホの持ち主の多くは、フェイスブックのようなSNSを使うことができます。そうすると、リブラなどのステーブルコインで金銭の交換・決済ができれば、銀行がなくてもATMがなくても24時間金融サービスを得ることができるのです。これがリブラに皆が着目した理由です。

しかし、リブラは成功しませんでした。その代わり、各国の中央銀行が金融包摂の不平等への対応、あるいは競争力強化のために「デジタル通貨」の検討へと動き出しているのです。

4 デジタル円の時代

今、私たちは現金が必要な時には、民間銀行の口座から紙幣や硬貨を手にすることができます。

デジタル通貨とは、法定通貨を（インターネットなどの）デジタルを利用して直接流通

させるものです。

暗号資産との違いは〝法定通貨そのもの〟として扱われることです。ですから、一般受容性があり、決済手段、価値尺度、価値の保全機能があります。銀行を介して外国のお金に交換することも可能です。

法定通貨を持つ世界の中央銀行は、デジタル通貨について、強い関心を抱いています。

中国では２０１９年から〝**デジタル人民元**〟の実証実験を開始し、２０２３年時点では、実験エリアの拡大や商業利用を試しているようです。今後、法や規制の整備も進むでしょう。アメリカでも２０２２年から、デジタル通貨に向けて検討が始まっています。

図3-4　もし日本銀行がデジタル円を発行したら

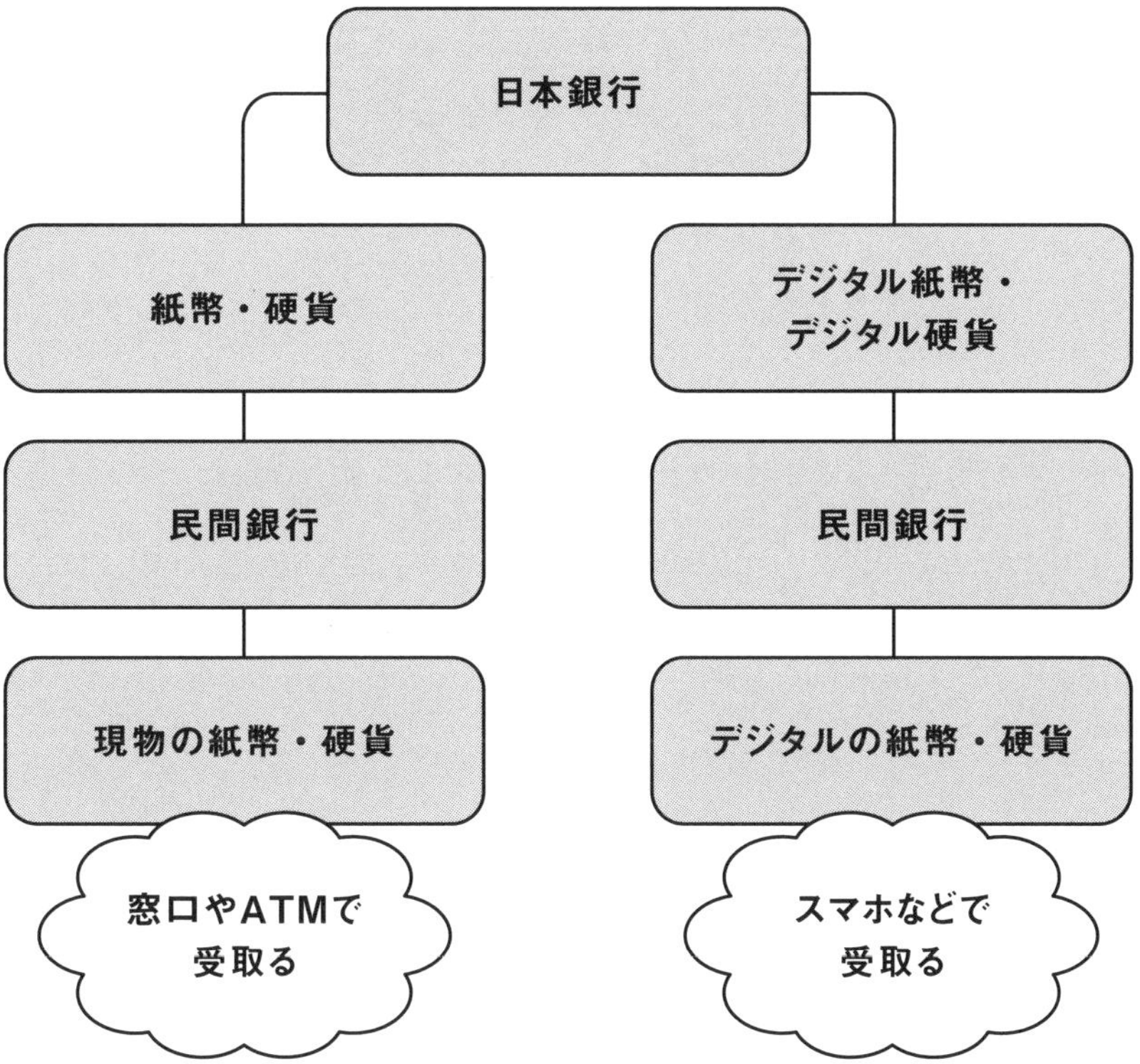

日本で発行するとしたら「デジタル円」として日本銀行が発行する法定通貨になります（2024年時点ではまだ発行されていません）。

もしデジタル円の時代が来たら、ATMや窓口で現金を受取るのと同じように、民間銀行からデジタル円を受取ることになるはずです。

中央銀行のデジタル通貨

日本では銀行やATMがほとんどの地域に存在しますから、金融包摂に大きな問題はないと考えられます。国内の状況だけを見ればデジタル円は不要かもしれません。

しかし、日本は、輸出入が盛んで資金の流出入の取引も盛んです。もし相手から取引をデジタル通貨で望まれた場合、日本が対応できなかったら、デジタル通貨鎖国になってしまい、金融の孤立化の危機が生じます。

たとえば、中国が「我が国の人民元は、デジタルでも大丈夫ですよ」と表明すれば貿易取引が中国に流れていくでしょう。国際競争に取り残されてしまいます。デジタル円は国内だけの問題ではないのです。

デジタル円の技術的課題

まだ先の話にはなると思いますが、デジタル円が現実化した場合を考えてみましょう。送金者から、デジタル円を受取る受取人への安全な資金移動の方法を整えなければなりません。

そのために考えられているのが、**SIMカード**などの情報記録装置です。これは、あまり直接目にする機会はないかもしれませんが、皆さんも必ず持っています。スマートフォンに入っている、25ミリメートル×15ミリメートルほどの小さなカードです。

SIMカードには、カード保有者を識別するためのID番号などが記録されています。ここに個人情報を記録することで、本人であることが特定できます。まるで銀行口座のような正確性・安全性があることによって、送金元も、受け手も安心感を得ることができます。○○ペイといった電子マネーでもすでに利用されています。

スマートフォンは、銀行口座を開設していない人たちも持っていることが多いので、SIMカードによってこういった人たちもデジタル円を使える可能性があるのです。SIMカードは金融包摂の実現に大きな可能性を持っています。

日本では多くの人が銀行口座を持っていますが、海外ではまだ銀行口座が普及していない国があります。たとえば、筆者が教鞭をとっている大学の留学生の母国の**アフリカや、東南アジアの一部では、実際にSIMカードを活用した貨幣の利用が始まっており、**デジ

タル金融活動の活発化が銀行口座なしで進んでいるのです。

デジタル円が日本で利用できるということになれば、来日する外国人も自国通貨と日本円の為替をスマホ上で行ない、スマホ上のデジタル円を利用できるようになります。観光立国としても、デジタル円の可能性に期待できます。

⑤ 基軸通貨

デジタル通貨の時代となれば、基軸通貨の変更があるかもしれません。**基軸通貨とは国際的に貿易や金融取引の中で中心的な力を持つ通貨です（§17参照）。**

今はUSドルが基軸通貨です。国を越えたやりとりをする時、日本でも、フランスでも、南アフリカでも「ドル」を使って取引をすることに抵抗感はないはずです。

基軸通貨はどこかの国が「ウチが基軸通貨国です」と勝手に宣言するのではなく、**取引量や安定性、つまり、その国の経済規模と金融市場の安定性をもって決まります。**

基軸通貨になると、その国の通貨にメリットが生まれます。たとえば貿易です。基軸通貨のアメリカのドルでの決済が中心となるため、USドルには貿易面の流通や強力な安定性があります。

ブレトンウッズ体制がUSドルを基軸通貨にした

さて、今の基軸通貨が「ドル」になったきっかけの、ブレトンウッズ体制について知っておきましょう。

ブレトンウッズ体制とは、第二次世界大戦後にアメリカを中心としてできた、為替相場の安定のためつくられた体制です。

1944年、アメリカ・ニューハンプシャー州のブレトンウッズという町のホテルに、後に第二次世界大戦で戦勝国となる連合国の代表が集まり、為替相場安定のためのルールを定めたのが、名前の由来です。

為替相場安定のためのルールとは、「『ドル』という通貨を為替の中心に置く」というものです。これはドルという通貨の価値を基準として、他国の通貨の価値を決めるということを意味します。

この時代、通貨には金（ゴールド）との交換で価値をはかる金本位制という制度がありました（§17参照）。アメリカは変わらず金本位制でUSドルの価値を定める、そして、他国の為替レートは〝金に裏打ちされたUSドルの価値〟で決めるというもので、たとえるならば太陽がUSドルで、それ以外の国の通貨は太陽を中心として回る惑星のようなものです。

基軸通貨を世界中で利用するということは、自国通貨とUSドルをいったん両替しなければなりません。ドルの利用が増えます。ドルで売ってドルで買う国が増えればUSドルの利用量・発行量が増えていきます。発行元であるアメリカのGDPにも影響します。そして、アメリカの国力が強くなるのです。基軸通貨のメリットはとても大きいのです。

極論、どの国も自国通貨が基軸通貨になることを期待しています。その状況下、1944年から基軸通貨を維持し続けるUSドルのすごさを感じます。

デジタル通貨と基軸通貨

基軸通貨は、ずっとドルだったわけではありません。第二次世界大戦前はイギリスのポンドが基軸通貨でしたが、ブレトンウッズ体制でドルへと変更になりました。

使い勝手が良いデジタル通貨の時代になって、中国のデジタル人民元が流通し、決済に利用されるようになれば、今のドルを基軸とした覇権が変わるかもしれません。

おぼえてほしい §3のキーワード

暗号資産
デジタル上に存在する、お金のように思える資産。中央銀行が発券していないため銀行券ではない。一般受容性がないため「資産」と呼ばれている。

貨幣の一般受容性
価値の尺度について社会的合意が得られており、「誰もが」その価値を認めてお金として使える状態。

金融包摂
先進国、発展途上国など、経済的に差異がある国、地域にかかわらず、すべての人々が金融サービスを利用できる平等な状況を言う。

基軸通貨
国際的な経済・金融取引において誰しもがその受容性を認める通貨を言う。現在はアメリカのドル。

SECTION 4

独占市場、寡占市場、自由競争

2016年 電力自由化

ガス会社が電気を売るって、
本当？

○× 新聞

電力自由化

小売自由化で顧客争奪戦

○×新聞

発行○×新聞社

2016年 平成28年
4月1日

価格競争に期待と不安

2016年4月、電力の小売自由化が解禁となった。電力の供給は「発電」「送配電」「小売」の3部門に分かれ、家庭向け小売部門の参入が自由になった形だ。

これまでは、北海道・東北・東京・北陸・中部・関西・中国・四国・九州・沖縄の10電力会社で、地域によって管轄が決まっており、電力は指定の電力会社からしか購入できなかった。今後は東京電力の関西進出など既存大手の域外への進出も可能となるほか、自由化に合わせ、新電力（小売電気事業者）の参入も相次ぐ。顧客争奪戦は加速しそうだ。

新電力では、さまざまな新料金プランの発表が始まっている。基本料金0円や、自社サービスとの併用でセット割が適用されるプラン、再生可能エネルギーを指定して使うプランなど、消費者の選択肢が広がり、自由化の恩恵を受ける形だ。

一方、新電力が対象とする供給エリアは大都市圏が多い。新電力の参入の少ない地方との電力価格差は拡大しそうだ。「電力会社を自由に選べることのメリットが、まだよくわからない」という声もある。

2017年4月 ガス自由化へ

電力自由化から1年、電気に続き都市ガスの小売り自由化が開始される。量販店の店頭や街角では「ガスと電気をまとめてご契約されると割安になりますよ」など、ガス会社の勧誘キャンペーンが見られた。

2011 年、東日本大震災が起きました。原子力発電所で事故が発生し、原子力の取り扱いや、電力不足時の電力融通網の分断が大きな問題になりました。これが 2016 年の小売業向けの電力自由化を早めたと言われています。

Q1 なぜ、それまで電気は「自由」に売り買いできなかったのでしょうか？

Q2 自由化になると、どのようなメリットがあるのでしょうか？

① 独占市場・寡占市場と自由競争

1951年、日本では9つの電力会社が設立されました。その後、1972年5月に沖縄電力が設立され、電力会社10社体制ができ、今に至っています。電力会社はそれぞれ地域ごとに、発電、送電、そして配電を行なっています。

この状況は、経済学では「寡占」あるいは「地域ごとの独占」と言えます。**独占とはどこか1社だけが業務を行なえること、寡占とは特定の数社だけが業務を行なえる状態のことを言います。**いずれにしろ、利用者からすれば料金など比較できない状況でした。

2000年から電気料金の小売自由化が始まりました。「自由化」という意味を経済の観点で考えると、「自由競争化」が始まったと言えます。

時代のことば　**2016年「VR/AR」**

2016年はHMD（ヘッドマウントディスプレイ）が現実利用され始めた「VR元年」と言われます。ゲームなどでVR（仮想現実）やAR（拡張現実：仮想空間に現実の画像を重ねたりするもの）を利用する際は、HMDを装着します。熊本大地震で崩落した熊本城の再興に向け、HMDを装着しながらARを利用して修復が行なわれていると言われており、ゲームだけではなく、貴重な歴史的建造物の修復にもこうした最新技術が使われています。

自由競争とは、独占・寡占の対義語で、民間企業が自由に競争している状態です。これにより、独占・寡占状態だと難しかった価格の競争ができるようになります。

では、独占・寡占状態とは悪いことなのでしょうか？　そもそも電気はガスや水道と同様にライフラインでもありますので、利益獲得一辺倒の動きはできません。ここからはまず、なぜ寡占状態だったのか、電力の歴史について見ていきましょう。

② 電力制度の始まり

1883年の電力制度と「電力の王」松永安左エ門

1883年、日本でも電力による電灯事業が始まりました。電灯とは「電力による灯《あか》り」を意味します。それまでは、たとえば江戸時代は灯油と書いて「ともしあぶら」と呼ばれるエゴマ油や菜種油などを使ってロウソクに灯りをともす方法でした。

そこに電力による灯りが生まれたのです。最初は東京電燈《とうきょうでんとう》という民間企業が電力事業を始め、それから10数年で30を超える電力会社ができ、その中から5社が力を持ち「五大電力」という状態になりました。これが電力事業の草創期です。

この時の5社とは、東京電燈、東邦電力、大同電力、宇治川電気、日本電力です。このうち東邦電力の社長である松永安《まつながやす》左《ざ》エ《え》門《もん》が後に電力業の中心的存在となり「電力の王」とまで呼ばれるようになります。彼は一時期ではありますが日本銀行に勤務したこともあり金融・経済のプロだったがゆえに、電力会社を経営できたのでしょう。

1939年　戦時下で始まった寡占化

１９３９年になると、五大電力に代わり、発電と送電をまとめて行なう日本発送電という会社が登場し、中核的な役割を担うことになります。全国の電力の発電と送電の両方を受け持つ巨大会社です。

第二次世界大戦の影響で電力の軍事需要は増えるのですが、発電も送電も供給が追いつきません。こうした厳しい状況では、複数の会社が少しずつ電気を融通するよりも、１つの会社が大量に電気をつくる方が効率が良く、同時に管理もしやすくなります。

このような背景から、発電と送電が日本発送電に一元化され独占状態となりました。ほぼ国の管理下で電力が供給された時代です。

日本発送電が電気を送った先が９つの配電会社（北海道・東北・東京・北陸・中部・関西・中国・四国・九州）です。

1951年「電力の鬼」となった松永安左エ門

1951年は、第二次世界大戦が終わり、戦後経済が育ち始めた頃です。GHQ（連合国最高司令官総司令部：日本に命令を下すことができた）のポツダム政令で、電力の国家管理が廃止となりました。

ここで再度、松永安左エ門が活躍します。時の吉田茂首相の任命により「電気事業再編成審議会会長」という役職に就き、地域ごとに9つの電力会社を設立します。そして、およそ20年後の1972年に沖縄返還によって、沖縄電力が加わり、10社となりました。

この時、松永は国民から「電力の鬼」と呼ばれるようになってしまいました。彼が電気代を大幅に上げたからです。松永の事業経営に関する思慮深さ、あるいはしたたかさが垣間見《かいまみ》える行動でした。国民からは鬼扱いされましたが、**電気料金を上げたことで電力会社が設備などへの投資活動を積極化でき、電源開発力が急激に伸びた**ことで、わずか数年で総発電量が30%ほど伸びたと言われています。

第二次世界大戦からの急激な日本経済の復活には、電力が多大な影響を及ぼしたことは間違いありません。多くの産業のためになる日本の電力業の基盤をつくったという点からは、松永安左エ門は、今の日

図4-1　日本の電力会社の足跡

電力会社設立	1883年～1939年	民有民営の電力会社が多数存在	特に五大電力が力を持っていた。
電力国家管理	1939年～1951年	民間企業の国家による管理	日本発送電設立。送電は9社が地域ごとに行なう。
10電力体制（1972年までは9電力体制）	1951年～	民有民営。発送配電一貫経営であり地域独占状態	東京、関西、中部、東北、九州、中国、四国、北海道、北陸、沖縄で各電力会社が発電・送電を行なう。

本の金融・経済の基盤をつくった渋沢栄一のような存在とも言えるのではないでしょうか。

3 電力自由化への歩み

ここまで見てきたように、電力はライフラインとして、また、戦中〜戦後の歴史的背景から「寡占化」の状態が続いてきました。ここからは、現在の電力自由化へどのように進んでいったのかを確認しましょう。

企業向け特別高圧の小売自由化

電気料金は10社、各電力会社で異なります。安い方の電力会社の電気を使いたいと思っても、自分の住む電力会社の電気しか使えませんでした。「東京エリアの電力は高いから関西エリアの電力を使おう」などと思っても、エリアが違えば利用できなかったのです。

この問題を解決するため、2000年に電力の小売自由化が始まりました。ただし、この時は、大規模な工場、オフィス、スーパーといったところ向けだけでした。これらは、非常に多くの電気を使う設備であり、特別高圧という、読んで字のごとく特別な高圧電気を使用していました。

まずは、これらの特別高圧の使用者が、これまでの電力会社ではない、別の地域の電力会社から電力を買ったり、〝新電力〟と呼ばれる新規参入の電力会社から買うこともできるようになったのです。

続いて2004年から、中小の工場や企業を対象として高圧の電力供給の自由化が始まりました。中小規模の工場、オフィスなどでも、電力を希望に応じて買うことができる、「自由化」が進みました。

家庭や商店へ、一般小売自由化

2000年からスタートした小売自由化の流れは、大企業から中小企業へ波及しました。それから16年後にやっと、一般家庭などが使用している低圧電力も自由化が始まりました。

一般家庭や商店に対しても自由化が始まった理由の1つは、2011年の東日本大震災でしょう。この震災の影響で、原子力発電所が損傷し、東京電力の供給量が利用者の需要量に届かない状況が想定されました。

また、料金も他の電力会社と比較して割高にならざるを得ない状況に見舞われました。そこで、電力の供給に余力がある電力会社が、電力を必要とする一般家庭や商店に供給する方策を採ったのです。

経済学で言えば、需要と供給が一致する「均衡点」に至るように、電力会社と利用者の自由競争の第一歩が始まったと言えます。とても大きな動きです。

今や、送配電の事業者（登録特定送配電事業者）数は30を超え、小売を行なう事業者（登録小売電気事業者）数は700を超えています。

さらに、一部の大手ガス会社では送電・配電だけでなく、自ら発電も行なうようになりました。こうすることで、ガス会社はガス料金と電気料金を一本化して請求でき、利用者は1回の支払いでまとめられるといった利便性が高まるようになったのです。こうした利便性の高まりは、独占・寡占から自由競争になったことによる効果の1つだと言えます。

④ 自由競争での「価格」

ここまで電力というエネルギーの価格の自由化、すなわち企業や個人がそれを購入する際の価格の適正化についての進展を見てきました。

独占・寡占は消費者側のデメリットになりますが、日本の電力についてはある意味国家事業でもあり、意味のない独占・寡占ではありませんでした。しかし、自由競争が始まると、売り手と買い手の間ではさまざまな思惑を持って「価格」が決まるようになります。

スケールメリット

ここからは「スケールメリット」について考えてみたいと思います。**スケールとは規模のことです。経済的には規模が大きいとメリットがあると言われます。**

製造業であれば、「規模」は、生産量（売上）の拡大と生産コスト（金額）の削減を指します。

たとえば、ある会社が10万円で売れるスマホを製造するとします。1人の作業員がスマホを1カ月かけて1個生産し、生産コスト（ここでは人件費）が10万円かかりました。これでは1つ売れたとしても、コストを回収できるだけで利益が生まれません。従業員の給与は10万円以上に上げることはできず、従業員はやる気が出ません。もし給与を上げれば会社は大赤字で、今度は社長のやる気が出ません。

そこで社長は、意を決して機械を導入します。規模の拡大です。機械がスマホをつくり従業員が管理します（機械の購入費はここでは無視します）。機械なので昼夜を問わずに1カ月で100個のスマホができあがり、すべて売れたら売上は1000万円になります。生産コスト（人件費）は10万円のままで、売上は1000万円になり、生産コストの比率がぐっと下がったことがわかります。

従業員の数を増やすことなく、機械という人件費がかからない生産によって生産規模が拡大すると同時に、生産コストを抑えることによって収益が上がるのがスケールメリットです。こうして規模が拡大すると、もし社長が機械を管理している従業員の給与を100万円に奮発しても、まだ900万円の利益が出ます。

スケールメリットは、「規模の経済」とも言います。規模が大きくなればなるほど、売上が上がっていくのと同時に、コストが占める割合が下がり、収益も上がっていくのです。

需要と供給のバランス

需要と供給には価格が大きな影響力を持っています。価格はいったい誰が決めているのでしょうか？

松永安左エ門の時代は、電気代は売る側が決めることができました。しかし、今は買う側も電力の価格を選ぶことができるようになっています。

価格は売り手が提示し、買い手がそれに合意すれば決定されます。スマホが10万円で売出されても誰も買い手がいなければ、売り手は価格を下げていくことになります。**経済学では、売り手を「供給」と呼び、買い手を「需要」と呼びます。**

そして、供給側の提示価格と需要側の要求価格が合ったところで価格が決まるのです。**価格が決まる点を「均衡点」と言います。**

買い手が「買う」と決めなければ売買は成立しませんから、基本的に価格の決定者は

「需要側」だと言えます。そして需要側の要求に応じて供給側が価格を決定するということになります。

つまり、自由競争とは「需要側の要望を供給側が聞く」というところから始まると考える必要があるのです。

価格の決定要因と心理的効果

価格の決定は単なる「価格が安い」という消費者合理性だけで決まるものではありません。私たちは〝納得〟という心理的な満足を、価格の安さと同じように求めます。たとえば、スーパーやコンビニで売られている商品の説明書きに「製造元」や「有害物質を利用していない」あるいは「ＳＤＧｓに対応」など、心理的満足を得ることができる情報があれば、価格が比較的高くとも購入されることがあります。

また、有名人が宣伝している場合、その対象商品の価格の合理性を見ようとせずに、「有名人が言っているから間違いない」という、限定された合理性に影響されてしまう〝ハロー効果〟（菩薩の後光（英語のハロー）の光で周囲が見えなくなること）が生じることもあります。

他にも、同じ効果のある３つの品物がある場合に、とりあえず３つの比較が大変なので真ん中を選びがちという〝ゴルディロックスの原理〟や〝松竹梅の法則〟などがあります。

たとえば、見たことのないペットボトルの炭酸水が70円、１００円、１３０円で売られていたら「70円は安すぎないか？　１３０円は高級感はあるけれどどうかな、とりあえず真ん中の１００円にしておこう」と考えがちなのです。

「みんながこの価格で買ってるから、真似しよう」という〝行動感染〟や「ボーナスが予想以上に入ったから海外旅行でもするか」とボーナス以上にお金を使う〝ランズバーガー効果（あぶく銭効果）〟など、さまざまな価格の罠があることは知っておくと損はしないと思います。

私たちは価格が示された時に「自分はしっかりと考えたうえで価格の適正性を考えている」と思いがちなのですが、こうしたものに惑わされている難しさもあります。

おぼえてほしい今日のキーワード

独占市場	トップの1社が市場を独占している状態。
寡占市場	トップクラスの限られた数社だけで市場を支配している状態。
自由競争	誰しもが市場で平等に競争できる状態。
需要と供給	消費者サイドが需要で、生産者サイドが供給。
均衡点	需要と供給が折り合っている状態。売り手と買い手の要望が一致している状態とも言える。
スケールメリット	「規模の経済」と呼ばれる。事業の規模を拡大することで1単位あたりのコストが低下する。大規模メーカーのパンが地元のパン屋さんより価格が低めになる、がスケールメリットの一例。

SECTION 5

GDP（経済力）

2013年 アベノミクス

GDPのランキングが下がると、
何がいけないの？

○× 新聞

日本銀行・政府 共同声明

進む体制転換

○×新聞

発行○×新聞社

2013年 平成25年
1月22日

インフレ2%実現を

内閣府・財務省・日本銀行は、1月22日、共同声明を発表した。デフレからの早期脱却と物価安定のもとでの持続的な経済成長の実現に向け、政府及び日本銀行の政策連携を強化し一体となって取り組むとし、物価上昇目標をできるだけ早く達成するほか、金融緩和を進めることになる。

安倍首相の、デフレ脱却のための施策に日本銀行にも責任を持たせたいという意図が強く反映された形のように見える。当初、日本銀行に対し政策協定を結ぶことを求めたが、日本銀行の独立性に配慮し、共同声明という形になった。日本銀行の白川総裁は、共同声明について「中央銀行の独立性は世界的に確立された考え方。政府も十分理解していると考えている」と語る。

アベノミクス第1の矢強化

第2次安倍内閣では2012年から、GDP3%成長を目標にアベノミクス「3本の矢」として経済政策を発表。GDPは1968年から42年間世界第2位だったが、2010年に第3位に転落した。長く物価が低下し続けるという中、デフレマインドが広まり、設備投資の手控えや株価低迷が続いていた。10年後に1人あたり名目国民総所得150万円増を目指し、大胆な金融政策（第1の矢）、機動的な財政政策（第2の矢）、民間投資を喚起する成長戦略（第3の矢）を進める。野党からも「前向きなものと受け止める」と評価が高い一方、ハードルの高さを指摘する声も多い。

GDP 3%成長を目指して始まった、日本銀行・政府の共同声明による金融政策の共同推進。現実は……？

Q1 中央銀行の独立性は、なぜ必要なのでしょうか？

Q2 ＧＤＰが下がるとどのようなことが起きるでしょうか？

① 日本銀行と政府が連携!?

このニュースを見て、「もともと政府と日本銀行は一緒ではないの？」と疑問に思った人も多いのではないでしょうか。

日本銀行という金融政策を司《つかさど》る組織と、**政府という財政政策を司る組織**は本来独立して活動します。

それにもかかわらず連携した理由は、ＧＤＰの伸び悩み、つまり経済力の低迷です。なぜこうなったのか、どう解済するかについて考えてみましょう。

この話を進めるためには、まず、政府の財政政策に関連する「歳入」と「歳出」から話

時代のことば　**2013年「お・も・て・な・し」**

2013年9月7日、国際オリンピック委員会（IOC）は2020年夏季五輪の開催地に東京を選びました。滝川クリステルさんのプレゼンテーションでの「お・も・て・な・し」の言葉が話題となりました。3年前の2011年に東日本大震災に見舞われGDPが大きく低下し伸び悩んでいたこともあり、2度目のオリンピック開催は経済的にも大きく期待されました。実際の開催は、新型コロナウイルス感染症の影響で2021年にずれ込むことになりました。

を始めましょう。

政府という組織の役割はさまざまにありますが、そのうちの1つは「歳入で得たお金を、どのように歳出するかを決めて活動する」というものです。

政府の方々も人間ですから、つい国民の期待に応えられるようにしようとするでしょう。**歳入は基本的に税金です。税金の総額で歳出（社会保障関係費や教育費など）をまかないます。**しかし、高齢社会や人口減少の影響で歳出が増えていき、税金だけではまかなえなくなっており、税金という歳入以上に歳出が増えています。

そこで、この差を補うために、つまり税金で得た以上にお金を使うことができるようにするために、税金に加えて国が借金（国債の発行）をして、歳

図5-1　政府と日本銀行の関係

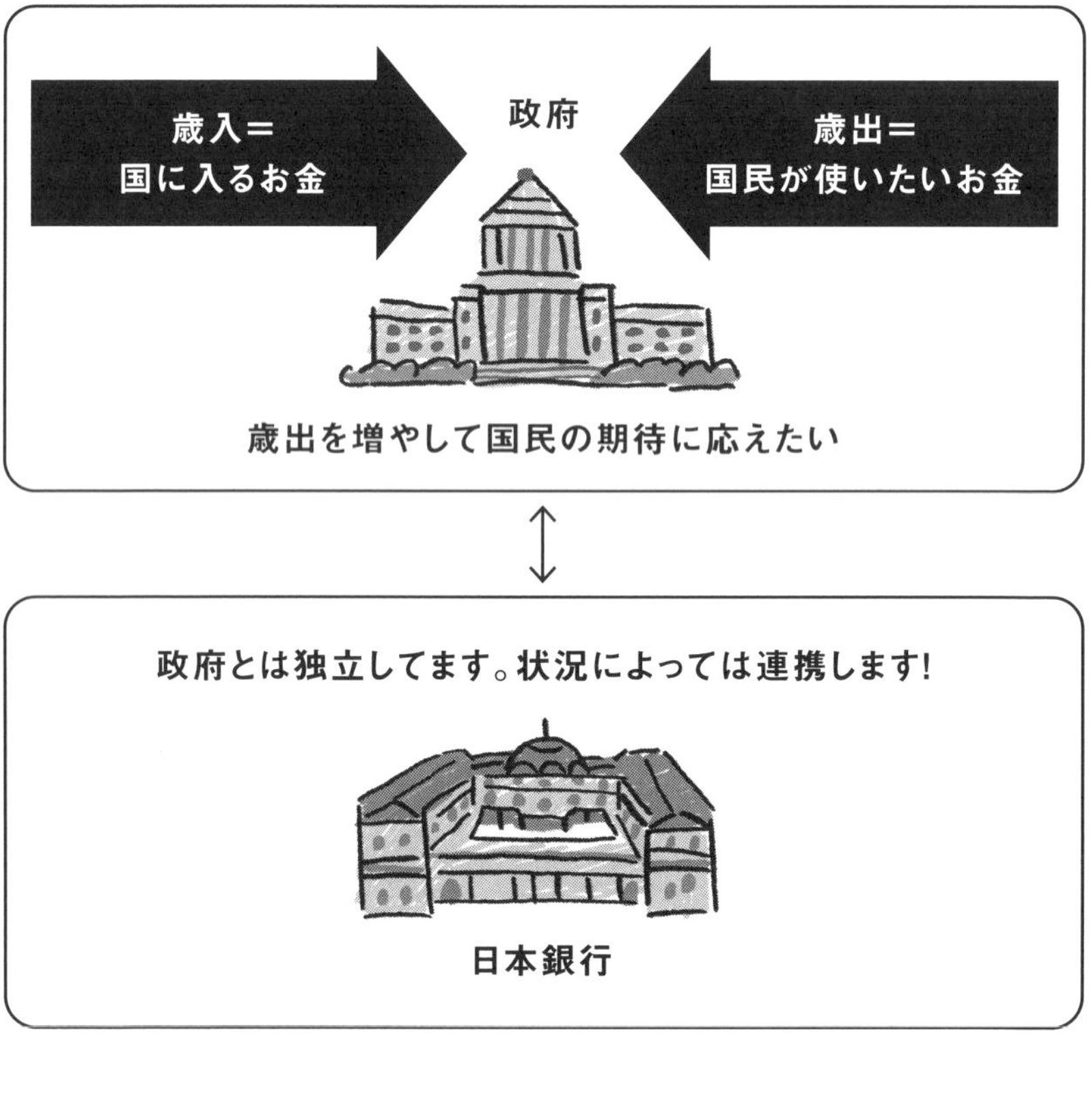

入と歳出が均衡するようにします。

国が借金をせずに、日本銀行に「日本銀行券（お金）を足りない分だけ刷ってください」と言ったらどうなるでしょう？

日本銀行が「政府からのお願いなら言うことを聞きましょう」なんて過度に連携していると、制限なく日本銀行券が刷られる、つまり通貨供給量が増えてしまいます。お金の供給があると、そのお金を使う需要は増えます。あれば使いたくなるからです。しかし、買うことができるモノやサービスはそう簡単には増えません。当然、インフレが起きます。

もし、単なるインフレにとどまらずハイパーインフレになれば、国としての経済力に大きな打撃となります。そうならないように、日本銀行は政府と独立しているのです。

共同声明のタイトルは「デフレ脱却と持続的な経済成長の実現のための政府・日本銀行の政策連携について」でした。慢性的なデフレを終わらせることで経済力を回復させ、GDPを強化しようという策です。

発表者は内閣府・財務省という政府機関と、日本銀行です。日本銀行と政府が独立していては、経済面で国力が低下するという強烈な危機感があったゆえに、あえて手を離す（独立）べきところをつなぐ形でされた連携でした。

② GDPの中身

「付加価値」ってどんなもの？

「GDP」とは「Gross Domestic Product（グロス・ドメスティック・プロダクト）」の略で、「国内総生産」といいます。なお、GDPは各国が自ら発表している数字です。

国内総生産とは、一定期間（通常は1月から12月までの暦年や、4月から翌3月までの年度）にその国（ここでは日本）で新たに生み出されたモノやサービスの価値の総合計のことを言います。「新たに」という表現の意味は「追加的に加えられた」ということで、「付加価値」と呼ばれます。GDPは「一定期間のモノ・サービスの付加価値の総合計」ということになります。たとえば、30万円の原材料費で50万円で売れるパソコンをつくったら、それは20万円分の付加価値を生み出したということです。

付加価値を生み出した側は「我が社はこれだけモノやサービスを生産して新たな付加価値にしました」と言いますが、その「新たに生み出された価値」とは何を指しているのでしょうか？ その疑問に答えるためには三面等価について知っておく必要があります。

「名目GDP」「実質GDP」という言葉を聞いたことがありますか？ GDPには2つの見方があります。「名目GDP」は、実際に取引されている市場価格をもとに計算します。そのため、物価変動の影響が、算出されるGDPの数値にも影響します。たとえば、本当はまったく経済成長していなくても、物価が急騰し2倍になれば、名目GDPは、見た目では2倍になります。「実質GDP」は、基準とする年の価格で計算し、物価変動の影響を取り除いてGDPを計算します。これにより、より正確に経済成長を把握することができます。

三面等価とは？

三面等価とは、GDP、GDI、GDEの関係です（図5-2）。GDPとGDIとGDEが線でつながっています。これは、どれも合計が同じ価値なのです。名前が違うのは、それぞれ視点を変えているだけなのです。どのような見方をしているのかを図5-3で記しています。

「GDP」は国内における総生産、すなわち生み出された財・サービスの付加価値の総合計です。

「GDI（グロス・ドメスティック・インカム）」とは国内総所得です。GDIは生産者（働いた人）が得る賃金、利息や株主が得る配当、政府が得る税金等の合計金額で、GDPと同額になります。

「GDE（グロス・ドメスティック・エクスペンス）」とは国内総支出で、もらった賃金や所得を使う側の視点で見た数値になります。これも、GDPと同額になります。

GDPに話を戻しましょう。実はモノとサービスの付加価値を算出するには、手間と時間がかかります。企業が「生産した」ということはわかりますが、生産した総額の内、新たに付加された価値を正確に計算するのは大変なのです。

それに比べて支出は結果が数値として出ています。そこで、2004年からはSNA方

SNA（System of National Accounts）

国連が1993年に、国民経済計算という手法を提唱しました。
民間消費は「最終消費支出」とされ、民間投資と政府支出を合わせて「総資本形成」としています。

図5-2　三面等価

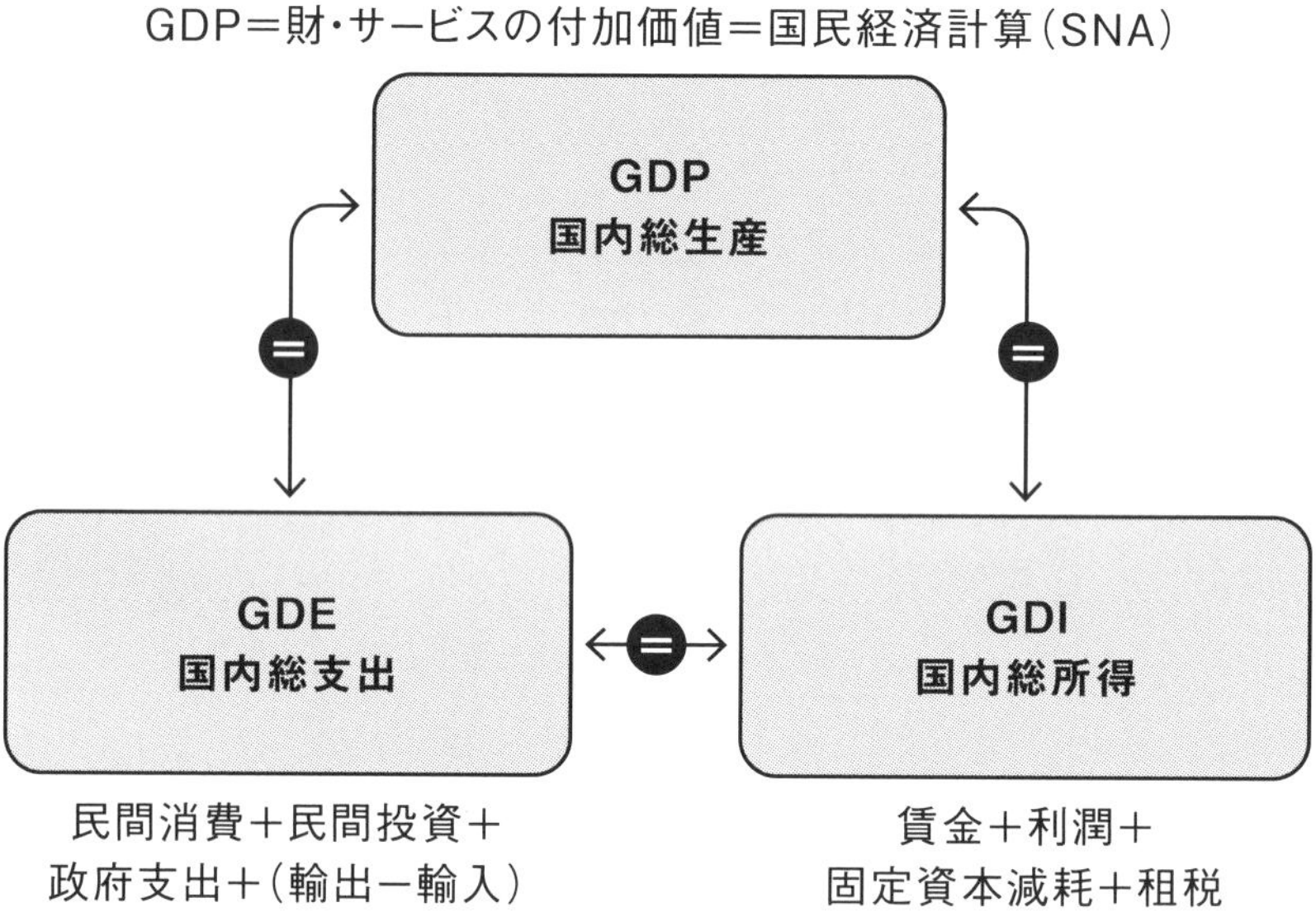

図5-3　三面等価は見方が違うだけ

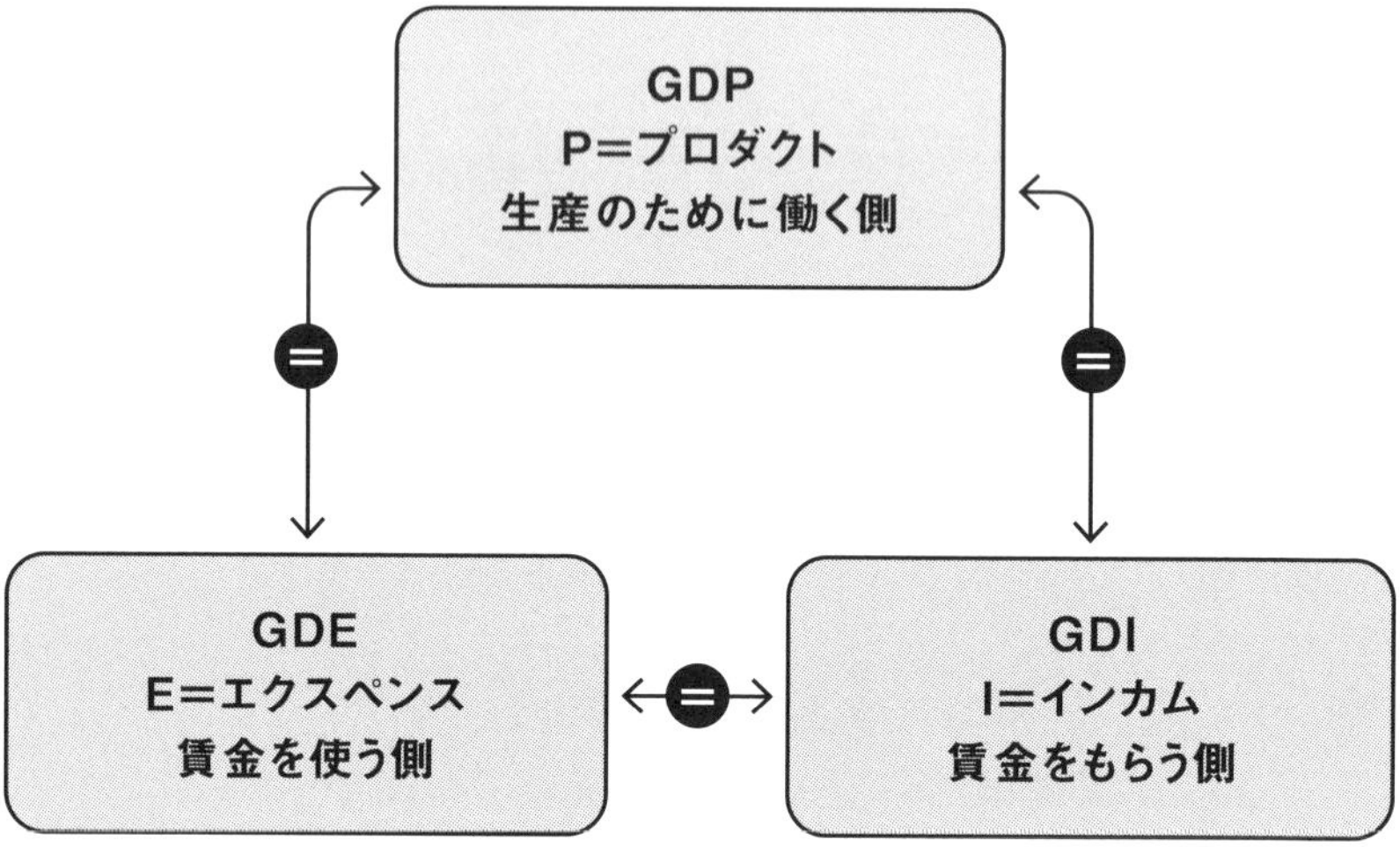

式で、GDE（国内総支出）の数値を総生産側にも適用し「国内総生産（支出側）」として表記し、概算がすぐにわかるようにして実質的にGDPの速報値の役割を果たしているのです。

GDPと消費

GDPは、個人や企業の消費、投資、政府による支出という「お金を使うこと」、それから輸出と輸入の差額の総合計です。**消費・投資・政府支出・輸出入の数値の合計**なのです。

中でも日本ではもっとも大きな「消費の動き」が経済の状況を理解しやすくしてくれます。図5-4は、1995年度以降のGDP（支出側）の金額（縦線）と前年度比の伸び率（折線）を示しています。

GDPとは、その国全体の経済力を表わすものですからGDPが上がるのは経済的には良い

図5-4　GDPの推移（総額と成長率）

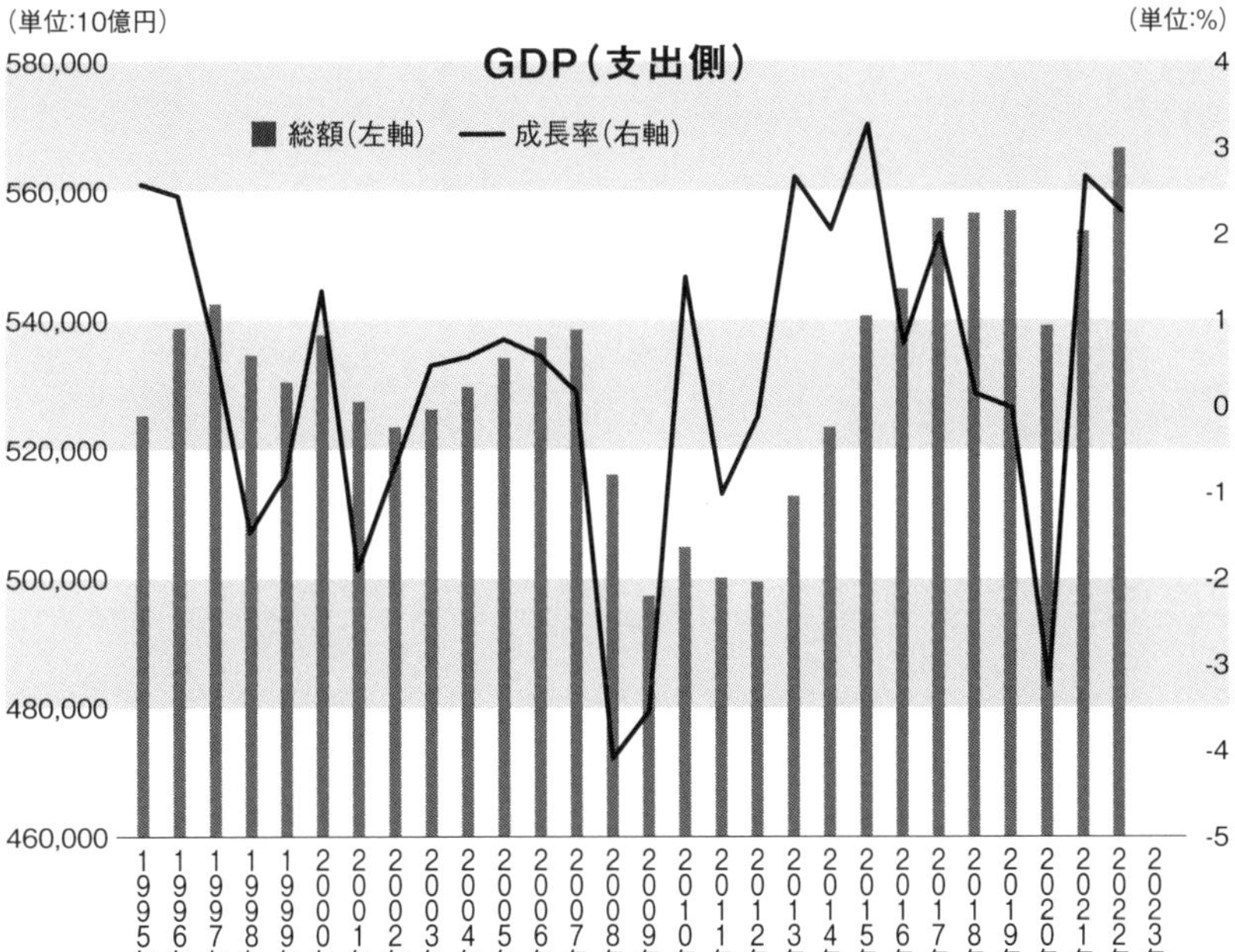

出所:国民経済計算（GDP統計）名目値年度データをもとに筆者作成

ことで、下がるのは良いこととは言えません。とはいえ、その時々の状況に応じて見方は変化していきます。

２０００年から２００７年まではＧＤＰの総額はほぼ変わらず、２００１年を除き、その成長率も０％から１％で推移しています。

変化が現れたのは２００８年頃からです。成長率がマイナス４％近くになり、総額も低下しました。**成長率がマイナスとは、前年あるいは前年度のＧＤＰよりも小さくなったということです。**消費サイドで考えれば、多くの消費者が消費を抑えたのです。当然のことながら経済力が低下し、ＧＤＰも低下します。

この状況の改善のため、２０１２年、第２次安倍政権において経済政策「**３本の矢**」（１本目「大胆な金融政策」、２本目「機動的な財政政策」、３本目「民間投資を喚起する成長戦略」）が提唱されました（アベノミクス）。

その後、ＧＤＰは総額でも成長率でも一時的には伸びましたが、すぐに減速しました。２０２０年新型コロナウイルス感染症の影響で低下しましたが、その後、再びＧＤＰは総額・成長率ともに再び伸び始めています。

２０２３年度のＧＤＰは、過去最高の５９０・1兆円となりました。日本のＧＤＰは伸びてはいるものの、他国の伸びがそれ以上になっている状況でもあります。

ＧＤＰが弱まるということは、民間の消費が減ってしまうことを意味しています。これ

は、買いたいものが買えなくなることにつながります。民間企業で設備投資やＩＴ投資ができなくて企業が高齢化し老朽化してしまいます。政府支出も十分ではなくなり社会保障や福祉に経済的な対応ができなくなってしまいます。そのため、ＧＤＰに着目する必要があるのです。

1人あたりGDP

ここまではＧＤＰ、つまり国全体で生み出している金銭的な価値の状況を見てきました。次に１人あたりの状況を見てみましょう。

「１人あたりＧＤＰ」とは国全体のＧＤＰを国の人口で割ったものです。１人あたりの生産量であり、所得であり、消費を指します。

国民１人あたりのＧＤＰが高いということは、１人あたりの生産性が高い（ＩＴやＡＩを駆使して人間１人あたりの生産が伸びて給与が上がる）とか、１人あたりの消費が伸びている（以前よりも贅沢《ぜいたく》な買い物や、より高価な料理を楽しめる）ということです。

１人あたりＧＤＰは、国全体のＧＤＰ同様に１９９５年から２００９年までは低成長が続いていています。つまり、生産性が伸びずに、消費も伸びず、低調でしたが、その後、回復途上にあります。

ルクセンブルクやアイルランドは、1人あたりGDPが世界のトップクラスです。数値を見れば、こうした国々では豊かな個人消費をしているかのように見えます。
1人あたりGDPは個人消費支出に加え、投資も加わるのですが、実はルクセンブルクやアイルランドでは「投資」の占める比率がとても大きいのです。これは金融サービスや有名なIT業界企業の本社機能が、これらの国にあるためです。
金融業やIT業は無形資産で収益を得ます。自動車産業のように多くの労働者を必要とせず、そこで働く労働者の数が大きく増えることはありません。無形資産の投資は、1人あたりGDPは大きくなるのですが、その国の労働者にとってはあまりメリットを感じないかもしれません。

③ GDPの世界的順位が変わったら？

「日本のGDPが世界第3位に転落することになりました。1968年から占めてきた世界第2位の座を失うのです」

こう報じられたのは2010年のことです。

それから13年を経た2023年、**日本のGDPはドイツに抜かれて、世界第4位になりました。**

この転落は、GDPがあくまで基軸通貨であるUSドルベースで比較されるため、円安ドル高の影響だと言われることもあります。

それでは、為替レートが円高になれば世界第3位に戻るかと言えば、そう簡単ではありません。急速に経済成長を続けるインド（2023年時点で第5位）が、今後、日本もドイツも抜いてアメリカ、中国に次ぐ第3位になるとの予測もあります。

図5-5をご覧ください（IMFのデータを元に、2023年までは実数値、それ以降は予測値を使っています）。

世界には200を超える国や地域があります。それらが国内において総生産価値を生み出し、その合計値である世界のGDPはほぼ毎年伸びています（図5-5右軸）。第1位はアメリカです。ずっと1位を守り続けています。

日本の潜在成長率

GDPに関連して、潜在成長率を知っておきましょう。**潜在成長率とは一定期間ごとのGDPの潜在的な伸び率のこと**です。実際の数値はGDPという「結果」として表れます。結果は重要ですが**「本当はこれぐらいの力があるのだ（なのに今はできていない）」**という潜在的な成長率を知り、本当の力と結果との差を見て、分析して、その差を埋めていけば本来あるべきGDPにたどり着けます。

潜在成長率は①資本投入、②労働投入、③TFP（全要素生産性：Total Factor Productivity）の合計値です。

資本投入は「**資本ストック**」とも言います。これは企業にある設備や機械、PCなどがあたります。

図5-5　世界のGDP

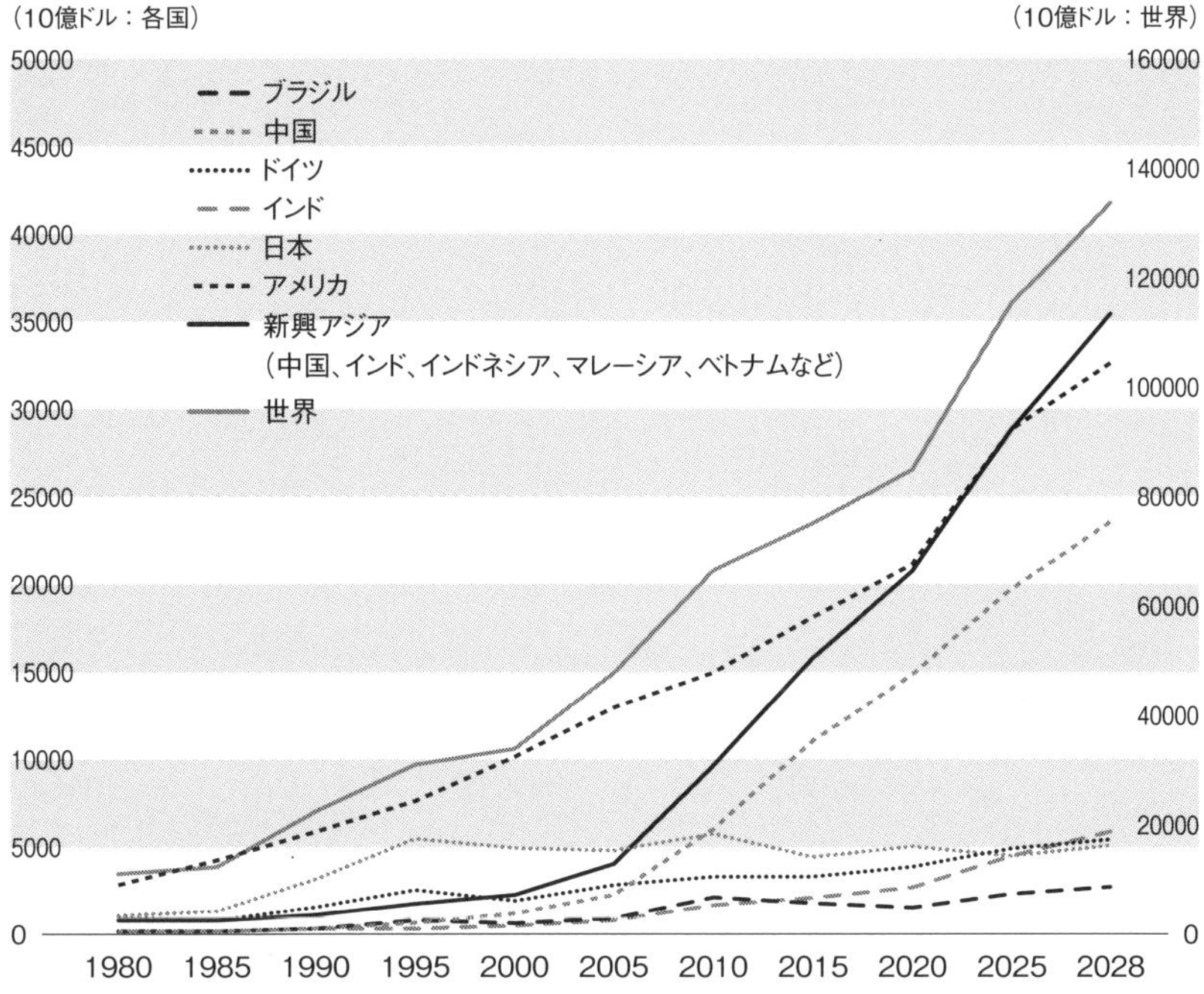

出所：IMF DataMapper 暦年データをもとに筆者作成

労働投入とは「就業する人の数」と「労働時間」のかけ算です。「24時間戦えますか」というテレビコマーシャルがあったバブル期は、労働人口も多く、長時間労働があたりまえでした。つまり、労働人口と労働時間の両方の数が多く労働投入量が多かったのです。

ＴＦＰは、資本投入や労働投入では説明できない部分と考えれば良いでしょう。技術革新や、生産効率の上昇ゆえに従来の資本投下・労働投入で予期された以上に生産性が向上したことなどがＴＦＰとして説明されます。

世界の潜在成長率

世界の潜在成長率はどうでしょうか？

世界銀行の２０２３年３月の発表では、「２０３０年までに予想される潜在成長率の鈍化の内、約半分は、高齢化に伴う生産年齢人口の減少や労働参加率の低下など、人口動態の変化に起因する」と記されています。逆に言えば、**労働力となる就業者が増えるほど潜在成長率は上昇する**ということです。

ＩＴやＡＩ技術の進展で「人間不要の労働力」の開発は進んでいますが、その実用化にはまだ課題があります。また、生産しても、消費する人がいなければ意味がありません。そのため、ＧＤＰの増加のためには就業者数を含む人口そのものの増加が求められています。

日本、北アメリカ、ヨーロッパでは人口減少とともに高齢者の増加も起きています。この状況で潜在成長率を増加させるためには、定年年齢の引き上げ、女性の就業や性別にかかわらない就業形態、そして外国人労働者の増加で就業者数を増やす必要があります。

注目すべきは、人口や労働力人口が増えるアジアの経済圏の動向です。ＩＭＦの予測では２０２６年頃のＧＤＰは新興アジアグループ（中国、インド、インドネシア、マレーシア、タイ、ベトナム）が、アメリカを抜いて最大となると見込まれます。

中国政府が取り組んでいる「一帯一路構想（§17参照）」で、アジアエリアで経済の一体化が進めば、これは現実の話になりそうです。

④ ＧＤＰが低下すると何が起きるのか？

ＧＤＰが弱まるということは、民間の消費が減って、企業の生産量も減って買いたいものが買えなくなることにつながります。


民間企業で設備投資やＩＴ投資ができなくて、企業が高齢化し老朽化してしまいます。政府支出も十分ではなくなり社会保障や福祉に経済的な対応ができなくなってしまいます。

また、ＧＤＰが他国と比較して〝低下する〟ということは看過できません。図5-6は日本のＧＤＰが世界のＧＤＰに占める％です。アメリカはほぼ25％で堅持しています。しかし日本は１９９５年の17％を記録して以降減り続け、２０２３年には３％台まで低下しています。

　日本が豊かな国ではなくなり、老朽化した貧しい国になってしまったら、海外からの観光収入も減ってしまいます。若者は日本から離れ、さらに高齢化が進みます。今は高齢者が高額の金融資産を持っているから大丈夫だという考え方もありますが、10年後、20年後にはその高齢者もいなくなってしまいます。

　そこで生まれたのが、「3本の矢」です。

GDPを低下させないために

「**3本の矢**」は、安倍晋三首相が進めた「金融政策」と「財政政策」の連携施策です。

「**金融政策**」とは、中央銀行が実施主体となる政策です。日本の場合は日本銀行の政策です。

　一方、「**財政政策**」とは、政府が実施主体

図5-6　日本などのGDPが世界に占める比率

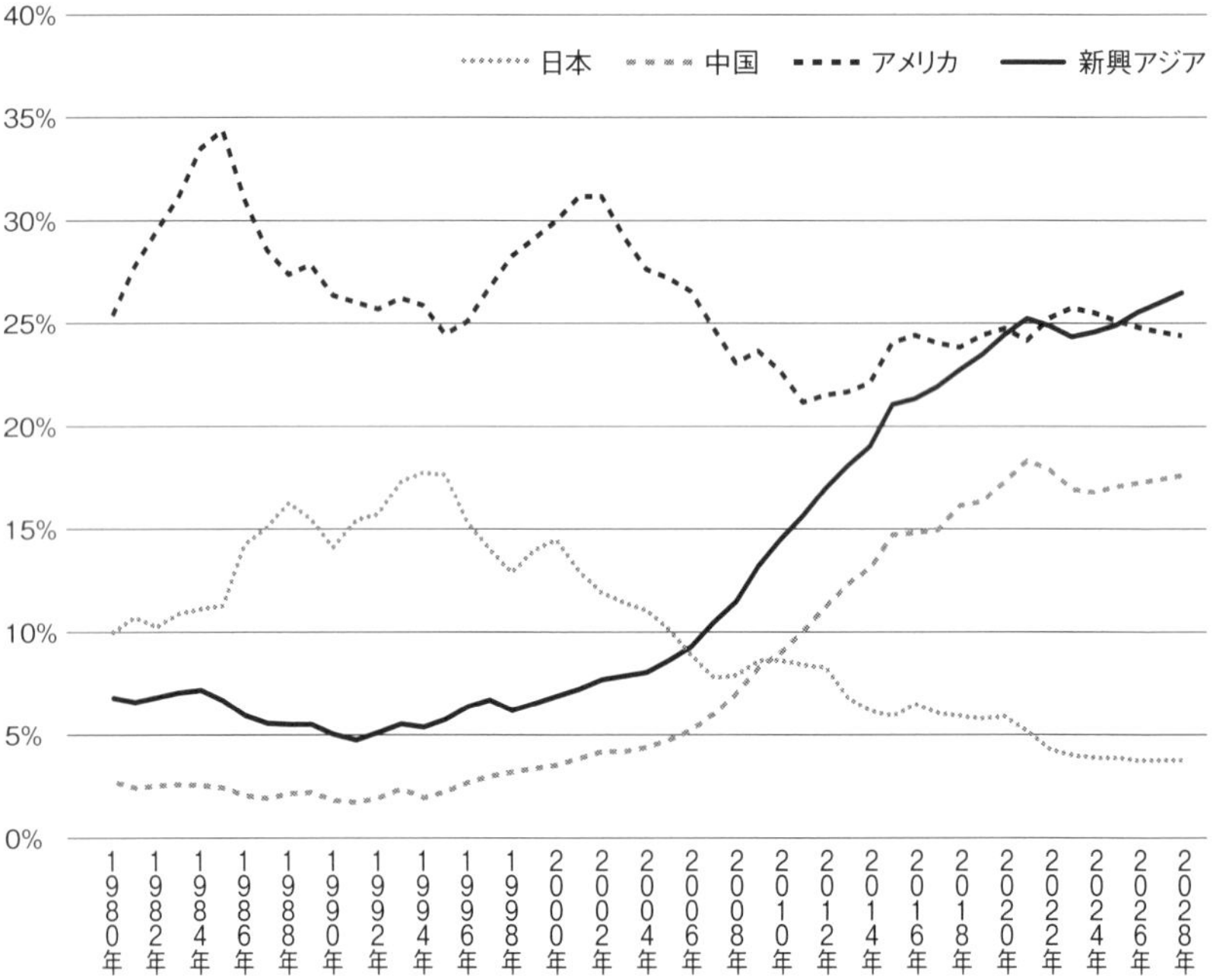

出所:IMFのデータをもとに比率化し筆者作成

となる政策です。どちらも、物価や景気のコントロールをするという点で、目的は同じです。

金融政策を決めるにあたって、日本銀行は独立性を重視しています。最初に述べた通り、財政政策を決定する政府の政策とは独立していることが必要なのです。

しかしながら、日本銀行と政府はどちらも、国民のために経済を盛り上げる役割を持ちますから、時には連携する必要もあります。この連携が始まったのが3本の矢なのです。

前述の通り、2013年に共同声明が出されました。このまま日本銀行と政府が独立していては国の経済力が低下するという、強烈な危機感があったゆえの連携でした。

連携することにより、日本銀行の金利

図5-7　アベノミクス

第1の矢	第2の矢	第3の矢
大胆な金融政策	**機動的な財政政策**	**民間投資を喚起する成長戦略**
金融緩和で流通するお金の量を増やし、デフレマインドを払拭	約10兆円規模の経済対策によって、政府が自ら率先して需要を創出	規制緩和によって、民間企業や個人が真の実力を発揮できる社会へ

※1 国内で生み出された付加価値の総額　※2 物価変動の影響を含めた値の今後10年間の平均

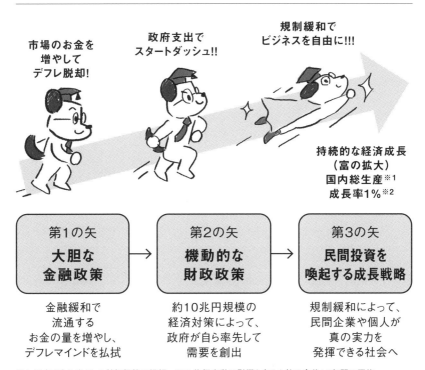

と、政府の物価に対する政策が連動することができるようになり、消費を促すことで生産を促す、GDP増加の流れが生まれました。

連携は続けるべき？

先にも述べた通り、日本銀行と政府は基本的には独立しているべきものです。

共同声明（図5-8）では、第1に日本銀行と政府の連携が記されています。そして第3では〝政府〟を主語に「政府は、日本銀行との連携強化」と記されています。

しかし、第2の「日本銀行は……」から始まる部分には、政府との連携は記されていません。どことなく日本銀行の持つ〝独立〟という言葉の重みを感じてしまいます。第4では経済財政諮問会議が日本銀行と政府の動向を監督している様子もうかがえます。

2024年11月現在、日本経済は多少の成長が見えていました。しかしながら、まだ、デフレからの脱却のための日本銀行と政府の経済面での連携は維持されています。

政府が目指すGDPの上昇・インフレの安定が実現した時、政府と日本銀行の連携はより緩やかなものに、または解消されることになるでしょう。

図5-8 共同声明の内容

デフレ脱却と持続的な経済成長の実現のための
政府・日本銀行の政策連携について
(共同声明)

1. デフレからの早期脱却と物価安定の下での持続的な経済成長の実現に向け、以下のとおり、**政府及び日本銀行の政策連携を強化し、一体となって取り組む。**
2. 日本銀行は、物価の安定を図ることを通じて国民経済の健全な発展に資することを理念として金融政策を運営するとともに、金融システムの安定確保を図る責務を負っている。その際、物価は短期的には様々な要因から影響を受けることを踏まえ、持続可能な物価の安定の実現を目指している。
   日本銀行は、今後、日本経済の競争力と成長力の強化に向けた幅広い主体の取組の進展に伴い持続可能な物価の安定と整合的な物価上昇率が高まっていくと認識している。

   この認識に立って、日本銀行は、物価安定の目標を消費者物価の前年比上昇率で2%とする。

   日本銀行は、上記の物価安定の目標の下、金融緩和を推進し、これをできるだけ早期に実現することを目指す。その際、日本銀行は、金融政策の効果波及には相応の時間を要することを踏まえ、金融面での不均衡の蓄積を含めたリスク要因を点検し、経済の持続的な成長を確保する観点から、問題が生じていないかどうかを確認していく。
3. 政府は、我が国経済の再生のため、機動的なマクロ経済政策運営に努めるとともに、日本経済再生本部の下、革新的研究開発への集中投入、イノベーション基盤の強化、大胆な規制・制度改革、税制の活用など思い切った政策を総動員し、経済構造の変革を図るなど、日本経済の競争力と成長力の強化に向けた取組を具体化し、これを強力に推進する。
   また、**政府は、日本銀行との連携強化**にあたり、財政運営に対する信認を確保する観点から、持続可能な財政構造を確立するための取組を着実に推進する。
4. 経済財政諮問会議は、金融政策を含むマクロ経済政策運営の状況、その下での物価安定の目標に照らした物価の現状と今後の見通し、雇用情勢を含む経済・財政状況、経済構造改革の取組状況などについて、定期的に検証を行うものとする。

おぼえてほしい §5のキーワード

中央銀行の独立性	歴史的に見て中央銀行には金融緩和を求める圧力がかかりやすい傾向にある。中央銀行が安易にその圧力に従えば過度なインフレになり、貨幣価値もゆらいでしまう。そこで中央銀行は政府からの圧力がかからないように独立性を高めている。
GDP	国内総生産。名目GDPは市場価格をもとに計算されており物価の変動が反映されている。物価の変動の影響を除いたものが実質GDPである。
1人あたりGDP	GDPを人口で割ったもの。GDPは人口や労働力が増えるとともに増えると考えられる。1人あたりの生産力や消費に関する満足度は1人あたりGDPで表わされる。先進国など、生活水準が高い国の1人あたりGDPは高い傾向にある。
三面等価	GDPは生産側からの結果である。生産された総額は分配される。これが分配サイドから見たGDIである。賃金、賃金支払い後の企業の利益(営業余剰)、租税などである。生産された総額は消費される。これが消費サイドから見たGDEである。民間消費や企業の投資などがこれにあたる。

SECTION 6

公共投資

2011年 東日本大震災

災害が起きたら、金融や
経済にも大きな影響がある！

○× 新聞

3.11東北で大地震

最大震度7を観測

○×新聞

発行○×新聞社

2011年 平成23年
3月11日

岩手・宮城・福島に甚大な被害

3月11日14時46分、最大震度7を計測する地震が発生。主な震源域は、岩手県沖から茨城県沖にかけて広範囲に及び、大津波が発生した。

被災地では余震が続く。携帯電話がつながらない地域や、救助隊が入れず、被害の全容が未だ確認できていない地域も多い。

銀行に対し迅速な払戻し対応を求める

震災が発生したのは金曜日の15時前、各銀行の窓口が閉まる直前。被災地域の銀行は口座を保有する被災者について翌12日（土）から、免許証や保険証などの提示で10万円の払い戻しに応じたほか、保険会社も迅速な保険金の支払いに対応した。

日本銀行は災害対策本部を設置。月曜日からは全国の金融機関が通常業務を再開することから、被災地の銀行で資金不足による混乱が生じないよう準備を進め、被災地の預金引き出しが急増するのに備え、銀行や信用金庫に計550億円の現金を輸送する。

経済にも打撃、救援復興の財源確保へ

1995年の阪神・淡路大震災で生じた日本経済への被害規模（ストックの毀損額）は約10兆円。それを上回るとの見方も出ている。野田佳彦財務相は記者会見で「財政が制約となって災害対策に怠りがあってはならない」と述べた。復興対策費は、増税なども含め検討が開始される。

この地震は、後に「東日本大震災」と呼ばれます。死者・行方不明者が2万人を超える未曽有の大災害によって、経済にとどまらず、日本中が大混乱となりました。大津波や原発事故の影響により、復興への道のりは長く続いています。

Q1 被災によって銀行機能がストップすると、どのような問題が生じるでしょうか？

Q2 復興支援のための公共投資は、日本全体にどのような影響を与えるのでしょうか？

1 震災で発揮された日本の金融の強さ

震災の翌日の2011年3月12日のことです。この日は本来、銀行は休みの土曜日でしたが、銀行窓口が開設されました。銀行の支店も震災で被害を受けてしまい、建物の中の窓口には入れません。そこで外にテントを組み立てて応急の簡易窓口を設けました。とはいえ、震災の影響で口座保有者は通帳も印鑑も手元には持ち合わせていません。

銀行はこの状態でも、面談で聞き取りを行ない、可能な限りの本人確認をしたうえで10万円までの現金を払い戻しました。この緊急時の払い戻しは海外でも話題になり、日本人の震災時の〝支え合い〟のすばらしさが知られることになりました。

この事実は日本の銀行の「**金融面での強さ**」を示しています。

時代のことば　**2011年「円買い」**

2011年10月31日、円高が進み1ドル＝75円32銭になりました。リーマンショックやギリシャ財政危機を通して、日本の円は安全であるという認識が高まる中、円高が進み「日本経済は強くなった」と思う投資家も増えました。しかし、円高が進んだ最大の理由は“日本の”保険会社が円を買ったからだと言われています。3月の東日本大震災で発生した被害に対し、保険金の支払いをするため、保険会社が保有している外貨を円にしたのです。

震災直後は銀行窓口が機能しなくなり、ＡＴＭも使えず、各種のカードも使えなくなり、買い物もできない状態でした。家計だけでなく、仕事上でも送金・出金ができなくなり、さらに小切手が使えなくなりました。

このままでは被災地だけでなく、被災地と関連する企業などの経済がストップしてしまいます。被災地が他の地域から物資やサービスを購入しても、その支払いができないのです。すると被災地以外の東京、大阪といった地域や海外の製品やサービスの供給企業にお金が支払われなくなり、最悪、倒産の憂き目にあってしまいます。こんな流れは絶対にあってはなりません。

金融インフラ（基盤・土台）の門番である、日本銀行と金融庁の動きは素早いものでした。震災のその日のうちに、「金融機関（銀行、信用金庫、信用組合等）への要請」、「証券会社への要請」、「生命保険会社、損害保険会社及び少額短期保険業者への要請」そして「火災共済協同組合への要請」が出されました。

金融機関（銀行、信用金庫、信用組合等）への要請　※一部

・預金証書、通帳を紛失した場合でも預金者であることを確認して払戻しに応ずること

「家計」とは、各世帯における収入・支出・投資・貯蓄をする「経済主体」を意味します。

・届出の印鑑のない場合には、拇印にて応ずること
・事情によっては、定期預金、定期積金等の期限前払戻しに応ずること
・今回の災害による障害のため、支払期日が経過した手形については関係金融機関と適宜話しあうこと
・災害時手形の不渡処分について配慮すること
・汚れた紙幣の引換えに応ずること
・国債を紛失した場合の相談に応ずること

大震災によってさまざまなインフラに問題が起きている状況で、せめて預金の引き出しや小切手の支払いに問題が起きないようにし、金融インフラに更なる問題が起きないようにという維持と意地が見られました。そして銀行を始めとする金融機関も即座に動いたのです。

東日本大震災により、災害時における日本での金融面の行動が強化されました。しかし、災害はいつ、どこで起きるか予測がつきません。

地震が起きると経済がストップします。**ストップしている経済は地震が収まればまた再開されるわけではありません。元に戻すには時間と費用がかかります。**

②大震災対応　国債発行

大震災・地震による経済的被害

残念ながらこれまでも、大震災は何度も発生してきました。ごく一部を図6-1にまとめています。

大正時代に発生した、関東大震災では〝ストック〟と呼ばれる社会や民間の持つ財産の毀損額の大きさは46億円と、名目GDP比で30%ほどでした（§5参照）。まだ日本経済が大きくなかったこと、それゆえに大きな影響があったことは間違いありません。給与を得始めた新入社員が、まだ十分な貯金もないままで、多額の損を抱えるような状態だったのです。

一方、GDPが世界第3位だった2011年に発生した東日本大震災の影響は、GDPの比率では3.6%で、一見すると関東大震災よりは被害は小さく見えます。

しかし、2012年（震災の翌年）の名目GDPも下がり499兆円と500兆円を割り込んでしまいました。震災による負の影響が長引いてしまい、拡大したと言えるでしょう。経済的にも暗い時期となったのです。

ここで用いた「ストック」とは、社会資本（道路、治水施設、鉄道など）、住宅そして民間企業の設備など、経済的にも重要なインフラです。**これらのインフラづくりには多大な資本と時間が必要で、それが毀損した場合には、復旧に向けてやはり多大な資本と時間が必要になります。**

この復旧に十分な資本を使うことができれば経済が元に戻り、以前よりも伸びる可能性もあるのです。落ち込んだＧＤＰの再生と潜在的な経済成長力の実現を期待することもできます。

復興資金

復興のためには、財源が必要になります。２０１１年度から２０２０年度の復興予算計上総額は40兆円ほどと大規模なものでした。

この予算の財源としては、**復興債**があります。これは普通国債（§７参照）の一種で、２０１１年に約11・６兆円が発行され、迅速に予算がいきわたるように手立てがされています。

図6-1　震災とGDP

大震災・地震	発生時期	ストックの毀損額	名目GDPとの比較
熊本地震	2016年	4.6兆円（最大値）	0.9%
東日本大震災	2011年	約16.9兆円	3.6%
阪神・淡路大震災	1995年	9.9兆円	2.0%
関東大震災	1923年	46億円	29.0%

出所：立法と調査329号「18兆円に達した東日本大震災の復旧・復興経費―求められる震災からの復旧・復興と財政規律の維持―（山下慶洋、本島裕三）」および内閣府のデータを一部修正

③ “公共投資”は復興の足がかり

日本において災害から逃れることはできません。豊かな水産資源を得る一方で、地震が起きたり、火山が噴火したりという自然災害のリスクにさらされています。

東日本大震災への経済的対応

震災は経済の低下を招きます。震災を受けた地域の企業は設備が稼働しません。消費者は消費しようにもスーパーマーケットにモノ・サービスがありませんし、別の地域からモノを持って来ようとしても物流網が機能しません。このような状況で、道路を再整備したり、企業の再生を支援するには莫大な金額が必要です。これを国の力で支援するのが、**公共投資**です。

内需と外需という経済の動きがあります。**「内需」とは国内で生産されたモノを国内で消費するという形態**です。買う人が国内にたくさんいる状態、すなわち国内市場の規模が大きいことが必要です。

「外需」とは、外国の需要に頼ることで日本が輸出で収益を得たり、外国人観光客で国内の経済を活性化させることを指します。一般的には、まず外需で国内に収益をもたらし、それをもとに国内経済を内需で大きくすることになります。

第二次世界大戦から復興した日本は製品をつくり輸出して、そこから利益を得ることでGDPを世界第2位に盛り上げたのです。つまり、外需に頼っていました。この動きを変えたのが1986年でした。

内需拡大方針への転換

1986年4月7日、国際協調のための経済構造調整研究会から、中曽根康弘《なかそねやすひろ》首相（当時）あてに報告書が提出されました。日本銀行総裁であった前川春雄《まえかわはるお》氏を中心とした専門家がまとめたレポートで、**「前川レポート」**と呼ばれました。

レポートでは、当時の日本は外需主導で経常収支の黒字を上げてきたが、それを変更する必要があることが指摘されました。

日本の外需拡大は、輸入をする側の外国から見ると「日本にお金を払うだけ」という状況でした。外国からすれば「うちの国は日本からモノ・サービスを買っているのだから、日本も我が国からモノ・サービスを買ってくれよ」となります。

「輸出額－輸入額＝ゼロ」にすることを求められた状況で、GDPを成長させるためには、消費・投資・政府支出を成長させる他ありません。すなわち、内需を拡大するという方向に変わったのです。

1986年から始まった内需拡大は、消費を中心とするものでした。人々は高額の車やマンションを買い、高級な衣服を着て、ディスコで歌い踊るなど、国内で需要を増やす状況になったのです。

ずっと輸出ばかりをして、自分自身の豊かさを得る機会を我慢していた反動からか、一挙に爆発的に消費が増えて〝バブル経済〟になりました。消費活動を軸にした内需拡大でGDPを押し上げたのです。

しかし、東日本大震災のような震災時にこのような消費を増やすことは、金銭的にも心理的にも困難です。投資をしようにも設備を稼働する工場が被災していては、どうしようもありません。

この時に必要なのが、政府の支出とそれによる内需の拡大なのです。

公共投資はなぜ必要なのか

災害が発生すると、GDPに大きな影響を持つ民間消費と民間投資の力が低下します。ここで必要なのは公共投資です。

「公共投資」とは、国あるいは都道府県といった地方公共団体による鉄道、道路、橋梁《きょうりょう》、ビ

ルの建設などにかかわる投資です。これらは**直接的に需要（内需）を増加**させますので、経済復興の効果は大きく、ＧＤＰもいずれかの段階で増加すると考えられます。

東日本大震災以降、政府が中心となって公共投資を増加させました。それによりＧＤＰの伸び率も２０１１年のマイナスから回復していきます。公共投資により、民間企業のビジネスが増え、従業員の給与が増え、最終的にはＧＤＰと経済力が伸びることになります。いざという時には公共投資が有効であると考えられます。

公共投資とは、内需の拡大を政府支出によってスタートすることだとも言えます。そこから、民間による公共工事などによって投資が増加し、それによって利益を上げる企業が生まれ、そして民間消費につながるという流れが想定されているのです。

図6-2　公共投資

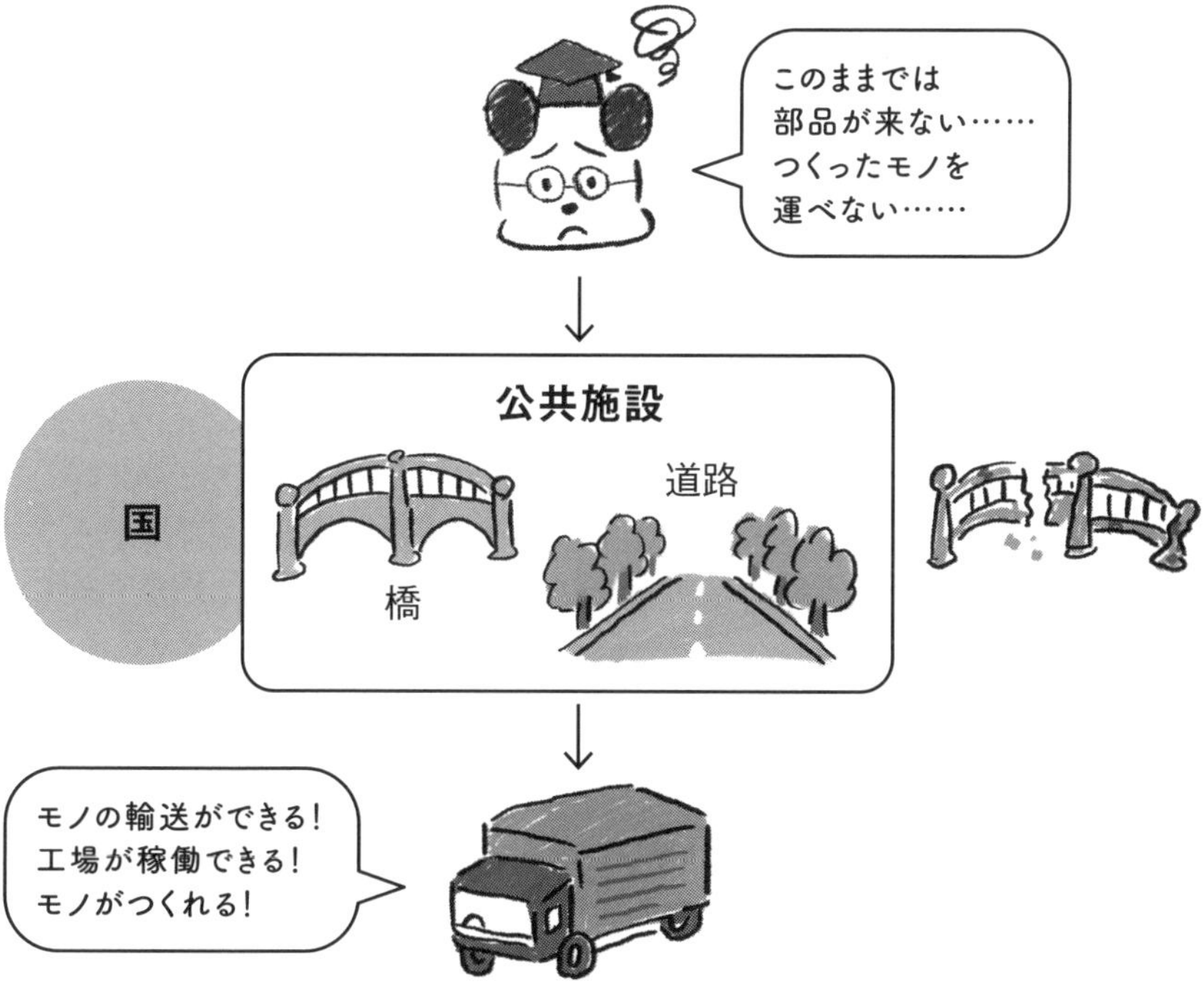

おぼえてほしい
§6のキーワード

公共投資

社会資本という、社会全体のために必要な資本を整備するために投資することを言う。道路や港湾の整備、河川の堤防、あるいは学校や病院の建設も含まれる。

内需

国内の需要のこと。国内の個人消費を増やしたり、企業の投資を増やしたり、公共投資を増やすことで拡大する。

外需

輸出や外国人による需要のこと。海外の景気がいいと外需は伸びて日本にお金が入る。一方で、外国から見れば「日本のモノを買ってあげているだけ」とも言える。海外にモノを売る分だけ、海外のモノを買うことも必要となる。

SECTION 7

国家財政と国債

2010年 ギリシャ財政危機

国の「デフォルト」って
どういう状況!?

○×新聞

ギリシャ デフォルト危機

IMF・EU　救済へ

○×新聞

発行○×新聞社

2010年 平成22年
4月23日

「恵まれた国」から一転 財政緊縮・構造改革迫る

財政危機に瀕するギリシャのパパンドレウ首相は、4月23日、EU・IMFに対し緊急融資の要請をしたことを明らかにした。EU・IMFは合わせて3年間で総額1200億ユーロ（約15兆円）以上の融資を行なうことで合意。今後はより厳しく国内の財政改革が迫られる。

EUではユーロの安定、信用危機の回避のためギリシャ救済を図る一方、国民からは「なぜ他国の借金を救済しなければならないのか」と不満の声も上がる。ギリシャを救済してもポルトガル、イタリア、スペインなど経済的不安を抱える国がまだ残る。

政権交代で発覚 国が破綻のまさか

2009年10月4日に行なわれた国民議会総選挙では、ヨルゴス・パパンドレウ氏率いる全ギリシャ社会主義運動がコスタス・カラマンリス政権に圧勝、政権交代となった。パパンドレウ新政権は財政統計データを大幅に下方修正、財政危機が発覚した。ギリシャ国債は金利が急上昇。政府は公務員のボーナス30％削減や、付加価値税を21％へ引き上げなどの税制改革や国営企業の民営化などで財政捻出を進める。2010年中に歳出を48億ユーロ（約5800億円）減らし、財政赤字を4％減らす計画だ。一方、ギリシャ国内ではこうした財政措置に反発が強まる。財政危機発覚後も、市中ではデモやストライキが相次ぎ一部が暴徒化。死者が出る事態にまで発展している。

国は国民の生活を豊かにするため、安全性を高めるために税金で足りない場合には国債を発行してお金を集めます。集めるのは得意でも、集めたお金を返済するのも得意なのでしょうか?

Q1 信用危機（信用リスク）が高まると、国債の発行にどのような影響が出るでしょうか？

Q2 日本が今目指すべき「歳入と歳出のバランスが健全な状態」はどのような状態でしょうか？

1 ギリシャに訪れた財政危機

２０１０年、ギリシャで財政危機が深刻化しました。会社にたとえれば、倒産しそうになったということです。なぜこんなことが国家レベルで起きたのでしょうか？　これは、日本という国では起きないことなのでしょうか？　そんな不安がよぎります。

話は財政危機発覚の1年前の２００９年にさかのぼります。当時、ギリシャの一般政府雇用者、いわゆる公務員の比率は20％ほどでした。当時の日本は8％程度だったので、ギリシャは公務員が多い国だと言えるでしょう。ギリシャの公務員の給与は高く、また、退職後には年金として現役で働いていた時の給与の90％程度が支給されると言われていました。

時代のことば　**2009年の流行語「政権交代」**

およそ60年弱続いていた自民党政権から、2009年、民主党に政権交代しました。双方が政策論争を盛り上げた結果というよりは、政権交代ムードがあった、飽きがきたということだったとも言われる政権交代劇でした。会社でも「飽きがきた上司を交代しよう」とか「先生は飽きたから交代しよう」なんて冗談が（本気かも）流行った年でした。

当時からギリシャ国民は次のような心配をしていたそうです。

「公務員が多すぎるのではないか。給与や年金の支払いは必要ではあるが、その財源である税収が少ないのではないか？　税収が少ないと財政赤字（つまり国債などの発行による借金）が増えるのではないか」

しかし、**当時の政府は「財政赤字はGDPの5・4％程度ですから大丈夫。つまり、借金は少なく、ほとんどが税金でまかなえていますよ」と言っていました。**税収でまかなえている優秀な国がギリシャのイメージだったのです。しかし、そのイメージが激変する事件が起きました。


ギリシャでは2009年10月、**政権交代**が起きました。カラマンリス政権から、パパンドレウ政権に代わったのです。その時、新政権の幹部は驚いたそうです。公務員の給与や社会保障、そして退職者の年金などを合計すると政府支出の4割ほどだと言うのです。

§6でも見た通り、政府支出はインフラなど〝国全体の経済の発展のため〟に使われるべきなのですが、カラマンリス政権は〝公務員の給与や年金として〟大半を使っていたのです。これでは国の発展にはつながりません。

それだけではありません。新政府は気づきました。

「え！　ギリシャの財政赤字は5・4％と聞いていたけれど実際は12・7％じゃないか！2倍以上だ。積み上げたらとんでもない借金大国かも!!＊」

＊ 数値データは、立法と調査 354 号「ソブリン・デフォルトの実像―ギリシャ危機から学ぶ―（桜井省吾）」より引用

ここからギリシャ財政危機が始まりました。

②国債ってどんなもの？

「国債」とは、「国による借金」のことです。税金だけでは足りない分は、国債を発行して補います。「借金」と聞くと悪いことに聞こえますが、実は、これは特に悪いことではありません。税金だけで済むに越したことはないのですが、それだけでは足りない場合には、**「税金＋国債＝歳入」として、どこの国も財政を成り立たせています。**

ギリシャの問題は、国債の発行量やその残高をごまかしていたところにありました。ごまかすということは、思った以上に国債という国の借金が増えていた事実を隠したかったのでしょう。

通常、国債は、元本が保証されます。そのため、投資家は国債を、利息が定期的に入り満期時には全額が償還（払い戻し）される**「安全資産」**として認識していたのです。

ギリシャ政府の国債にごまかしがあったとなれば、利息や元本が払い戻されるのか不安です。それは安全資産とは呼べなくなります。投資家、特に外国の投資家は大慌てでギリシャ国債を売りました。

しかし、そもそも国が信用できないのですから、再び売り出された国債を誰も買いませ

安全資産とは、安全性が株式などに比較して高く、最低でも支払ったお金＝元本が戻ることが保証されている資産を言います。銀行預金や国債が代表的です。
なお、安全資産と対比されるものとして、リスク資産があります（§10参照）。

ん。誰も国債を買ってくれないと、政府にお金が入りません。お金がないのですから、歳出ができなくなってしまいます。

そして、お金に困ったギリシャ政府は、2010年4月、IMFとEUに金融支援を要請しました。事実上の政府の財政破綻、つまり〝国家の倒産危機〟の表明です。これが「ギリシャ財政危機」という事件なのです。

3 財政危機で起きること

〝国の借金〟である国債に危機が生じた場合、何が起きるのでしょうか？　国債は政府が発行する「債券」（§2参照）であるので、政府が投資家に謝れば良いし、政権が代われば良いだけのこと……だと考えることはできません。

おわかりのように、「政府」をつくり出しているのは国民です。国民が「やりたいことはいっぱいあるけれど、税金ではお金が足りない！」と要求します。それに対して政府は国債を発行し、借金してでも国民の声に応えるのです。

政府の国債による財政危機は、国民全員に対する危機なのです。

もっとも、ギリシャの場合には政府が国債の発行額を隠していたという、さらにとんでもないことがあったのですが……。

財政危機だと何が起きる？

財政危機が起きた時のギリシャの状況と、それに対する財政対策は図7-1にある通りです。

まずは、国債が売られます。売られる理由はいくつかあります。経済状況に変化が起きて、既存の国債の利息では満足できない、あるいは国債を売った分のお金で株など、より想定できるリターンが高い資産を買う、はたまたより安心な銀行預金にするなどが主な理由です。ギリシャの場合は国債を発行する政府（国家）が信用できないので、国債を売るというものです。政府は基本的にはしっかりしているはずで、そのしっかりしているという前提条件のもとでの国債は、安全資産と言えるのです。

ちなみに信用力が著しく低下してしまうと価値がなくなるので、この時点で**デフォルト（債権の利払いや償還という約束ができなくなること：債務不履行）**の危機が生じます。

国債がデフォルト危機になったギリシャでは、次に、CDS（ク

図7-1　ギリシャ危機での財政対策

ギリシャ政府の動き	
金利上昇	ギリシャ国債金利と CDSの保証利率アップ
財政再建策	発行する国債の量を減らす
社会保障カット	年金、医療費などの社会保障が減少
公務員給与カット	給与、ボーナスの一律減少
税収上昇	酒税、燃料税、たばこ税など 徴税を強化

出所：立法と調査354号「ソブリン・デフォルトの実像—ギリシャ危機から学ぶ—（桜井省吾）」より筆者作成

レジット・デフォルト・スワップ）の売買が始まりました。CDSとは、デフォルトに関する信用リスクを売買する金融派生商品です。このCDSの保証利率が上昇するというのはデフォルトの可能性が高いことを表わします。デフォルトしそうな商品に投資するにはそれだけ高めの利率がないと投資家は手を出さないからです。

そして、ついに社会保障や公務員の給与、ボーナスもカットされました。公務員の給与や年金が減るということは、その人たちの消費も減ります。これはスーパーや製品の売上の減少にもつながります。民間企業にも影響するのです。

それでもまかないきれなかった分は、税金を上げることで対応しようとしました。そうすると、税金が高いので全国民は消費や投資を控えます。国の税収も想定とは異なり、減ってしまいます。当然、GDPも低下します。最終的に、国民全員が我慢しなければならなくなったのです。

復活のための資金繰り

ギリシャは自国だけでは再建できず、他国、他組織からの資金繰りの支援も受けました。まずIMF（国際通貨基金）に支援を要請しました、そしてギリシャが属しているEU（欧州連合）にも支援を要請したのです。ギリシャは財政政策が失敗したことによって、金融政策も機能しなくなり、資金繰りを外部に頼らざるを得なくなったのです。言葉は厳しいですが、事実上、ギリシャは〝金融面でIMFとEUに支配されている状態〟です。

金額は、2010年5月の第1次IMFの支援だけでも1100億ユーロ（1ユーロ＝150円として16兆5000億円）にのぼります。莫大な金額です。

④ 日本の現状

ギリシャの財政危機の話をしてきましたが、日本はどうなのでしょうか？ **対岸の火事ではありません。** 日本人は、この危機感を共有しておく必要があるのです。

図7-2をご覧ください。歳出として社会保障費や防衛関係があります。その中に国債費があります。

国債費は、満期を迎えた国債の償還費用や、現存する国債の利子の支払いです。25兆2503億円を支払っています。国債を発行して、

図7-2　税金だけではまかなえない日本の歳出

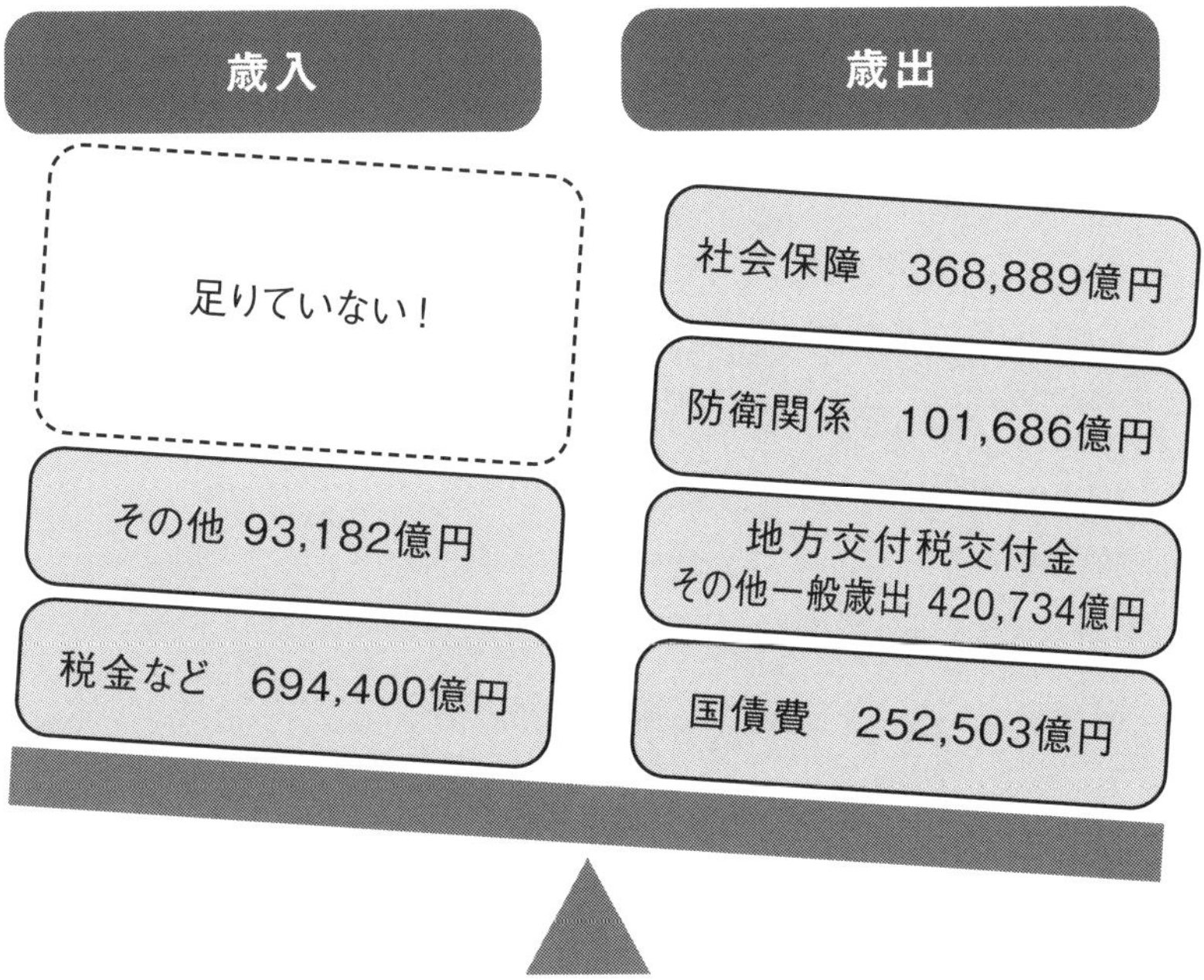

出所：財務省「日本の財政関係資料（令和5年）」をもとに筆者作成

そこでまかなった資金で国債の償還に対応（国債という借金を払っている）のです。

歳出があれば歳入もあります。両者は等しいので税収では足りない35兆６２３０億円が公債金（国債や似たような債券など）として歳入に加わります。

これにより歳入＝１１４兆３８１２億円、歳出＝１１４兆３８１２億円となるのです。

日本の財政赤字

財政は、歳出を税金でまかなうことが基本です。ただし、状況によっては国債などを発行することでお金、正式名称は**公債金**《こうさいきん》を得ます。

日本は、図7-3で見られるように、１９７３年の第1次石油ショックの頃までは税収でほぼ歳出をまかなえていました。しかし、そこからはバブル崩壊、リーマンショック、東日本大震災そして新型コロナウイルス感染症の対応などが続きます。税収ではまかなえなくなり、国債をたくさん発行している状況です。

税収は増えないのに、国債発行による赤字の補塡が増加している状況です。

できるだけ借金は減らすべきなのですが、現状は増える一方です。ギリシャの二の舞にならないのでしょうか？

図7-3 債務残高対GDP比の推移

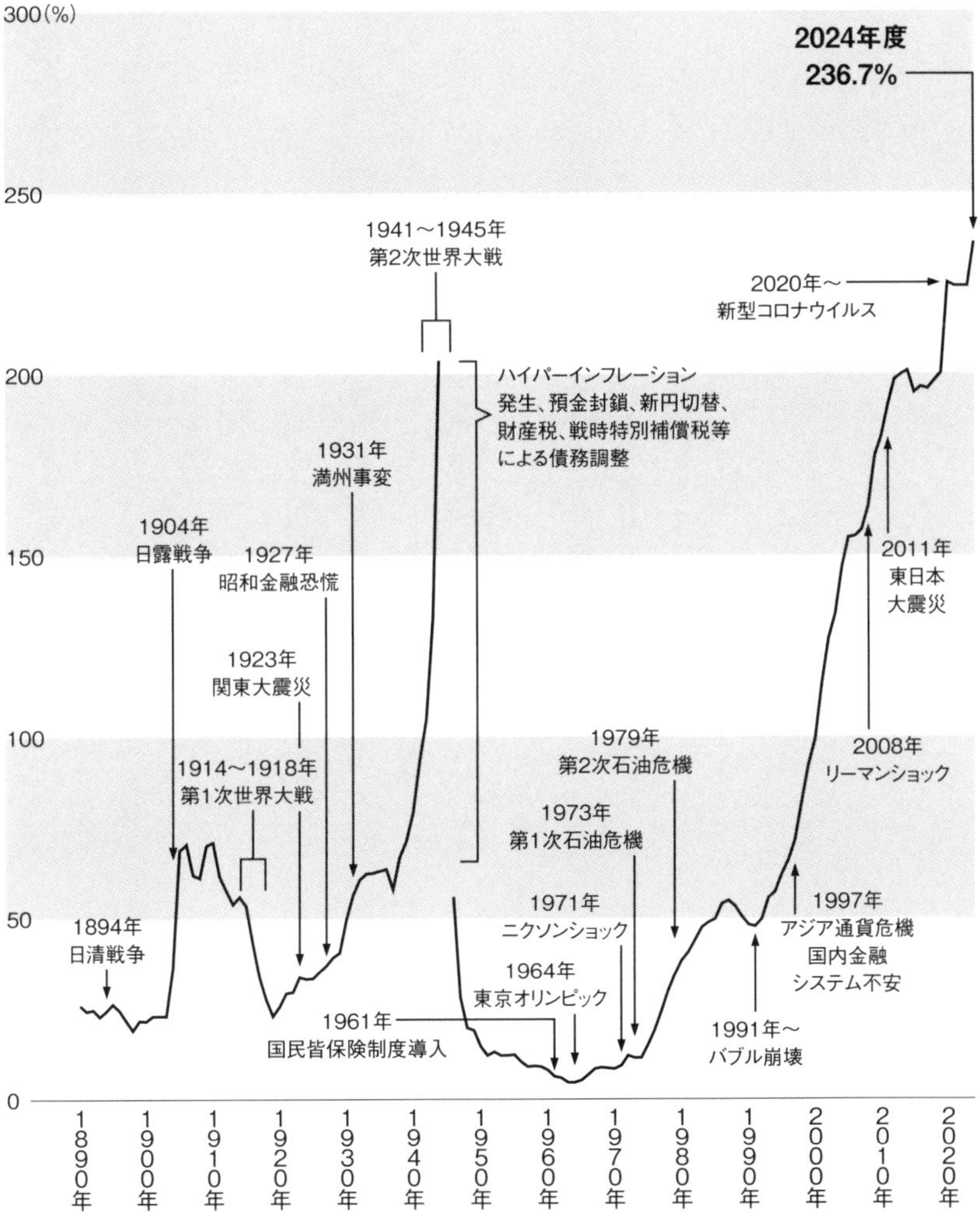

（注1）政府債務残高は、「国債及び借入金現在高」の年度末の値（「国債統計年報」等による）。令和4年度までは実績、令和5年度は補正後予算、令和６年度は予算に基づく計数であり、政府短期証券のうち財政融資資金証券、外国為替資金証券、食糧証券の残高が発行限度額（計210兆円）となっていることに留意。なお、昭和20年度は第２次世界大戦終結時によりGNPのデータがなく算出不能。

（注2）GDPは、昭和４年度までは「大川・高松・山本推計」における粗国民支出、昭和５年度から昭和29年度までは名目GNP、昭和30年度以降は名目GDPの値（昭和29年度までは「日本長期統計総覧」、昭和30年度以降は国民経済計算による（昭和30年度から昭和54年度までは68SNAベース、昭和55年度から平成５年度までは93SNAベース、平成６年度以降は08SNAベース）。）。ただし、令和５年度及び令和６年度は、「令和６年度の政府経済見通しと経済財政運営の基本的態度」（令和６年1月26日閣議決定）による。

出所：財務省「日本の財政関係資料（令和６年）」

国債の格付け

2023年における日本の国債残高は1080兆円と言われています。GDPがだいたい600兆円弱ですからその2倍になります。

個人にたとえるならば、年収の2倍近くの借金生活です。

この状況では、国債の所有者である投資家からすれば、政府から利子をしっかりもらえるのか、満期時にきちんと元本が返ってくるのかが心配になります。この心配をリスクととらえた「**信用リスク**」について、格付けがなされています。

2023年のムーディーズ社の格付けでは日本国債はA1です。試験の点数だとしたら、合格点の内、上の方というイメージです。各国の国債と比較しても中の上レベルとされ、信用リスクが生じる可能性は低いとされています。

現在の格付けはそれほど悪くはありません。しかし、今後、格下げも検討されているようです。その理由はプライマリーバランスです。

プライマリーバランス

今の日本には、まずプライマリーバランスが必要だと言われています。

「プライマリーバランス」とは歳出の政策的経費が税収でまかなえることで、日本語で「基礎的財政収支」と言います。

図7-2の歳出の「社会保障」「防衛関係」「地方交付税交付金・その他一般歳出」は政策的経費と呼ばれます。それを税金でまかなえるようにした上で、既存の国債（正確には地方債など含めた公債すべて）の利息と返済は、新たな国債などでまかなう状態が、プライマリーバランスが取れていると言える状態です。

プライマリーバランスの次に必要なのは、「財政収支の均衡」という政策的経費＋利払費を税収でまかなうことです。

そして、「国債などの借金がない状態」が完全に歳出が税収でまかなえる状態です。図7-4をご覧ください。

国債は誰が持っているのか

現在、日本には1080兆円の国債が存在していま

図7-4　財政収支のバランス

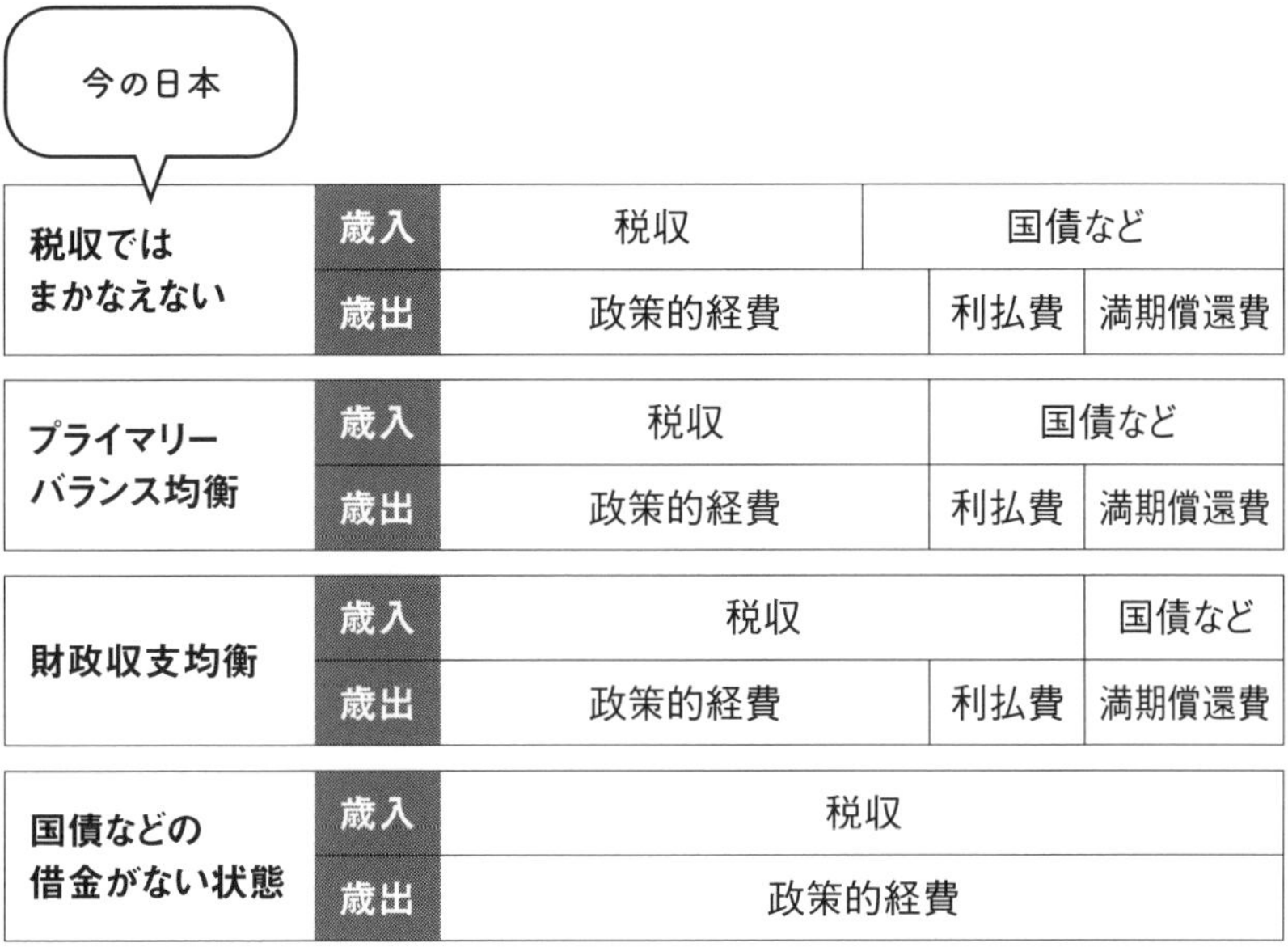

す（２０２３年度）。誰がそれだけの額をまかなっているのでしょうか？　つまり、保有者は誰なのでしょうか？

図７-５をご覧ください。もっとも多く持っているのは、約53％を保有する日本銀行です。海外の保有比率は非常に低く７％程度にとどまっています。

日本銀行が大量に持っていて、海外が少ししか持っていないということに着目してください。もし、海外の投資家が国債の50％を持っていたら……そして売ってしまったら……国債の価値が低下し利率が高まります。国債の利率が高まると、銀行の金利も上がることがあります。

そうなると銀行の貸出し金利が上昇し、企業の生産費が高くなり、モノの価格が上昇し、そしてインフレになってしまう可能性があります。インフレが勝手に進んでハイパーインフレになっては困るので、金融政策の監督を行なう日本銀行が大量の国債を保有し続けているのも納得です。

図7-5　国債保有者の内訳

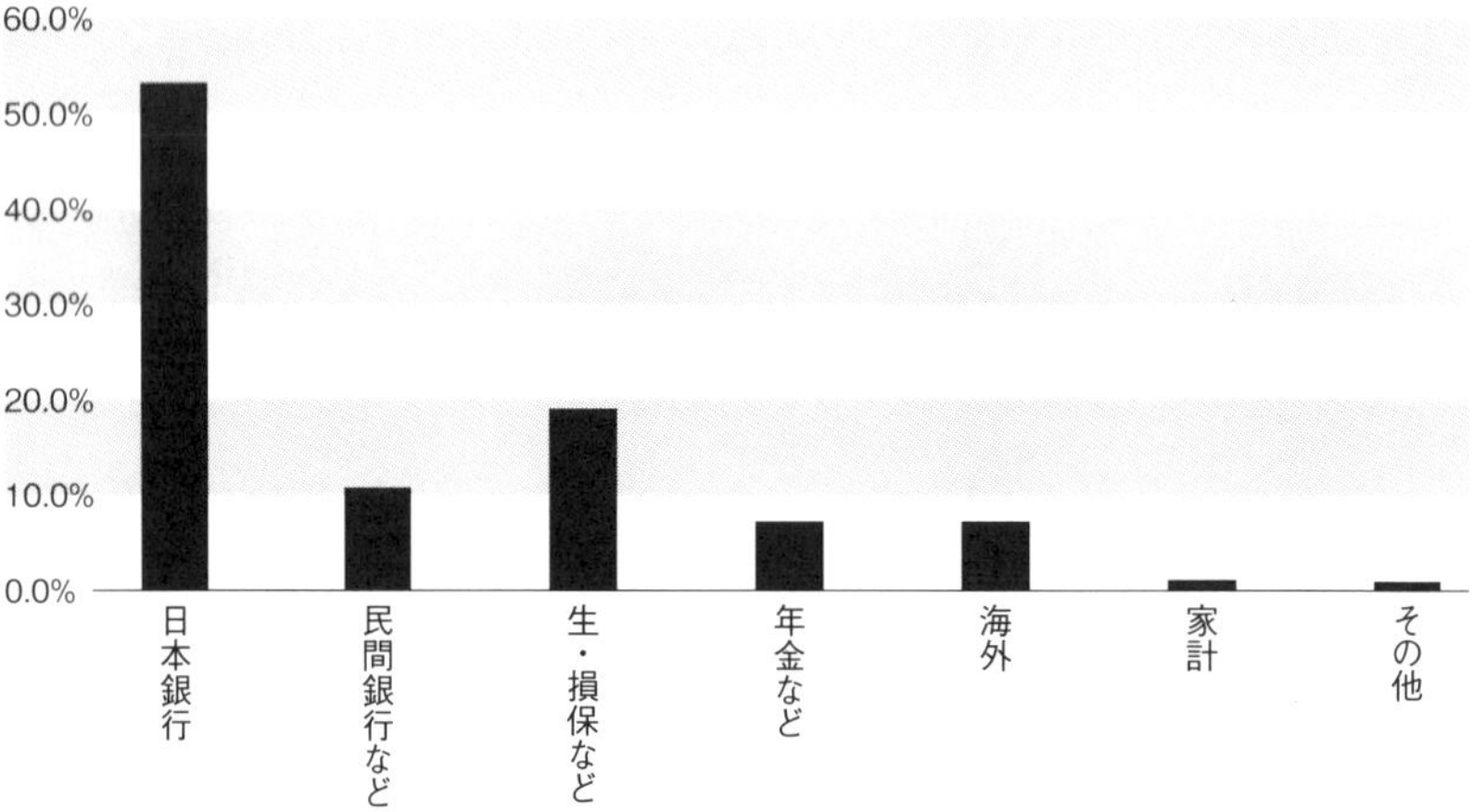

出所：日本銀行「資金循環統計（令和５年６月末速報値）」をもとに筆者作成

不都合な将来

国債には「普通国債」と呼ばれる建設国債・特例国債・復興債があります。建設国債と特例国債は60年償還ルールが適用されています。つまり、国は60年間は国債の購入者からの資金を使えるということです。

キリの良い10年や50年ではなく、なぜ60年なのでしょうか？　これはルールが決められた当時、「建設国債で建設された道路や橋などの物の効用発揮期間」が60年とみなされていたからです。つまり、道路や橋は60年間使うという想定をしていました。利用者が通行料を60年間支払えば、満期時の建設国債の償還に見合う金額を得ることもできるでしょう。一方、すでに60年が経っている道路や橋は再度建設する必要が出てくるかもしれません。

特例国債は税金や建設国債ではまだお金が足りない場合に、さまざまな用途（社会保障、諸経費など。最近だと新型コロナウイルス対策費）の資金繰りとして発行されます。

特例国債は、便利なようですが、１つ大きな問題を抱えています。

建設国債でできた道路、港や防波堤（日本は海に囲まれた珍しい国ですから重要です）、あるいは橋梁は後世に引き継ぐことができます。前の世代の国債の償還が来て、今の世代が支払いすることも、ある程度理解できます。

しかし、特例国債はその場で使ってしまい、使う先も特定のものではないため、後の世代にとっては「なんでこの借金があるんだっけ？　何に使ったのかもわからないけど、借金を少なくするために払わなきゃいけない」という理不尽な感覚を持ってしまうリスクがあるのです。

ギリシャ財務危機のような非常事態は日本では起きないでしょう。しかし、今のままでは数十年後に膨大な借金の支払いを日本国民が要求される可能性があるのです。〝現在バイアス（将来の利益より、現在の利益の方が大きく見えてしまう傾向）〟から抜け出して、今、何を抑制すべきかを考える必要があります。これがギリシャから学べることなのです。

おぼえてほしい §7のキーワード

国債

国は国民のためにお金を使う。そのお金が税金だけでは足りない場合に国債という債券を発行して投資家から資金を得るという構造になっている。

安全資産

安全性が高い銀行預金や国債などを安全資産と言う。収益が確定している場合に安全資産と呼ばれることもある。

リスク資産

価格変動が大きい資産。株式、債券、投資信託、不動産などを指すことが多い。より広い観点からは、金などの希少性鉱物や暗号資産も含まれる。

プライマリーバランス（がとれている状態）

基礎的財政収支と訳される。歳出の内、社会保障や公共事業を始めさまざまな行政サービスを提供するための経費（政策的経費）が税収でまかなえる状態。

SECTION 8

金融と株式市場

2008年 リーマンショック

アメリカの景気が落ちこんだら、
どうして日本の景気に影響があるの？

○× 新聞

米リーマンブラザーズ破綻

リーマンショックに広がる不安

○×新聞

発行○×新聞社

2008年 平成20年
9月15日

サブプライムローン破綻の引き金に

突然の経営破綻に動揺が広がっている。2007年のサブプライム問題に端を発した金融危機。金融システムの安定確保の施策が進められる中、リーマンブラザーズは10日には再建案を発表するなど直前まで救済が模索されていた。

名門証券会社の破綻 動揺が広がる

1850年創業の名門投資銀行リーマンブラザーズは、1986年に日本に支店を開設。日本法人も16日朝、民事再生法の適用を申請した。

日米欧、大量資金供給 市場安定を目指す

日本では9月1日に福田康夫首相が緊急記者会見で辞任を発表し、自民党総裁選の真っ只中。9月19日、日本銀行、欧州中央銀行、英イングランド銀行、カナダ銀行、スイス国立銀行は金融市場の動揺を収めるため、総額1800億ドル（約18兆8000億円）の拠出を決めた。

破綻の連鎖による景気悪化によってアメリカの雇用が不安定になり、連鎖的に個人消費が落ち込んでいる。消費の減退に伴って米国への輸出も減少、アジア経済も減速している状況だ。米国国内金融機関は他にも破綻がささやかれており、経済不安が加速している。今後日本国内でも株価と消費の落ち込みが予想され、日本市場への影響が懸念される。

銀行のお金は銀行内だけで眠ってはいません。資産のある銀行は、資産が必要な銀行にお金を貸します。金融資産はいつも世界中で流れ続けているのです。どこかで流れが止まってしまったら……と考えておく必要があるのです。

Q1 サブプライム問題を引き起こした「サブプライムローン」とは、どのようなものでしょうか？

Q2 アメリカで生じた問題が、なぜさまざまな国で株価や消費が落ち込むような問題に発展したのでしょうか？

① 世界に広がったリーマンショック

金融機関とは、銀行だけでなく、証券会社や保険会社などを含みます。そして金融機関には、複雑な連鎖関係があります。どこかの金融機関で問題が起きれば、それは間違いなく他の金融機関にも影響します。残念ながら負の連鎖の象徴とも言える、２００８年のリーマンショックを見てみましょう。

２００８年9月15日、アメリカの大手の**投資銀行リーマンブラザーズ**が倒産しました。**負債総額は6000億ドル（2024年11月の1ドル＝150円で約90兆円）**と言われています。巨額の負債です。リーマンブラザーズは、アメリカの連邦倒産法第11章（「チャ

時代のことば　**2008年「7162円90銭」**

日経平均株価は2008年10月27日の終わり値で7162円90銭を記録しました。バブルの最高値1989年12月29日の3万8915円 87銭からは、極端に下がりました。この時、北京オリンピックで金メダルを獲得したり、ノーベル賞を物理学や化学で受賞したため、日本はもはや“経済国”ではなくスポーツ立国であり知的財産立国だと言われるようになりました。とはいえ2024年2月22日現在、日経平均はバブル期を超えるまで回復しています！

プターイレブン」として有名）が適用され、破綻に至りました。リーマンブラザーズの破綻は単なる破綻ではありませんでした。世界に連鎖し、世界的ショックとなったのです。

まずは、このリーマンショックの根源となった、サブプライムローンとリーマンブラザーズについて見ておきましょう。

サブプライムローンの始まり

ニューセンチュリーファイナンシャル（ニューセンチュリー社）は1995年に設立されたモーゲージ（所有不動産を担保にしたローン）に特化した金融機関です。

アメリカでは1990年頃から景気が拡大しました。日本がバブル崩壊で苦しんでいる頃、アメリカは景気が良かったのです。戸建ての住宅需要が多く、住宅ローンのニーズが高まりました。

ニューセンチュリー社はそんな時に「モーゲージ」という、所有不動産を担保にしたローンに目を付けました。

そして、戸建てを買う、その資金を借りる、借りるにあたって買った戸建てを担保にして金融機関に融資をお願いする……といった、一連の流れにかかわる金融機関として躍進していきます。

しかし、ここでアメリカ経済に転機が訪れます。2001年9月11日にアメリカ同時多発テロが起き、2003年にはイラク戦争が起きました。アメリカ経済は景気が低迷し、その景気の回復のために、金利が引き下げられました。金利が低ければ、ローンで支払う金利が下がり、住宅が買いやすくなりますから、住宅需要は高まります。そこで、モーゲージの中でも「サブプライムローン」という、低所得者でもローンを借りて住宅が買える金融手法が使われるようになりました。

これまでのローンは「プライムローン」で、しっかりとした所得を得ていないとお金を借りられなかったのが、サブプライムローンによって、高所得者でなくともお金を借りられるようになったのです。

〝プライム〟とは優良を意味しており、プライムローンは優良な所得の保有者向けのローンで、一般的に金利が少し低めになります。貸す側の銀行としては確実に返済されるであろうことから、金利を低めにできるのです。〝サブプライム〟とは「優良性が劣る」ということです。銀行から見れば、サブプライムローンの借り手はもしかしたら返済ができなくなる可能性があるので、プライムよりは金利が高めになる傾向があります。

低所得者でもローンを借りられるというのは見方を変えれば、金融機関が貸出リスクを取り始めたと言えます。金融機関はお金の使い道（貸出先）を探してニューセンチュリー社にお金を流し込み、ニューセンチュリー社は、自社に流し込まれたお金を使うため、リスクが高いサブプライムローンという仕組みを使って低所得者に、十分なリスク評価もせずに貸したのでしょう。

こうしたローンが一般化すると、所得が十分ではない多くの人々が住宅を求めます。そして住宅価格は上昇します。2006年には住宅価格が高くなりすぎているとの情報が出始めていたのですが、金融機関はさらにまだ上がると自信を見せ、サブプライムローンによる住宅購入者には「あなたが購入した住宅の価格はまだ上がります」と言っていました。**買主は、もしもローンを払えなくなったとしても、購入した住宅を売れば少なくとも損はしないと考えたのです。**

この状態は、もはや投機と言えそうです。住宅購入者は知らないうちに投機に巻き込まれていたのです。投機はリスクが伴います。

そして、このリスクが現実になりました。2004年頃からインフレが起き、その抑制のために政策金利（中央銀行の金利）が上がりました。金融引締が始まったのです。それにより、サブプライムローンの金利が上がり、それに対応できない購入者が破産しました。元々サブプライムローンは低所得者の利用が多かったため、購入者の多くは返済が滞り破産していました。

同時に不動産価格も下落しました。**担保とは本来、「お金が返せない時は、その物を売ってお金を返します」という役割を果たすはずでした。**しかし、担保の価値も下落したので、担保になっていた家を売っても貸したお金の全額が回収できず、金融機関の損失も膨らみます。2007年、ニューセンチュリー社はあっという間に破綻してしまいました。

筆者は当時、アメリカの銀行員から話を聞きました。個人的な見解ですが、
所得が十分ではなく、英語力が十分ではない人に対しても
「今は金利は低いし借り時ですよ。すぐに金利が高くなると思いますが、
その時は住宅価格はもっと上がっていますよ。お住まいの住宅を売ればローンを返しても十分に余ったお金を得ることができますよ」
と営業していたようです。

リーマンブラザーズの破綻

ニューセンチュリー社の破綻が、大手の投資銀行であるリーマンブラザーズに波及しました。

リーマンブラザーズは、ニューセンチュリー社の持っていたサブプライムローンを買い取って、それを証券化していました。

サブプライムローンの貸し手である金融機関（ニューセンチュリー社など）が多額の貸出しである「貸出債権」を、自分自身で保有し続けるにはリスクがあります。金融機関の仕事の1つは貸出しですが、それが多すぎるとリスクが高まります。そこで、この貸出債権をまとめたうえで分割して、多くの投資家に「証

図8-1　証券化の仕組み

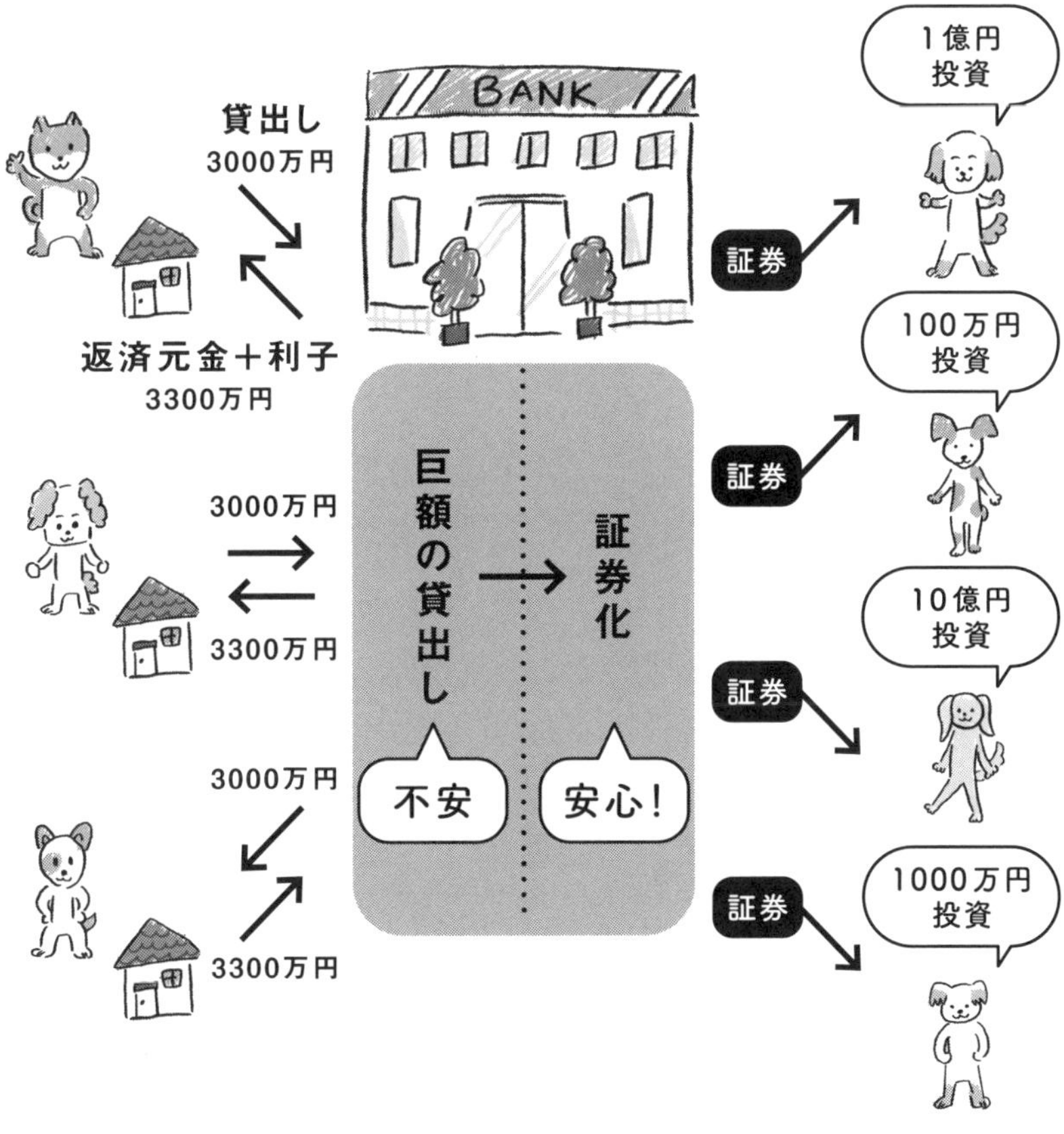

券」として売却します。これを「証券化」と言います。

たとえば、売出し中の戸建て住宅（3000万円）が100戸ある場合に、その戸建てを買う人全員が銀行から3000万円ずつ借りるとします。銀行の貸出総額は30億円になります。この30億円は銀行にとっては、リスクです。戸建てを買った人が返済を間違いなくしてくれるかどうかに不安が残るからです。

そこで銀行は貸出総額の30億円を小口の「証券」にして、投資家に売るのです。売った段階で銀行のリスクは、投資家に移ります。

証券化された証券を買った投資家からすれば、定期的に利息（仮に3000万円投資をしていればその10％で300万円）が入り、満期には元本が払戻されます。投資家の中には100万円だけ投資する人もいれば、1億円や10億円を投資する人もいます。こういった形で債権を証券化し、投資家に売るというのがリーマンブラザーズのような投資銀行の仕事なのです。

リーマンブラザーズは2000年頃から、大量のサブプライムローンを買い取って証券化しましたが、2006年頃からの住宅バブル崩壊で、投資家が見つからなくなってしまいました。売却できなかった証券の価値は低下します。証券が売れなくなり、その価値もなくなり、リーマンブラザーズは破綻したのです。

住宅など不動産の価格が上昇し続け、購入者が増え続け、借金してでもそれを買えば、売る時には儲かるという大前提に立ったビジネスモデルに乗ったのがニューセンチュリー社であり、リーマンブラザーズでした。

グローバルのドミノ倒し

金融機関は、互いに連携し連鎖しながら資金の貸し借りを行なっています。リーマンブラザーズはシティグループ、バンク・オブ・アメリカなどアメリカ国内の大手銀行だけではなく、イギリスやドイツなどのヨーロッパの大手銀行からも融資を受けていました。銀行間で資金の相互依存性があるのです。

金融機関は互いに連携しながら資金の貸し借りを行なっているため、アメリカのグローバル展開している金融機関に問題が起きると、たとえばヨーロッパのグローバルな金融機関に問題が波及し、現地の金融機関に影響を及ぼします。こうして銀行間でドミノ倒しが起きてしまいます。

一見、アメリカの金融機関で起きた、単なるアメリカ国内の問題に思われるのですが、それがグローバルな金融機関に波及し、世界の経済に影響を与えたというショッキングなこの一連の流れを、今では「リーマンショック」と呼んでいるのです。

② 信用秩序の安定がゆらぐ

「信用秩序」とは、金融取引が確実に行なわれ、金融システムに安心感があり、社会全体から認められている状況です。そのためには§１で記したような、金融システムが問題なく働く状態が必要です。

リーマンショックの際には、大手の民間金融機関が軒並み影響を受けたことを踏まえ、各国の中央銀行が信用秩序の維持と金融システムの問題のない稼働のために動きました。同時に各国の政府も動きました。

２００９年４月にG20加盟国の財務省・中央銀行・監督当局や国際機関が連携し、各国の金融機関の問題が世界中に連鎖しないよう、ドミノ倒しにならないようにするため、**「金融安定理事会（FSB：Financial Stability Board）」**が設立されました。

③ 株価と経済

さて、リーマンショックが発生すると、景気に不安がよぎり、まず株価が下落しました。景気に不安があるということは企業の業績に不安があるということでもあります。企業の安全性に不安があれば、融資をしている銀行はその融資を縮小していきます。銀行はリーマンショックにより気が気ではありませんでした。

そして実際に、リーマンショックで多くの企業や銀行がマイナスの影響を受けました。銀行はリスクを避けるために貸出しを縮小します。〝クレジットクランチ〟と呼ばれるこの状況により、企業への貸出しが縮小し、企業の収益力が低下し、やはり株は売られたのです。この状況は信用秩序が揺らいでいると言えます。

株式と株価

株（株式）は、企業活動に必要な資金を獲得するために発行されます。

企業が株式を発行する時には、発行市場で株式が取引されます。株式の購入者である株主は配当という銀行預金の金利に似た金銭を定期的（たとえば年に2回）に得ます。これを「配当収入」と呼びます。

株主が所有する株式を売ろうとする場合には、流通市場にその保有する株式を出します。そして購入希望者が買い取るのです。

株主にとって、所有する株式をすぐに売ったりせず長期保有する場合は、配当が重要となります。短期保有ですぐに売出し、株価の上下動の差の部分を得たいということであれば、株価自体の動きが重要になります。

株価が上がると、それを発行している企業も儲かるのかと言えば、それは単純ではありません。しかし、企業としては「すでに発行している株価が上がれば、次に株式を新規発行する時にも、高値で売り出せるだろう」という予想はできるでしょう。

発行市場、流通市場には証券会社と取引所が必要です。東京の日本橋近くの茅場町には日本最大の**取引所である東京証券取引所（東証）**があり、その周囲には証券会社の本社が集まっています。

こうした市場取引の動向は、毎日のように新聞やテレビで報道されます。たとえば、日経平均株価やTOPIXという株価の動向を示す指数が発表されますが、これは上場企業の株価動向を一定の範囲でまとめた動きを示すものです。この株価指数の上下で、景気の

図8-2　リーマンショックと株価

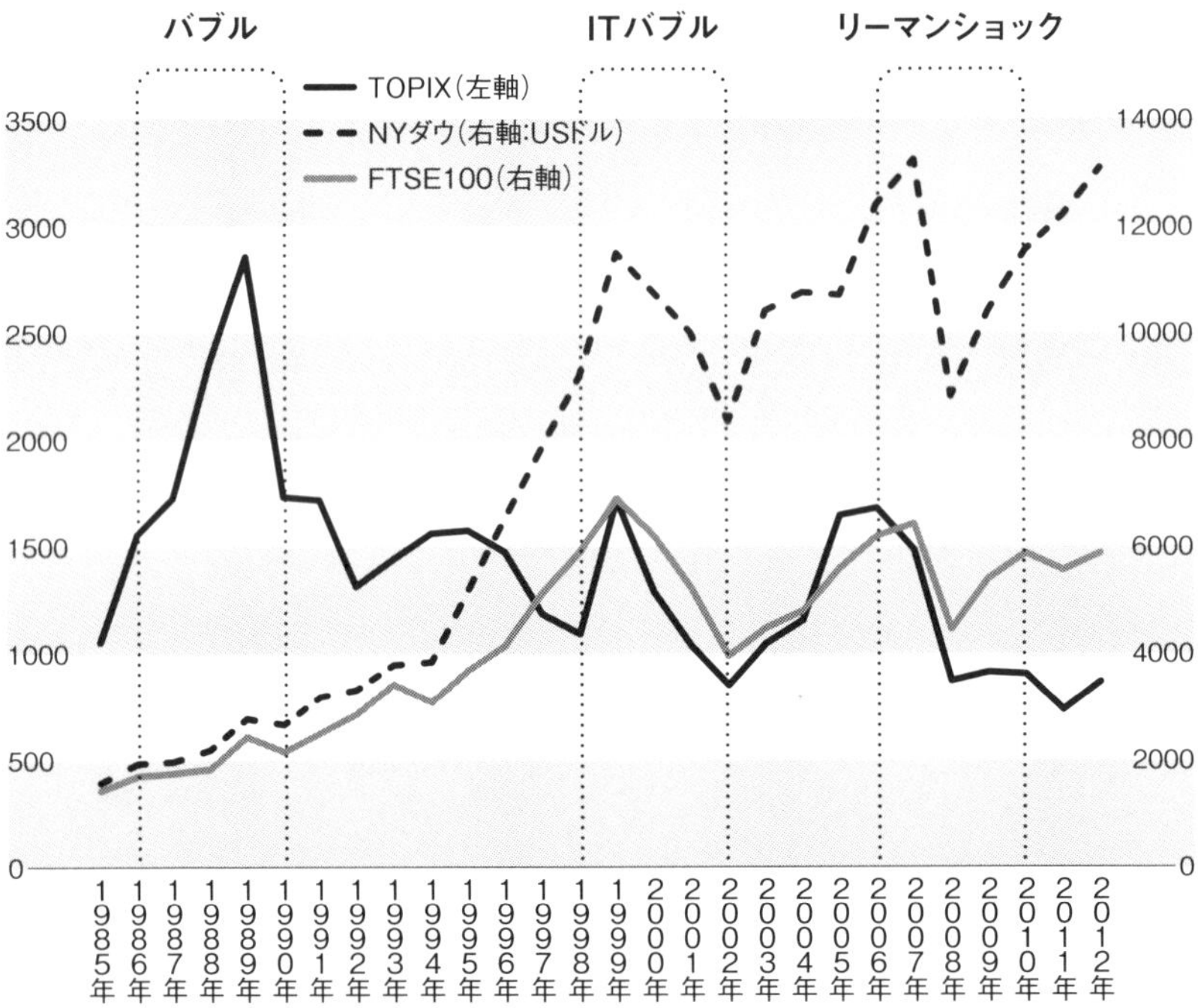

良し悪しがわかります。株価が上がる時は景気が良く、株価が下がる時は景気が悪い、という見方がされます。

株価変動と世界のつながり

図8-2は、日本（TOPIX）、アメリカ（NYダウ）、イギリス（FTSE100）の株価の推移です。バブルから崩壊、ITバブルから崩壊そしてリーマンショックの株価の動きを表わしています。

バブル期（1990年）以降、日本だけで株価の下落が起きていることがわかります。**この当時は、日本は独自の金融政策をとっていたため、グローバルな観点では影響がありませんでした**（§10参照）。

ITバブルの1999年から2001年、日本、アメリカ、ヨーロッパは共通の動きを見せています。世界の企業がドミノ倒しのように、あるいはことわざの

図8-3　国別の株価指数の業種別構成比率

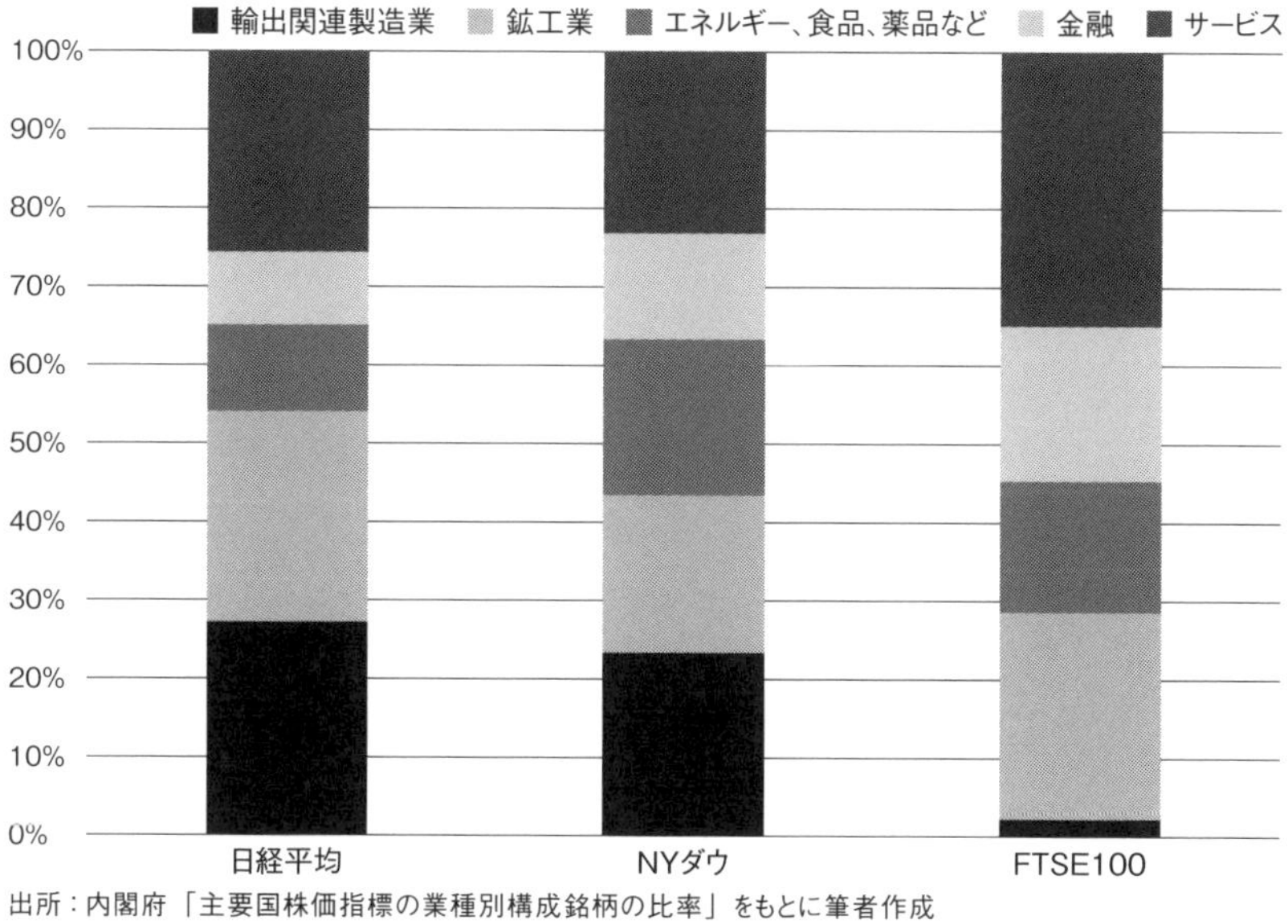

出所：内閣府「主要国株価指標の業種別構成銘柄の比率」をもとに筆者作成

「風が吹けば桶屋が儲かる」的につながっているがゆえの株価変動です。このことから、**投資家がグローバルになっていることがわかると同時に、世界中の企業がグローバル対応していることがわかります。**

一方、リーマンショック以降、日本だけ特殊な動きがありました。ショックの時には日米欧ともに株価を下げました。その後欧米は回復したものの、日本だけが下落から上昇に転じていません。

図8-3は株価指数の業種別の構成比率を示しています。日本は輸出関連の比率が高く、特に自動車や電子機器が中心的な製造業の比率が高くなっています。この比率の高さがリーマンショックに大きく影響したと考えられます。**リーマンショックでアメリカの景気が落ち込み、日本の主要輸出製品である自動車の輸入がアメリカで落ち込んでしまったのです。**

日本の景気は、リーマンショック前から外需へ大きく依存していました。そして日本国内の景気は内需では伸びないのです。

しかし、同様に輸出比率の高いアメリカは、すでに景気回復しています。この違いの理由は、ゼロ金利政策のパートで説明しましょう（§11参照）。

④ 日本への影響

リーマンショックが起きる前の2002年から2007年頃まで、（緩やかではありましたが）日本の景気は良い時期でした。

バブル景気が崩壊（1990年頃）した後、10年ほど経ってやっと景気が良くなり、「ようやく〝失われた10年〟から経済が回復した」と言われ始めていたのです。特に2000年から2006年頃は輸出、特にアメリカやヨーロッパへの輸出が好調でした。

そんな時にリーマンショックが起きてしまい、直接的に影響を受けたアメリカや、さらにはヨーロッパも、経済が落ち込んで輸入が激減しました。当然、日本の輸出は激減します。これにより日本の景気が悪化し、そして雇用も減少してしまいました。

リーマンショックは単なるアメリカの金融機関の破綻ではことが収まらず、日本の経済にも打撃となったのです。

おぼえてほしい §8のキーワード

信用秩序

金融機関が安定しており、金融取引が安定的に実行され、金融システム全体が安全で安心な状態であること。

金融安定理事会（FSB）

世界の中央銀行や財務省などの組織が金融システムの安定性や脆弱性への対応を協調しながら行なうための理事会のこと。

株式市場

株式が発行された時の売買を行なう市場と、その後に流通する時の売買を行なう市場を言う。株式発行企業（売り手）と投資家（買い手）との売買や投資家同士の売買は証券会社と証券取引所が間に立って行なう。

株価指数

個々の株価ではなく複数の構成銘柄ごとにまとめて指数化するもの。日本国内の代表的な指数には、日経225（225銘柄）やTOPIX（プライム市場等銘柄）がある。景気のバロメーターとして見られることもある。

SECTION 9

大きな政府と小さな政府

2005年 郵政民営化

公社から民間企業へ
変わる経済の主役

郵政民営化、参院で可決

郵政公社から転換へ

○×新聞

発行○×新聞社

2005年 平成17年
10月14日

紆余曲折の可決 サービス低下 懸念の声も

郵政民営化法案は2005年7月衆議院では可決されたが、8月8日参議院では否決。即日衆議院解散総選挙が決まり、国民に郵政民営化の賛否を問うた。結果は、与党自民党の圧勝だった。

今後、はがき代の値上げや過疎地の郵便局の統廃合が懸念される。郵便貯金・簡易保険は郵便から独立することになった。

1971年（明治4年）から国営で始まった郵便事業は、2003年に「日本郵政公社」となり、2007年に民営化。郵便事業の開始から130年を超える歴史の転換点となる。

自民党をぶっ壊す

小泉純一郎氏は農水大臣、外務大臣、厚生大臣、年金問題担当大臣、郵政大臣を歴任。2001年4月「聖域なき構造改革」を訴え、「自民党をぶっ壊す」をスローガンに自民党総裁選で圧勝し、第87代内閣総理大臣に選出。

民営化の意義は

小泉首相は郵政民営化に関する特別委員会（6月15日）で以下のように答弁していた。「役所が、国会議員が、郵便貯金とか簡易生命保険の商品をあれが良いこれが良いと考える必要があるのか」「むしろ民間にできること、民間がやっていることは民間に任せた方が良いのじゃないか」。

郵政民営化は、「小さな政府」運動の一環で生まれました。
この時行なわれた選挙は、後に「郵政選挙」と呼ばれるようになります。

Q1　公社はなぜ必要だったのでしょうか？

Q2　「民間でできることは民間で」という考え方を何と呼ぶでしょうか？

1　公社とは？

「大きな政府」と「小さな政府」という2つの〝政府〟に対する考え方があります。

「大きな政府」は、国民のために政府が経済や社会という広範囲で活動することです。「政府が主導する」と言えばわかりやすいと思います。

「小さな政府」は、国民のためのサービスを民間や市場の動きにゆだねます。それでも問題が起きた場合には政府が活動します。

公社は「大きな政府」の代表格です。国の財政援助でもってつくられる法人と呼ばれる組織が、公社なのです。

時代のことば　**2005年「クール・ビズ」**

地球温暖化や、環境対策が問題となり始めた時期です。夏のエアコン使用の抑制のため、服装で工夫し、スーツの上着やネクタイを取りシャツのみとする取組みが一般的ですが、当時はスーツの上着を半袖にするような、ちょっと変わった服装も現れました。
今は半袖のスーツはあまり見かけませんが、薄手で環境対策が十分なビジネスカジュアルで良いとする企業が多くなっています。

戦争疲弊からの回復

公社はなぜ存在し、なぜ必要だったのでしょうか？

公社は、特定の業務を行なうために政府によって設立されます。国民が必要とするサービスを提供できるようにするため、公社が設立されその役割を担うのです。

第二次世界大戦で疲弊した日本人の生活を復興させるため、まず必要とされたサービスは、人々の移動に使う鉄道網であり、通信手段である電話でした。

一方で、これらの事業は莫大な資金力が必要で、民間企業が設立することはできません。また、もし民間が設立すれば収益が重要視され、鉄道料金や電話料金が国民の支払い能力を超えてしまうこともありえます。これらを考えると、国から出資を受けつつ、事業としては民間会社のように行なうことができる公社であることが好ましかったのです。

そのため、まずは鉄道のための日本国有鉄道（１９４９年）ができ、電話のための日本電信電話公社（１９５２年）ができました。

塩・たばこ・樟脳《しょうのう》を専売するための日本専売公社も、１９４９年に設立されました。この公社の目的は国の収益獲得と言えるでしょう。嗜好品《しこうひん》であるたばこは、国の収益のため価格を自由競争下に置かず、公社の元で国が一手に管理することにしたのです。

塩は明治時代にすでに日露戦争の戦費調達のため、国の管理下にありました。樟脳も当時は貴重品で、重要な資源だったため管理され収益獲得に利用されたのです。

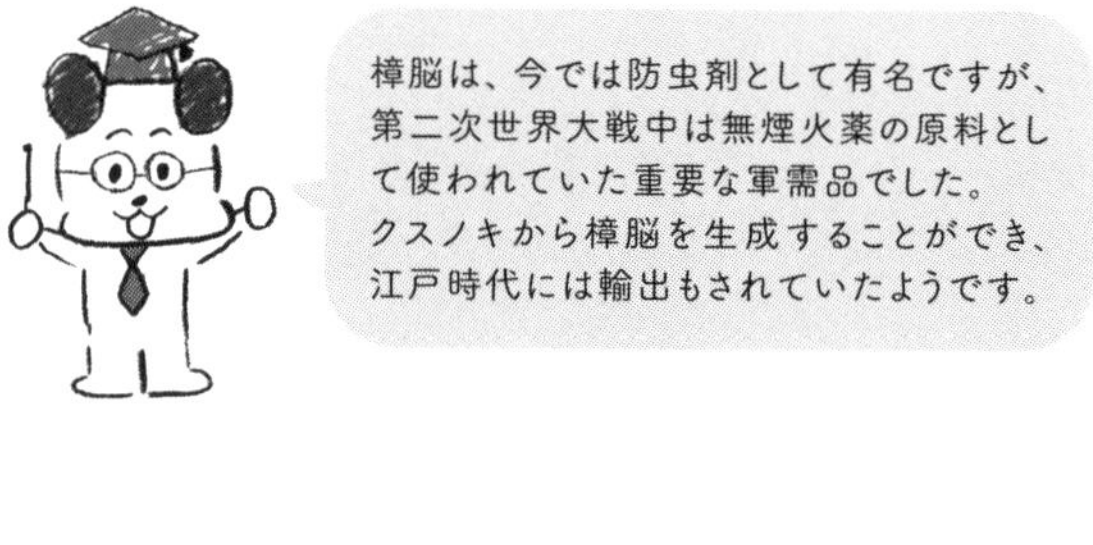
樟脳は、今では防虫剤として有名ですが、第二次世界大戦中は無煙火薬の原料として使われていた重要な軍需品でした。クスノキから樟脳を生成することができ、江戸時代には輸出もされていたようです。

公社は「のれん分け」のようなもの

日本国有鉄道や日本電信電話公社、それから後述する五現業も、国民にとっては必要なサービスで、サービスの公共性はとても重要です。

しかし、それを支える政府の財政負担は増加していきます。このままでは政府の負担が一方的に増えるので、財政的な自立を目指す必要が出てきます。そのため、公社によって経済が発展し、公社自体の財務力が醸成された段階で、公社は1つの団体として独立し、国による直接の管理からは外れるのです。

江戸時代にあった蕎麦屋の「のれん分け」のようなものだと考えればわかりやすいのではないでしょうか。最初は十分に財政力・販売力のある蕎麦屋で修業します。そこで学んだ技術とともに、店名を引き継ぐことで新規の蕎麦屋を開業します。

三公社五現業はすべてが独立するわけではなく、必要に応じて公社として維持されたり、民営化されたりします。公社維持ならその理由が必要であり、そうでなければ民営化されて経済力を高めるこ

図9-1　公社から特殊会社へ

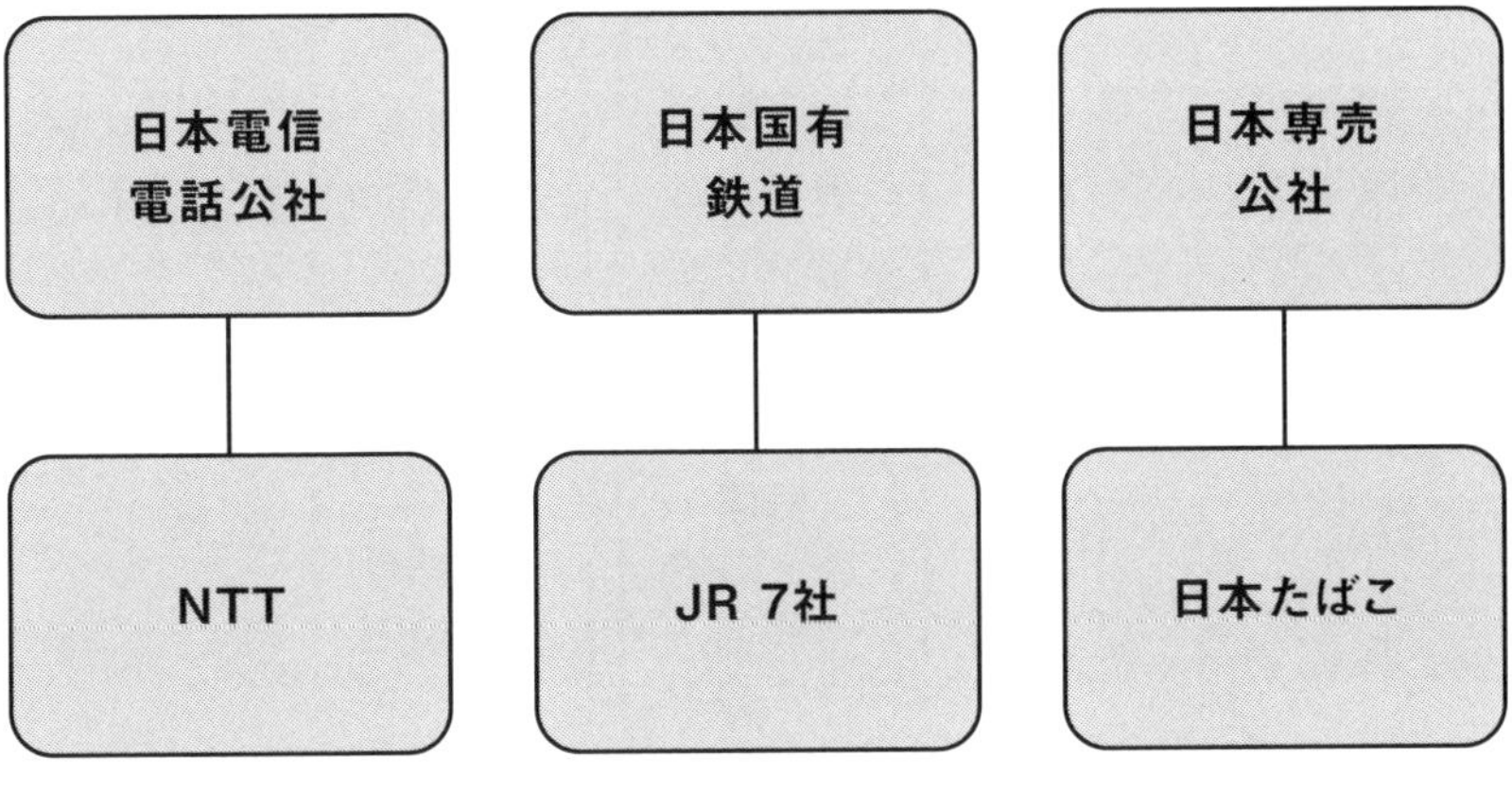

とが求められます。ここからはその状況を見てみましょう。

三公社五現業の変遷

１９８５年、日本電信電話公社は「日本電信電話株式会社（ＮＴＴ）」になり、同じ年に日本専売公社は解散して「日本たばこ産業株式会社（ＪＴ）」になりました。そして、少し遅れて１９８７年、日本国有鉄道が「ＪＲ」として６つの地域の旅客輸送部門と貨物部門に分かれました。

公社から民営になった３社ですが、いきなり民間企業になったわけではなく、特殊会社として省庁の監督下で業務を行なう会社となりました。

ＮＴＴは総務省、ＪＴは財務省の所管となっています。ＪＲはそれぞれ国土交通省の管轄になった後、東日本、東海、西日本、九州は株式会社に移行しました。省庁から独り立ちしたのです。

公社のほかに、国が〝直接〟行なっていた５つの事業があります。これらはまとめて「**三公社五現業**」と呼ばれました。**５つの現業は印刷、造幣、アルコール、国有林野業、そして郵便です。**

図9-2　国の事業から独立行政法人・株式会社へ

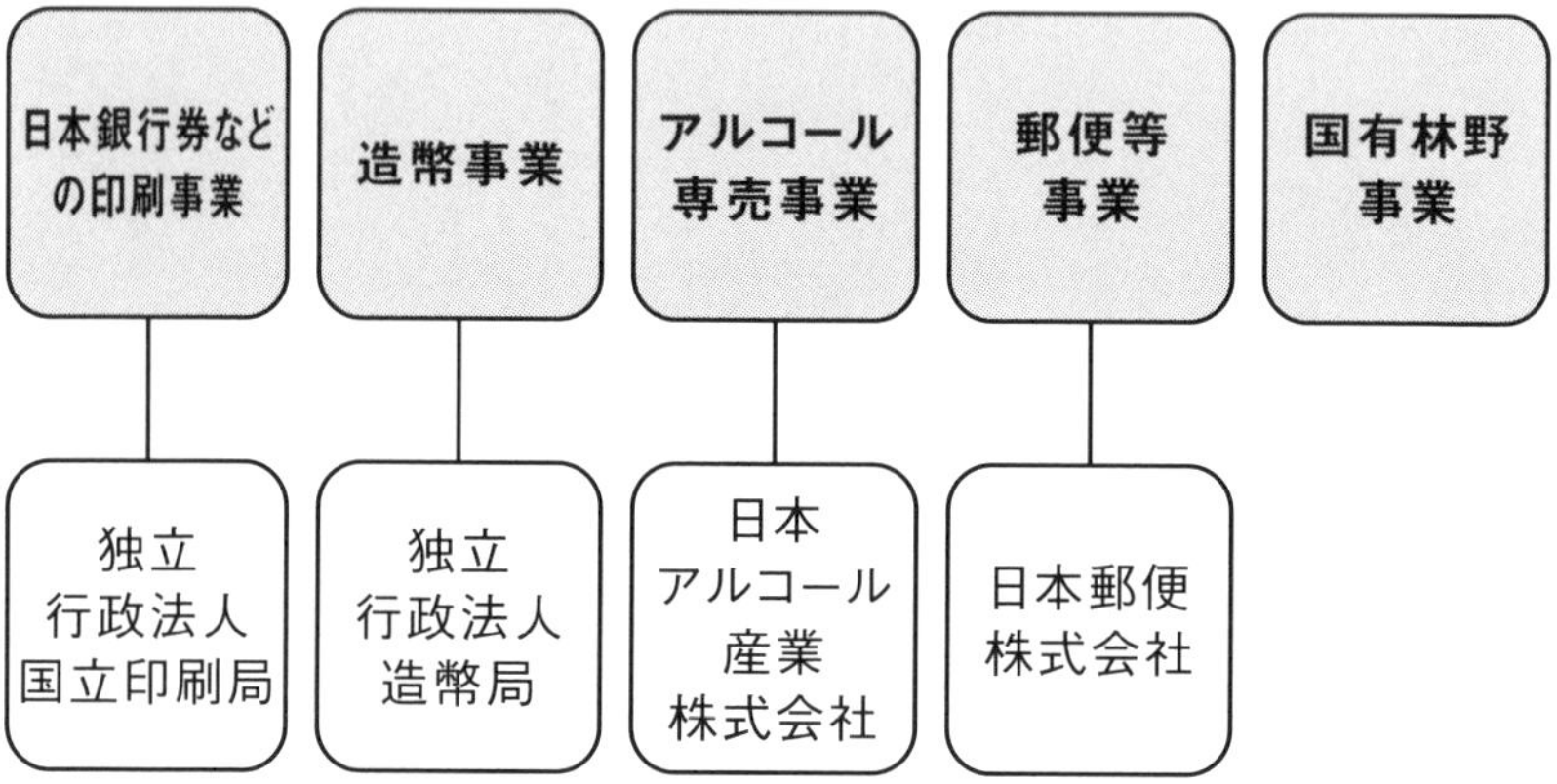

〝五現業〟と呼ばれる5つの事業の民営化・独立行政法人化について見ていきましょう。2024年時点では五現業のうち、国有林野事業以外は株式会社あるいは独立行政法人となりました。

2024年に20年ぶりに新しく1万円札が発行されましたが、この日本銀行券や硬貨、郵便切手、官報など重要物の印刷事業・造幣事業は、2003年に独立行政法人国立印刷局と、独立行政法人造幣局になりました。

アルコール専売事業は新エネルギー・産業技術総合開発機構となり、2006年に日本アルコール産業株式会社となりました。アルコールといっても私たちが日常的に飲むアルコール飲料ではなく、工業用のアルコールです。第二次世界大戦中は石油燃料の代用として、メチルアルコールが軍事的に利用されました。これはメタノールとも呼ばれ国の重要産業である医療、化粧品などには欠かせないものです。

このように大きな政府から、小さな政府になろうという動きは進んでいました。しかし、郵便等事業は2007年の初期時点では、民営化されていませんでした。そして、私たちは「そういうものだろう」と大きく疑問視することもなくなっていました。この状況下で破天荒な首相が現れて、状況が大きく変わったのです。

②「大きな政府」と「小さな政府」を目指してきた人たち

2005年、小泉純一郎首相が「**郵政民営化法案**」を提出しました。衆議院では可決されたのですが、参議院では否決されました。当時は自民党が強かったため、自民党内で考え方が一致していれば参議院でも可決されるはずでした。しかし実際には自民党内でも反対者が出たため、否決されたと言われています。

小泉首相は即座に郵政民営化の是非について、国民に信を問うために、同日の臨時閣議で衆議院の解散を決定したのです。これは「**郵政解散**」と呼ばれました。

なぜ解散したのか

今では「郵政解散」と呼ばれるこの選挙ですが、当時は自民党内でも「自爆解散」や「驚き解散」あるいは「花火解散」と呼ばれていたようです。それだけ、郵政民営化法案については疑問があったのでしょう。

そもそもなぜ小泉首相は国会を解散してまでも、郵政民営化を目指したのでしょうか？

郵便事業は、郵政事業庁から2003年に日本郵政公社（国営の特殊法人）となり、郵便事業、郵便貯金、簡易保険を管轄しました。郵便局はその性質上、全国津々浦々に存在します。そして、郵便事業だけではなく銀行や保険のサービスをやはり全国津々浦々に提供できます。「大きな政府」として、政府が提供するサービスであるがゆえに、営利にこだわる必要がないのです。

これは、民間銀行や民間保険会社は収益が上がる場所でしか営業しないというデメリットを補うものです。ここでは大きな政府の存在価値はあったはずです。でも、小泉首相は小さな政府を目指しました。なぜでしょうか？　イギリスとアメリカの大きな動きからそのヒントが見えてきます。

「自由主義」と「新自由主義」

「自由主義」「新自由主義」という考え方があります。

ここで言う自由主義は〝フリーダム〟ではなく〝リベラリズム〟と呼ばれます。個人の平等や人権を基本とした考え方です。この個人を重視するという考え方から、市場の自由な経済を重んじて、政府の干渉を抑えるのが「自由主義」の基本的な考え方です。

１７７６年のアメリカ独立宣言や、ちょうど同じ時期に出版された経済学の教科書とも言うべき『諸国民の富の本質と原因についての研究』、いわゆる「国富論」が自由主義を表わしています。

新自由主義（ネオリベラリズム）は、「より経済に関して政府の介入は小さめに抑えて、

民間に任せよう」というものです。自由主義よりいっそう経済面に着目したものと言えます。

「新自由主義」の考え方は、日本では１９８０年頃から始まりました。日本が経済的に豊かになり、バブルが始まる頃のことです。ここでは国営企業の民営化、政府により規制緩和や国際貿易の一層の自由化が進んだと考えられます。

ケインジアンと世界恐慌

アメリカでは、１９２９年に始まった世界恐慌を収束させるために、財政政策と金融政策が一緒になりました。つまり、政府と中央銀行がタッグを組みました（§５参照）。政策も多くなり金銭面での対応も増えるこの状況はパワフルです。これを提唱したのが『雇用・利子および貨幣の一般理論』を著した英国のジョン・メイナード・ケインズでした。ケインズ経済学を支持する人はケインジアンと呼ばれます。

「不況期にはお金を市中に流してお金の需要を盛り上げる。そのために公共投資を増やしてお金が流れるようにする」という、財政政策（お金の使い道）と金融政策（お金の量）の合体を考えたのです。

この考え方によるニューディール政策が発動され、それによってアメリカ経済は回復し、世界経済も回復しました。その結果、ケインジアン的な「大きな政府は経済を安定させる」

という考え方が主流になったのです。

需要を盛り上げ経済を成長させるために、国側が動きます。不況期は民間に期待しようにも、民間は動けないのです。そのため、**〝大きな政府〟の考え方のケインジアンの政策は、どちらかと言えば不況期に有効だと考えられます。**

レーガノミクスとサッチャイズム

1980年頃、アメリカのレーガン大統領が、**レーガノミクス**を提唱しました。当時のアメリカは、高いインフレ率と高い失業率が同時に起きる〝スタグフレーション（経済の停滞）〟でした。ニューディール政策の頃の不況とは異なるタイプの経済停滞です。

スタグフレーションから脱却するため、政府は経済介入を小さくして民間の供給力を上げようとします。つまり、**レーガノミクスは「民間の力で財やサービスを盛り上げよう！」という小さな政府の考え方を採りました。**

同時期、「鉄の女」と呼ばれたイギリスのサッチャー首相も、小さな政府を目指しました。これは**サッチャイズム**として盛り上がりました。

サッチャー首相は小さな政府を目指し、国有企業であった電話通信事業、水道事業、空港事業などを次々と民間企業に変えました。

レーガノミクスもサッチャイズムもどちらも、新自由主義の経済政策であり「小さな政

“ミクス”と“イズム”って何？

レーガノミクスの“ミクス”は、レーガン大統領の名前に、エコノミクスを組合せた造語です。サッチャイズムの“イズム（ism）”は、主義や主張のことを言います。

府」をつくろうというものです。**政府に頼るのではなく、民間の活力を活かすという考え方**です。国民目線に立っているがゆえに人気が高かったのです。

一方、小さな政府を目指したことによる問題もありました。レーガノミクスでもサッチャリズムでも、経済成長は総合的には達成されたのですが、**所得階層に格差が生じてしまうという弊害**が起きました。

規制が緩和されることで恩恵を受けた業種は良いのですが、逆に規制緩和で官営の仕事が減る、つまり国営企業が仕事を減らしてその従業員が仕事を失うといった問題も起きました。

日本の「大きな政府」からの転換

小泉首相もレーガノミクスやサッチャイズムと同様に、大きな政府から小さな政府への切り替えを目指しました。

「大きな政府」というのは、そもそも不況に陥っていて民間では策がないので代わりに国（政府）が動くことで経済的な満足度を高めるという方策です。

郵便事業を考えてみます。これは全国津々浦々、収益になりづらい、人の少ない地域にも郵便を届けます。民間銀行の窓口も全国津々浦々にありませんから、日本郵政公社が郵便事業以外に銀行業と生命保険業を営んでいたのです。大きな政府の力をもって郵便・銀行・生保について国民に満足を与えました。大きな政府的な動きが国民のために続いていたのです。

しかし時間が経つにつれて、こうした郵便局で提供されているサービスも十分に国民の満足度を与えるレベルとなり、同様のビジネスを行なう民間企業と競争するめどが立ったのではないでしょうか。小泉首相はこの状況に反応し、新自由主義の考え方を持ち込もうとしたのでしょう。

財政の面から見れば、政府の支出が減るので「小さな政府」がより効率的でしょう。しかし、「小さな政府」を目指しても、日本ではデフレが長く続いたり、震災が起きたりなど政府の支出が欠かせない状況が続いています。アベノミクスの3本の矢も、金融政策に加えて財政政策を行ないました。こうした「政府が面倒を見る」という状態は、結果的に大きな政府という状況が続いていると言えるのではないかと思います。

今後、日本では高齢化と人口減少が進み、より効率的な財政が求められますから、「小さな政府」にするための民間の活躍手段の創造が喫緊《きっきん》の課題なのです。

おぼえてほしい §9のキーワード

公社

国が必要とする事業を行なうために政府によって設立される。鉄道、郵便、道路などが公社によって事業化された。今は多くが株式会社や特殊会社になっている。

大きな政府

政府が国民のために経済や社会において前面に出て活動するという考え方。

小さな政府

経済や社会のための活動はできるだけ民間に任せて政府の活動は抑えるという考え方。

SECTION 10

銀行の役割、直接金融と間接金融

2004年 メガバンクの時代

銀行の名前が長いのはどうして？

三菱東京UFJフィナンシャルグループ誕生

世界最大級の金融グループへ再編

○×新聞

発行○×新聞社

2004年 平成16年
7月14日

総資産約190兆円
巨大銀行誕生へ

三菱東京フィナンシャル・グループとUFJホールディングスの経営統合が発表された。統合後の総資産は約190兆円にのぼる。2年後の2006年には、三菱UFJ銀行を設立。旧来の三菱銀行、東京銀行、三和銀行、東海銀行が合体した形だ。首都圏に強い銀行、海外展開を行なっている銀行、東海や関西圏に強い銀行が手を結ぶメガバンクの誕生だ。

みずほフィナンシャルグループ（富士銀行、第一勧業銀行、日本興業銀行が統合）、三井住友フィナンシャルグループ（三井銀行、住友銀行が統合）と合わせ、3メガと呼ばれる。

金融監督機能強化

1998年、金融監督庁（現・金融庁）が設立された。バブル崩壊によって生じた不良債権問題によって資本不足に陥った銀行に大蔵省（現・財務省）が公的資金の注入を行なったり、破綻可能性の高い銀行の整理に尽力したりする、状況監督を行なうため、業務を開始した。

2006年には、財務省の担当者が「メガバンクなどの誕生で金融不安については一段落したのかと思われるが、これからはグローバル化の時代を見据えたメガバンクのより一層の資本力強化が求められる」と海外の新聞記者に発言した。バブル崩壊の金融危機から国際的な活動に注力できるところまで回復したと言えるだろう。今後、銀行の新たなあり方に注目が集まる。

バブル崩壊による金融危機は去りました。今や資産運用立国として、プラスの金利がある時代が再び始まりました。銀行ビジネスの復活が期待されます。

Q1 銀行が合併をするようになった契機は「〇〇〇〇方式」からの変革でした。これを何と呼ぶでしょうか？

Q2 従来の銀行の3大業務と、これから期待される姿を考えてみましょう。

① 銀行の名前が長すぎる！

世界には巨大な金融グループが存在します。S&Pグローバル・マーケット・インテリジェンス（2023年）によると、総資産額は中国系が上位4行を占めます（図10‐1）。GDPが世界第2位であるということ、元は国営であったことが影響していると思われます。

第5位から10位はアメリカやEUの銀行が多いですが、7位には日本の三菱UFJ・FG（フィナンシャルグループ）が入っています。

さて、こうして見ると、銀行の名前がすべて、長すぎないでしょうか？ これは、銀行

時代のことば **2004年「火星探索」**

NASAの探査機オポチュニティが火星に到着。当初は数カ月で活動が終わるかも、と言われていましたが、2019年まで長年にわたって活動しました。現在はパーサヴィアランスが火星で活動しています。

が何度も合併を繰り返してきたことと関係しています。

ＪＰモルガン・チェースはジョン・ピアポント・モルガンというアメリカの鉄道網にかかわった資産家の名前に由来するＪＰモルガンと、アメリカのチェース・マンハッタン銀行。この2行が合体してできています。

バンク・オブ・アメリカは、ネイションズバンクとバンクアメリカが合体しました。ＢＮＰパリバは、ＢＮＰ（パリ国立銀行）とパリバ銀行の合体です。

ＨＳＢＣも、クレディ・アグリコルも、さまざまな金融機関を買収あるいは合体してできているのです。

巨大銀行は多くの銀行の合体を通して資本力を強め、世界で活躍してきました。

日本の三菱ＵＦＪ・ＦＧはどうでしょう

図10-1　銀行の総資産ランキング

1	中国工商銀行	5.7兆ドル
2	中国建設銀行	5兆ドル
3	中国農業銀行	4.9兆ドル
4	中国銀行	4.2兆ドル
5	JPモルガン・チェース	3.7兆ドル
6	バンク・オブ・アメリカ	3.5兆ドル
7	三菱UFJファイナンシャルグループ	3兆ドル
8	HSBCホールディングス	2.86兆ドル
9	BNPパリバ	2.85兆ドル
10	クレディ・アグリコルグループ	2.5兆ドル

出所：S & P Grobal “The World's 100largest banks,2023”

か？　元をたどると「三菱＋東京＋三和＋東海」が合体した銀行や、「三菱信託＋東洋信託＋日本信託＋しんきん信託」が合体した信託銀行など、いくつもの金融機関がグループ化してできているのです。

２ 銀行の役割とは？

銀行とは、そもそもどういうビジネスをしているのか？　から考えてみましょう。

銀行は民間金融機関の1つです（図10-2）。民間金融機関は大きく分けて**預金取扱金融機関**と、預金を扱わない**その他金融機関**に区別されます。銀行法に記される通り、預金業務、融資業務、為替業務を行ないます（図10-3）。中でも、預金業務は信用力のある銀行（信用金庫や信用組合などを含む）だけが行なえる業務です。

間接金融と直接金融

預金取扱金融機関は「**間接金融**」と呼ばれます。預金者から預かった

図10-2　民間金融機関

民間金融機関	【間接金融】 預金取扱金融機関	普通銀行（都銀、地銀）
		信託銀行
		信用金庫、信用組合
		農林中金などの中央金融機関
	【直接金融】 その他金融機関	証券会社
		生命保険・損害保険会社
		消費者信用金融
		事業者信用金融
		短資会社

出所：野間敏克「金融と社会」放送大学教材を一部修正

預金を、預金者の代わりに銀行が〝間接的〟に借り手を探し出し、融資をします。預金者は誰にお金を貸しているのかを知りません。

銀行は預かったお金から収益を生み出すため、誰かに貸します。貸出したお金は貸出しの時に取り決めた金利（§11参照）を上乗せしたうえで銀行に返却され、それが収益になります。

なお、貸出しや運用によって得た収益の一部は、預金の〝金利〟として預金口座保有者に支払います。これが普通預金です。

貸出しや運用には、リスクがあります。借り手が返済しない場合や、運用でマイナスの結果になることもあります。しかし、預金者に支払う金利はあらかじめ決まっていますので、銀行の収益の変動とはかかわりなく、預金者は一定の金利を得ることができます。**このリスクとリターンを銀行が一時的に引き受ける安心感があるのが、「間接金融」です。**

銀行の収入はこうした間接金融によって、預金を貸出した金利によってまかなわれています。

「**直接金融**」とは、「お金を借りたい人」と「お金を貸したい人」の間に、第三者が存在しない取引のことです。たとえば会社が「投資

図10-3　銀行の3大業務

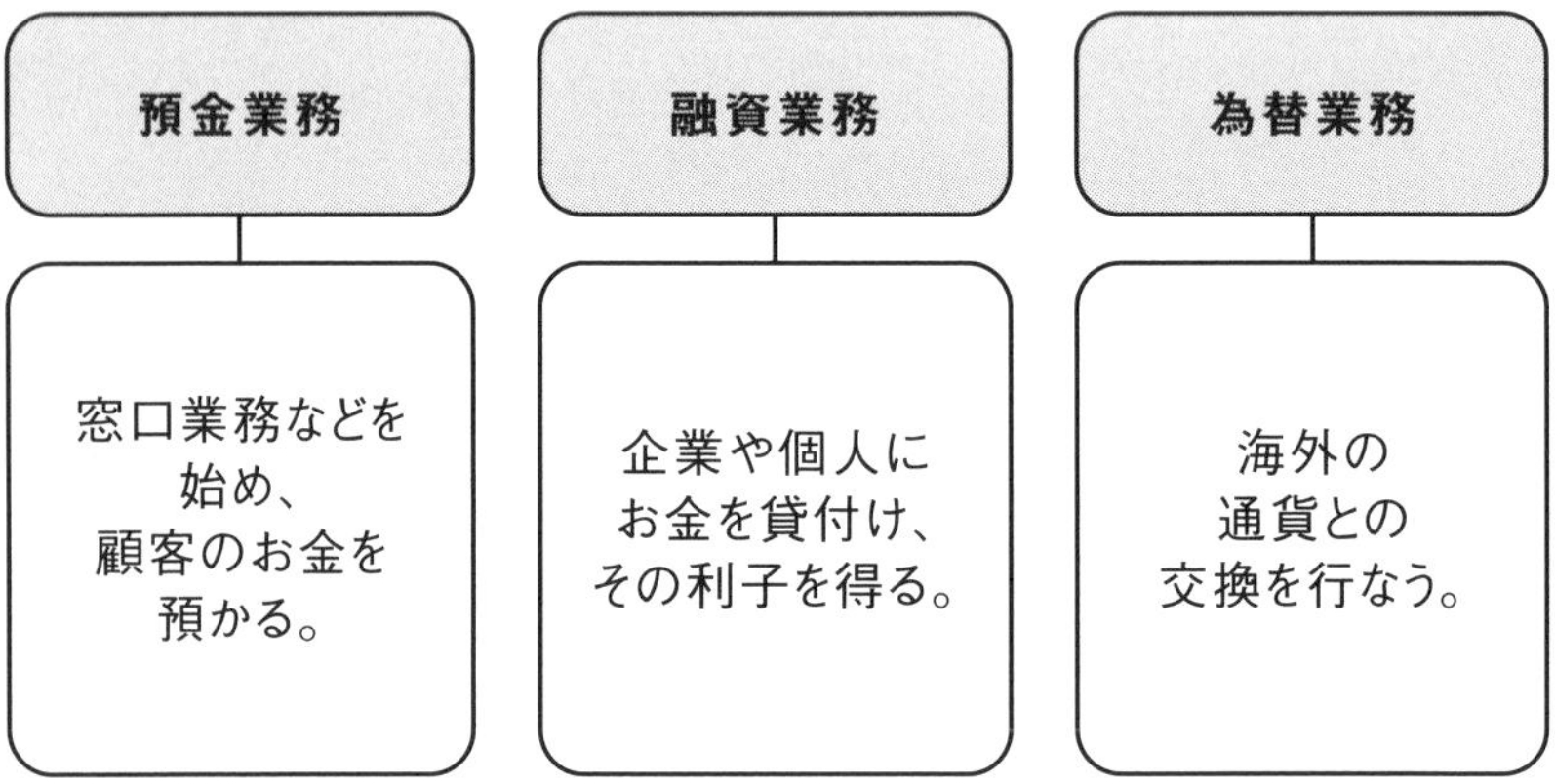
預金業務
窓口業務などを始め、顧客のお金を預かる。
融資業務
企業や個人にお金を貸付け、その利子を得る。
為替業務
海外の通貨との交換を行なう。

してもらいたい」「投資したい」という場合は株式や債券を取引することになりますが、これが直接金融です。その収益は銀行預金のように安定しているわけではありません。株式や債券（会社が資金調達のために発行するものを社債と言います）の価格の変動に応じて投資家の収益も変動します。株式でも社債でも、うまくいけば銀行預金よりも高い収益を得ることができますが、株価・債券価格が下落すれば損失になります。極論すれば企業が倒産すれば、1円も返ってこなくなります。

なお、「直接」という名前がついていますが、投資家が株式や債券を購入するために、直接、相手の会社や組織にいくわけではありません。証券会社などを通じて売買をします。

市場型間接金融

市場型間接金融は、直接投資で株や債券に投資をするという直接金融と、銀行などに資金を預けてその資産の運用などは銀行に任せて利息を得るという間接金融の、中間に位置します。

株や債券に自ら投資するのではなく、資産運用会社などに運用を委託し、運用成果によってプラスのリターンを得たり、マイナスのリターンも得たりするという形態です。この市場型間接金融を増やすことが、今求められています。

③ 護送船団方式から金融ビッグバンへ

2023年の岸田文雄首相の閣議決定には「2000兆円の家計金融資産を開放し、持続的成長に貢献する『資産運用立国』を実現する」と記されています。これは、今に始まったものではなく、実は1996年の考え方を継承しています。それでは30年前にさかのぼってみましょう。

フリー・フェア・グローバルな市場へ

1996年、橋本龍太郎首相は、2001年を目度として「日本版ビッグバンを実現するように」と指示を出しました。

「日本版ビッグバン」とは日本の国際金融市場がニューヨーク、ロンドン並みの国際金融市場になることを目指すものです。そのためには金融システムの改革が必要だったのです。以下は大蔵省からの発表です（一部、筆者が変更を加えています）。

「21世紀の高齢化社会において、我が国の経済が活力を保っていくためには、1200兆円（※2024年時点では約2000兆円）にものぼる個人金融資産が、より有利に運用される場が必要であり、これらの資金を次代を担う成長産業へ供給（株式や社債へ投資をするという供給）していくことが重要です。また、我が国として世界に相応の貢献を果たしていくためには、我が国から世界に円滑な資金供給（海外の株式・債券に日本人が投資をすること）をしていくことが必要です。

金融システム改革とは、このような観点から、**フリー**（市場原理が働く自由な市場）、**フェア**（透明で信頼できる市場）、**グローバル**（国際的で時代を先取りする市場）の3原則にのっとり、抜本的な金融市場の改革を進めていくものです。

これを利用者の側から見れば、たとえば、幅広いニーズに応える商品が登場し、銀行・証券などの取扱い業務が拡大することによって、貯蓄をより多様により容易に運用でき、使い勝手がよくなるものと考えられます（銀行預金に偏るのではなく運用をしていこうということ）」

この時から、**日本の個人金融資産は、〝銀行預金一辺倒〟から、株式・債券といった〝リスク資産（元本の保証がない資産）への投資も行なう〟という方向へ舵が切られた**のです。銀行の在り方を変えるとても大きな出来事でした。

護送船団方式の崩壊

かつて、日本の銀行は**護送船団方式**と呼ばれていました。船団が同じスピードで進むというのが護送船団方式です。銀行の護送船団とは、銀行間での競争はなく、金利も手数料も同じということです。また、銀行は午前9時から午後3時までという決まった時間帯で営業をしていました。

さらに、銀行ができるのは〝銀行ビジネスだけ〟で、証券や保険業務はできませんでした。こうした日本の金融関連の規制は、日本独自のもので、海外の金融機関の規制との整合性は重視していませんでした。フリー、フェア、グローバルではない、極論すれば**金融鎖国状態**だったのです。

金融ビッグバンにより、銀行（金融業界）は護送船団ではなくなりました。とはいえ完全な自由競争、つまり、銀行が証券業や保険業もできるとまではいきません。銀行が証券、信託、保険会社などの子会社をつくり、その子会社を通してさまざまな業務ができるようになったのです。

こうなると、顧客の奪い合いが始まります。競争力（資本力）が十分にある銀行、証券、保険が我先に顧客の獲得に向けて走り出します。大手の銀行は巨大な資本力を活かし、弱小の銀行や信託銀行と合体することで、提供できるサービスやエリアを拡大し、顧客を獲得しようとします。証券も保険も同様です。

こうして巨大な金融グループができ、海外の巨大金融グループとの競争状態となっていきました。

4 銀行数の推移

日本版ビッグバンの影響もあり、銀行事業に変化が見えました。

図10-4の点線部分は銀行総数の推移です。全般的に低下傾向にあり、特に1997年から2000年にかけて減少しています。

この理由は、後述するバブル崩壊に加えて、**アジア通貨危機**にもあります。1990年前半から1997年頃、東南アジアのタイやインドネシアなどの企業に他国の銀行の資金が過剰に流れ込んだのですが、これらの国の経済は思ったほど伸びませんでした。

そしてこれらの国々の債務返済が滞り、

図10-4　銀行数の推移

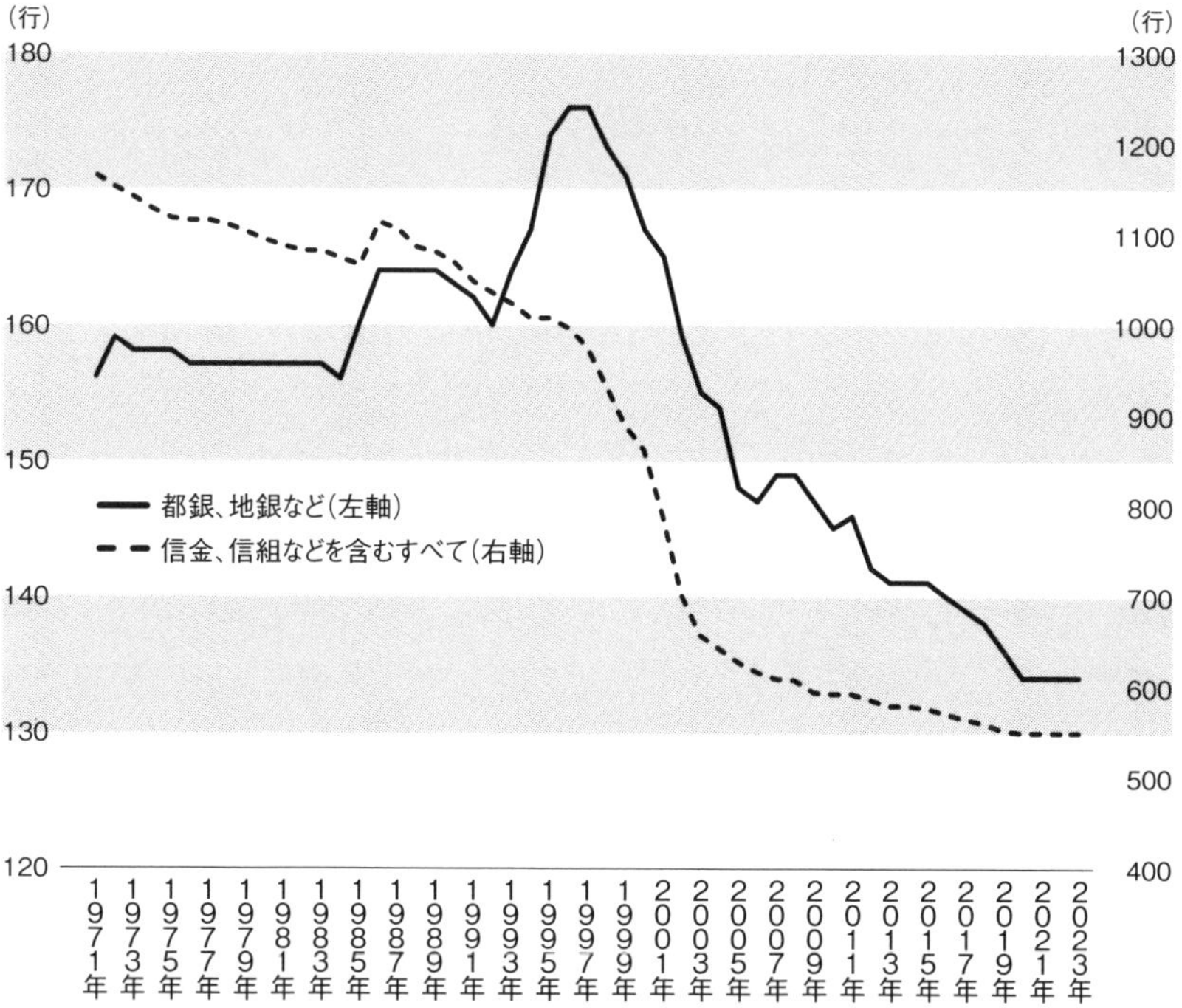

出所：預金保険機構「預金保険対象金融機関数の推移」より筆者作成

アジア通貨危機が起こったため、投資していた日本の銀行は打撃を受け、一気に金融機関の破綻が起きました。

１９９７年に北海道拓殖銀行、山一證券が破綻し、１９９８年には日本長期信用銀行が破綻したのです。国は一部の銀行を国有化し、健全性を保っている銀行からも、今後影響を与えかねない不良債権を買い取りました。

この時、「銀行は今のままで大丈夫か？」という議論が巻き起こり、銀行再編につながったのです。金融ビッグバンが予期せぬ状況で加速しました。

一方で都銀、地銀は１９９０年頃から１９９７年まで増加しています。これは外資系の銀行が日本で業務を開始したことが理由です。

そして、２０００年以降は外資系銀行の縮小や都銀、地銀の合従連衡《がっしょうれんこう》により数が減っていきました。

⑤ 銀行は変化している

銀行は口座保有者から「預金」という形で資金を借ります。その負債を元手に貸出しをしたり、運用を行ないます。

しかし、バブル崩壊から今に至るまで、企業には十分に資金力があり、同時に投資活動を抑える状況が続いています。企業が銀行から借入れをする必要がない状況です。そうすると、銀行は、貸出金からのリターンを得ることが難しくなっています。それゆえに銀行もビジネスの新たな在り方を考えているのです。

「銀行」の歴史をたどれば、そもそもは紀元前のメソポタミア文明の頃、お金の貸し借りが発生しました。12世紀頃にBank（銀行）ができ、単なる貸し借りから交易という限られた領域での新たなビジネスを行ないました。そしてそれが貿易になり、グローバル展開されるのです。このように銀行はその時々に合わせて業態を変化させてきました。そして今、新たな変化が起きています。

エンベデッドファイナンス

今、急速に伸びているのが「**エンベデッドファイナンス**」です。ソーシャルメディアやマーケティングに利用されてきたエンベデッドシステム（組み込みシステム）が、近時、ファイナンスの世界でも利用が始まっています。

具体例を見てみましょう。たとえば、オンラインマーケットプレイス（Amazonや楽天など）における発注・受取り・決済という非金融（発注・受取り）と金融（決済）をオンライン上で完結させるのが「エンベデッドファイナンス」です。

企業間であれば、企業が発注して、売り手が業者に依頼して配送し、企業が受取るという流れと同時に、金銭的な決済も行なうわけです。エンベデッドファイナンスでは、以前のように発注して、モノが届いてから、銀行に行き、送金手続きを行なうといった時間差は生じません。ＡＰＩエンベデッドファイナンス（ＡＰＩ：ソフトウェアやアプリを連携させる仕組み）は、企業と企業間での決済を可能にします。銀行がＰＣ上に存在して、決済を完結させるのです。

個人がアプリを通じて商品を買う場合で考えてみましょう。たとえば、ペットボトルの水を通販アプリ上で購入するとします。購入者はアプリ上にクレジットカードやデビットカード情報を入力し、支払いがオンライン上でできるようにします。配達業者は水を届けますが、その場で代金を受取ることはしません。商品の受取りが確認されると、アプリ上で行なわれた決済が、銀行預金口座とひもづいたクレジットカードやデビットカードで記録されます。

FinTech（フィンテック）

エンベデッドファイナンスは、フィンテックの世界で利用されています。フィンテックとは、金融（Financial）と技術（Technology）を合わせた造語です。

近年、イオン、楽天、ＫＤＤＩ、Ｚホールディングス（ソフトバンク）など、一見、金融とは関係のなかった企業が「エンベデッドファイナンス」の形で銀行、証券、電子決済、クレジットカード、生保・損保などの金融事業への参入を開始しています。

多くの企業がフィンテックに参入しているのですが、さまざまなアイデアを出す〝イノベーター〟と、イノベーターのアイデアを世に広める基盤を持つ〝プラットフォーマー〟と、それを支える金融機関、３者の存在が重要となります。

たとえば、イノベーターはアプリを開発します。金融でも利用されるロボアドバイザーや、§３でお話しした暗号資産もイノベーターが開発したものです。

できあがったこれらのアプリや技術を世に広めるには、インターネットでつながった通信機能が不可欠です。この部分を担うのがプラットフォーマーです。一例を挙げれば、ＮＴＴ、ＫＤＤＩ、ソフトバンクや楽天がそれにあたります。

金融面（融資や投資）と情報面（融資・投資の機会の情報）でイノベーターやプラットフォーマーを支えるのが、銀行など金融機関になります。

銀行は資金繰りのための融資を行なうだけでなく、イノベーターにビジネス機会を与えるための情報面でも重要な役割を果たします。新興企業などへビジネス機会を提供することでは、情報面が役割を果たします。日本だけでなく、東南アジアやアフリカなど、海外でも新規のビジネス機会があります。銀行によるこういった国・地域や企業の情報によるビジネス機会の創造と、金融面での支えがあって、経済は活性化していくのです。

今後、銀行では現物のお金のやりとりは不要となり、お客様との対面のやりとりはなくなるとも言われています。あるシンガポールの銀行は「もはや銀行ビジネスはサプライチェーンビジネスでありシステムビジネスだ」と言っています。

銀行は「銀行が間接金融を行なう」という考え方にとどまらず、デジタル技術を活用して金融の機会を増やすための情報提供を行なったり、イノベーター同士、イノベーターとプラットフォーマーとの関係構築によりいっそう積極的になっているのです。

「複数の銀行が合体」するということ

銀行の合体は「買収」という力関係に差がある場合と、「統合」という力関係に差がない場合があります。三菱とUFJもどちらの名前を先にするのかで悩みもあったと思います。いっそのこと、名称を改めるほうが銀行員同士も仕事がしやすいかもしれません。みずほ銀行やりそな銀行の名称にはそういう意図が感じられます。

おぼえてほしい §10のキーワード

間接金融

銀行などの金融機関が、資金の借り手と貸し手を間接的につなげること。銀行は預金者の元本を守り、金利を支払うため、借り手の信用力を見定める必要がある。

直接金融

貸し手と借り手の間に金融機関の介在がなく、直接のやりとりを行なうこと。貸し手が借り手からの返済能力に対するリスクを自ら負うことでもあり、貸し手自身が借り手の信用力を見定める必要がある。

金融機関の護送船団方式

船の護送船団のように金融機関を保護すること。船団のスピードを一定にするために、経営力が低い金融機関の財務状況に合わせ、金融機関のサービスなどを規制することを言う。

銀行の業務

預金業務、貸出業務、為替業務が３大業務である。今後は、金融の機会を増やすため、情報提供や、イノベーターやプラットフォーマーの関係構築の役割が期待される。

SECTION 11

金利

1999年 ゼロ金利政策

金利がゼロって
どういうこと?

日本銀行、ゼロ金利政策始動

再び経済活性化となるか

〇×新聞

発行〇×新聞社

1999年 平成11年
2月16日

日本銀行総裁「ゼロでも良い」

日本銀行の速水優総裁は2月16日、金利水準について「短期金利はゼロでも良いのではないか」と発言。これに反応し、3月に入ってから、金融機関同士の資金のやりとりに使われる短期金融市場（コール市場）の実質的ゼロ金利化が進む。

2月17日の金利は0・08%となり、手数料を差し引くと実質的にゼロになるため、取引を見合わせる動きも出てきた。

日本銀行のゼロ金利政策で各金融機関は日本銀行に預け入れるメリットがなくなり、お金が民間企業への低金利融資に回されることが期待される。しかし、今のところ多くは普通預金に流れており、積極的に投資に使われているとは言えないようだ。

さらに、各民間銀行は定期預金や普通預金の金利も引き下げ始めた。

「ゼロ金利はいつまで続くのか」という質問に、日本銀行は「景気回復の見込みがついたら」と答え、ゼロ金利政策のしばらくの延長をうかがわせる。

ローン金利低下 住宅市場が好調

住宅ローン金利を下げる銀行も多く、住宅市場は好調。新たに住宅ローン減税が導入されたことや、首都圏のマンション価格が1990年の2/3水準にまで下がっていることが追い風となっている。

一方、不況下でリストラや減収への警戒が広がり、ローンを支払えなくなった時に一時的に肩代わりするローン保険への問い合わせも増加している。

その後、一度はゼロ金利政策を解除したものの、景気が完全に上向くことはなく、2013年にはマイナス金利を導入することになります。マイナス金利は2024年3月まで続きました。

Q1 金利とは、どのように生じるのでしょうか？

Q2 ゼロ金利は、どのような効果が期待された施策だったのか、考えてみましょう。

1 金利の歴史は「出挙《すいこ》」から始まった

「金利」とは、お金を貸すことで、貸し手がその貸出しの手間賃として、貸出したお金の**元本以外に追加で得るお金のことです。**1万円を1年貸せば1年後に1万円が戻りますが、それに加えて1年分の金利として元本1万円の数％を得ます。これが金利です。

古代には、〝出挙〟という制度がありました。

出挙には公的な公出挙《くすいこ》と私的な私出挙《しすいこ》があったそうです。奈良時代には租《そ》と呼ばれることもありました。

出挙とは貸付の際の利子、今で言う「貸付金利」です。

時代のことば **1999年「2000年問題」**

1999年末、翌年が2000年になるため、コンピュータの設定などこれまで「19〇〇」の数値で取引していたものが「2000」に変更されることで、電子機器がエラーを起こしてストップするのではないか、と言われました。IT会社、銀行、証券、公務員など多くの方が1999年12月31日から2000年1月1日の一晩、会社で正月返上ですごしました。結果的に何も起きなかったようで、皆、会社を出て初詣に向かったようです！

当時は日本銀行券や、10円玉、１００円玉といった貨幣はありませんでした。ほとんどの人は稲作をしていたと考えられ、稲がお金の代わりだったのです。肉や魚を買ったり、家を建てたりする時の建築費を稲で払っていたのでしょう。

しかし、稲が収穫できるのは秋だけです。秋に年間の給料が一気に手に入るようなものです。

豊作であれば良いのですが、天候不良で不作だったら稲が十分ではありません。また、家を建てたりしたら、保有している稲だけでは払えないかもしれません。秋の稲の収穫が少ないと、翌年の春先には枯渇してしまうこともありえます。稲を全部支払いに使ってしまったら、翌年の稲作のために植える分もなくなってしまいます。つまり困窮者になってしまいます。

その困窮者に、稲を貸付ける制度が「出挙」だったのです。

稲を借りて、生活が成り立ち、さらに水稲種子《すいとうしゅし》（稲のタネ）を稲で〝買って〟耕作ができるようになることで、来年の収入を得るための下準備ができます。お金を借りて生活を支えるようなものです。

さて、この出挙は、稲の貸付にあたってしっかりと貸付利子

図11-1　出挙と利子①

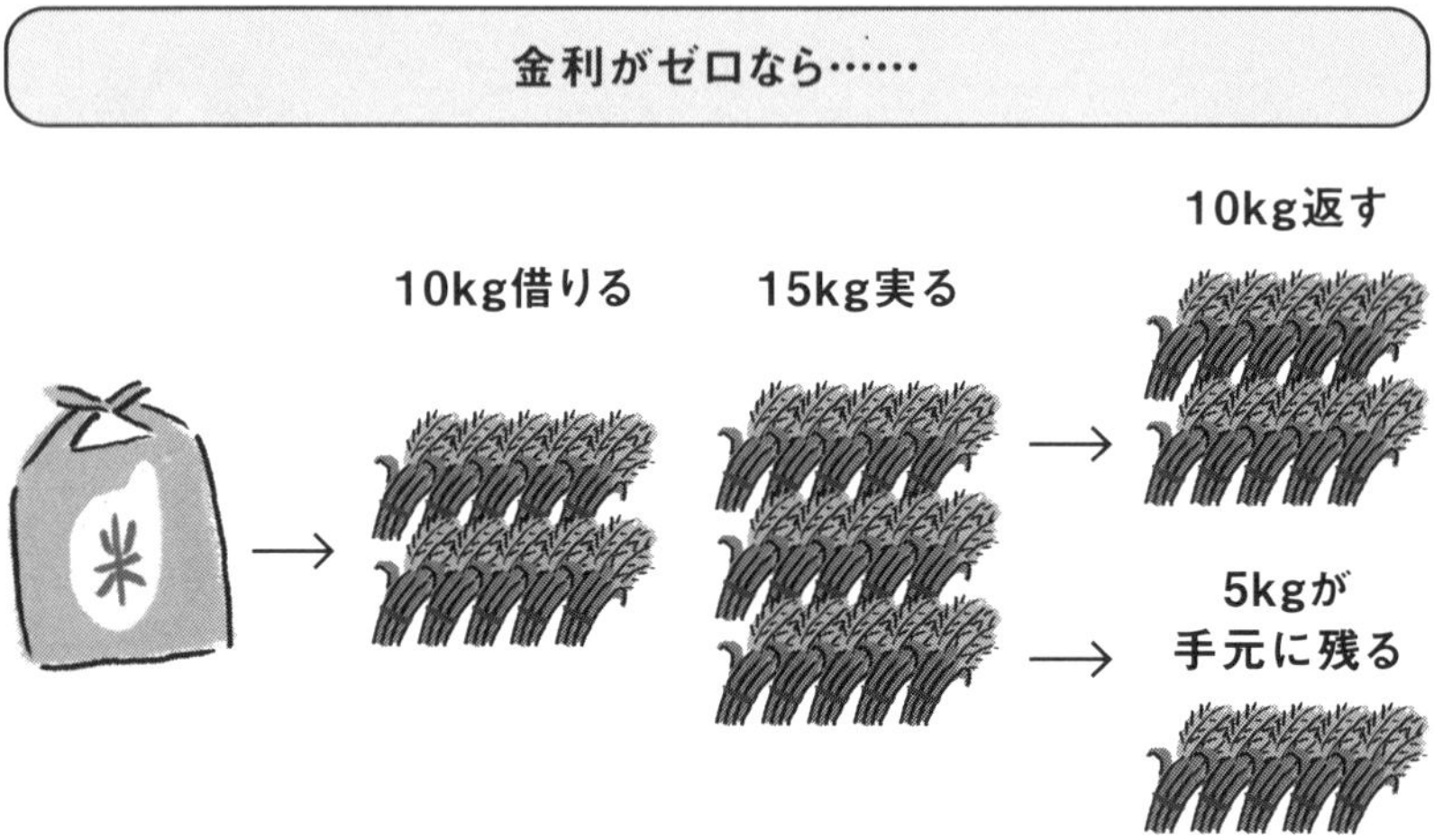

を取っていました。公出挙の場合は福祉的な考えがあり、利子は低めの5割でした。10キロの稲を借りたら、15キロを返すということです。私出挙は高めの10割だったと言われています。

古代にもすでに「利子」があり、状況（誰から借りるか）によって利子率が変わるということが行なわれていたのです。

今の日本の利子、銀行の金利はどうでしょうか？　その時々の状況で金利は変動しています。

金利は出挙と同様、原資にプラスされるものです。金利がプラスなので貸す側はメリットがあるのです。

ところが、１９９９年に当時の日本銀行の速水《はやみ》優《まさる》総裁が「短期金利はゼロでも良いのではないか」と発言した（と言われています）ことから、世界中で「日銀のゼロ金利政策」と呼ばれるようになりました。

〝金利がゼロ〟とはどういうことでしょうか？

図11-1　出挙と利子②

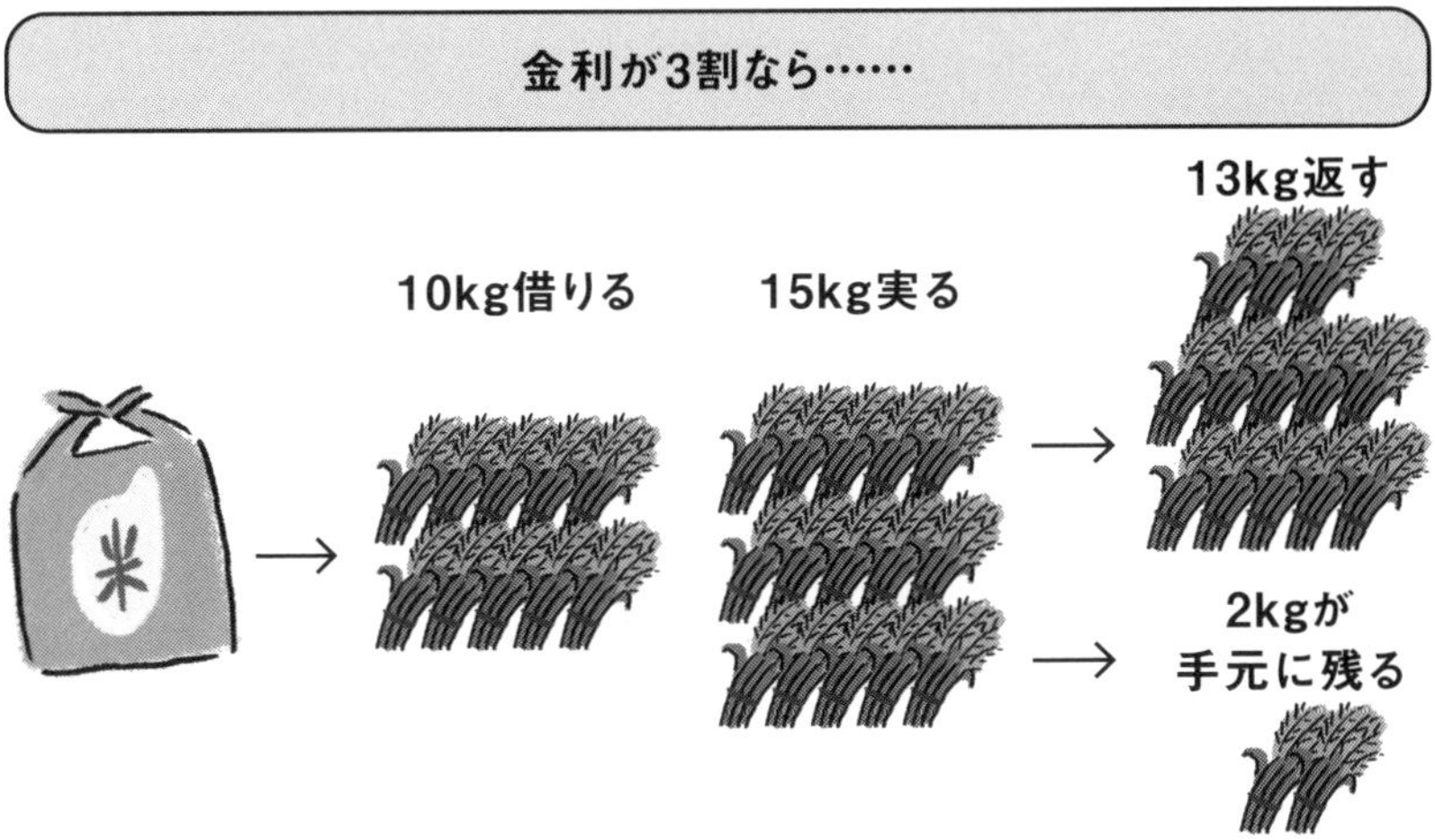

② 金利ゼロの世界とは？

金利がゼロの世界とはどういうことでしょうか？　銀行に預金を預けておいてもまったく増えません。では、借りる側から見ればどうでしょう？　金利がゼロだったら、借りた分だけそのまま返せば良いということです。

たとえば、稲を10キロ借りて、15キロの実がなれば10キロ返すだけで良いということですから、借り手は5キロをまるまる自分のものにできます。もし借りなければ、せっかく5キロ分を手に入れるチャンスがあったのに逃してしまうことになります。こう考えると、借り手にはメリットがありますから、理屈の上では貸出しは増えそうです。

しかし、日本では1999年2月ゼロ金利となっても、理屈通りには進みませんでした。

デフレへの警戒

「金融経済月報」という日本銀行の月ごとの経済状況の報告があります。1999年1月号の基本的な見解の内容をまとめると、「不景気で、人々が物を買うのに慎重になっている」ということでした。

一見すれば、購買量が少なくなると物価が下がるので良さそうに感じてしまいますが、物価が下がると企業の収益が下がり、従業員の給与が下がり、企業の投資余力も、政府の財政力も下がってしまいます。鎖国状態であればなんとかなるかもしれませんが、今はグローバル化の時代ですから、日本経済が海外に対する競争力を失うことになりますので、物価は安定的に上がることが望ましいのです。

日本銀行はデフレに対する警戒感ゆえに、デフレ状況からインフレ状況に反転させるために動き出しました。それが、「ゼロ金利でお金を貸出して、経済を活性化させよう」というものだったのです。

デフレから脱却するためのゼロ金利政策

日本銀行の発表は、**「無担保コールレート（オーバーナイト物）を、できるだけ低めに推移するように促す」**というものでした。わかりやすく言えば「銀行同士がお金をやりとりしやすいように銀行間の金利をほとんどゼロだとする」ということです。

銀行はたくさんのお金を持っているように思えるのですが、意外にもすぐに使える現金は銀行の店舗の手元にはありません。

民間銀行は、ほとんどの現金を自分たちの日本銀行の口座（日本銀行にある民間銀行の当座預金口座）に移しているのです。

民間銀行同士では、お金が活発に動きます。たとえば、A社がB社に商品を1億円で売ったとしましょう。B社の銀行口座から1億円が引き出され、A社の銀行口座に1億円が入ります。この時、A社とB社が違う銀行で口座を持っていることもありえます。この場合、A社が口座を持つα銀行とB社が口座を持つβ銀行のやりとりになります。企業同士のやりとりでは、億単位の送金をすることは珍しくはありません。

こうして、毎日ものすごい件数と金額の出入金が銀行間で行なわれます。

このやりとりが終わったら、毎晩、銀行は「法定準備預金」という〝日本銀行に預けなければいけない金額〟を預けます。ここで日本銀行は「銀行の銀行」のような役割を果たします。

しかし、日本銀行に預ける時に十分にお金を持っている銀行と、足りない銀行が出てきます。**この時「足りない銀行が足りている銀行から借りる」という形をとります。この際に支払う金利が、無担保コールレート（オーバーナイト物）です。**

この金利が低いと、銀行は毎晩日本銀行に預ける時に、他の銀行から借りた分に金利をプラスして支払うリスクが小さくなるので、銀行が企業や個人に貸出す金利が低くなります。日本銀行は金利を低くして、しかも単純に低くするだけではなく「ゼロにまで低くする」というデフレ脱却のための奇策に出たのです。

これで企業が、そして個人が、借入を増やすという流れが起きたはずです。銀行にとっては貸出しが増えるはずでした。

ゼロ金利になったのに貸出しが増えない銀行

さて、実際にゼロ金利政策になってから銀行の貸出しが増えたのかどうかを見てみましょう（図11－2）。

1990年から1999年までに銀行借入（フロー。図の黒線）は減っています。1999年にゼロ金利政策となっても、増えるどころか減ってしまったのです。

一方で増えているのが、企業の保有金です（ここでは資金循環統計の非金融法人企業の資金余剰を企業の保有金としています）。

本来であれば企業は成長のため、投資をしなければなりません。投資するために資金不足になり、銀行から積極的にお金を借りるはずですが、1998年頃から不足ではなくなり、1999年には余剰になってしまいました。

図11-2　企業の借入の必要性（対名目GDP比）

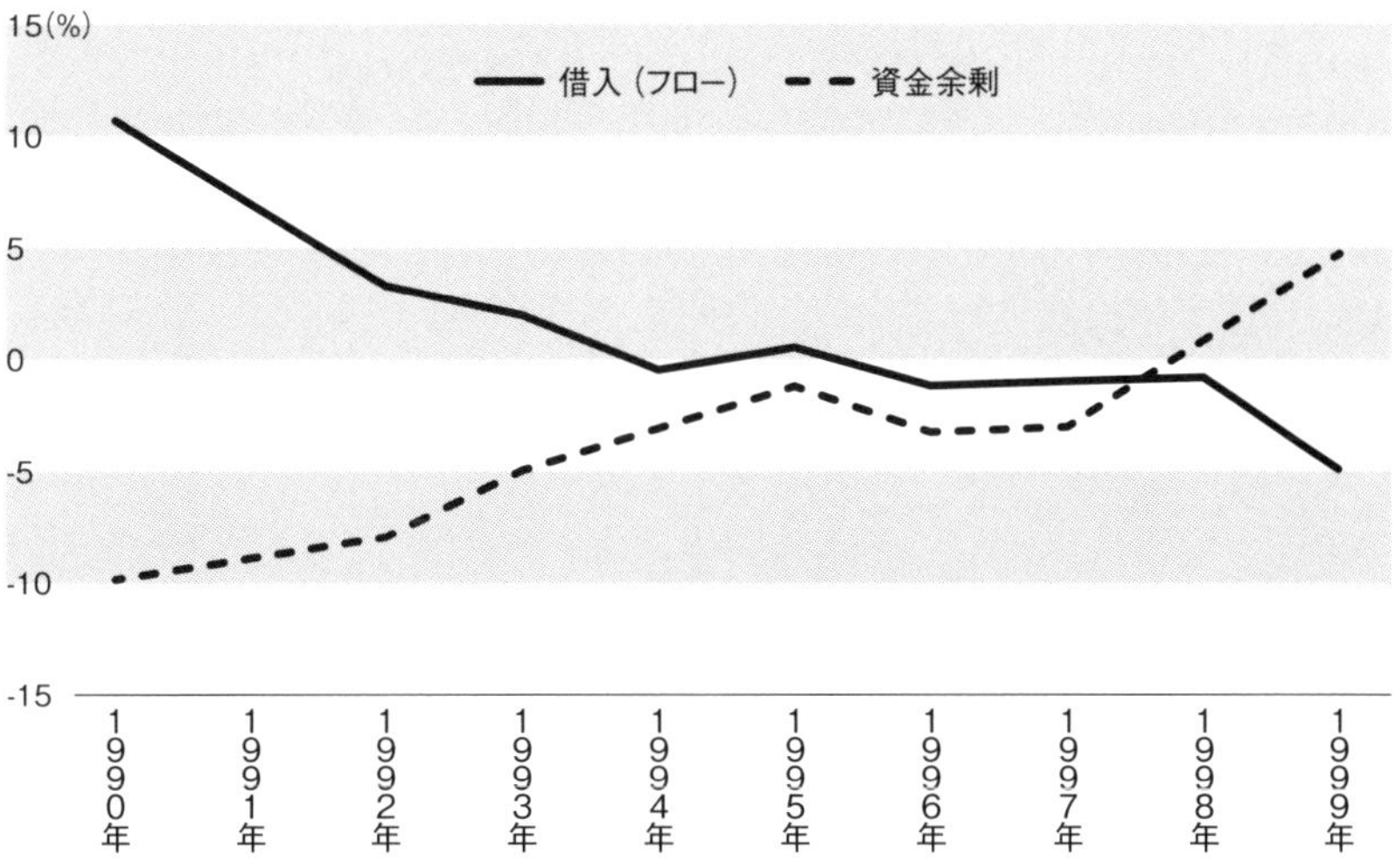

出所：日本銀行「資金循環統計」をもとに筆者作成

損失回避バイアスが強まる

なぜ企業はお金を借りなくなったのでしょうか？　単純に言えば企業はお金を保有しているから借りる必要がなかったのです。これを「**内部留保**」と言います。

1980年代後半、企業の収益が上昇しました。その時は経済成長していたので、企業が投資（設備投資など）をすれば、企業は大きくなり、収入も増えました。

しかし、バブルが崩壊することによって企業は損失を受けました。一度でも大きな損を被ると人間は極端な守りに入ります。損失回避のために必要以上に守ることを行動経済学では「損失回避バイアス」と言い、そのバイアスにはまってしまったのだと考えられます。

この頃、人々のトラウマとなるような印象的な〝事件〟がありました。

③ 金融機関の破綻とゼロ金利政策

「社員は悪くありません。悪いのは経営陣です」

1997年秋、山一證券という大手の証券会社が破綻しました。テレビで野沢社長が涙ながらに会見しているのを、筆者は当時の勤務先の銀行で見ていました。

そして同じ頃、三洋証券や北海道拓殖銀行が破綻し、1年後には日本長期信用銀行や日

内部留保とは、企業が得た利益（純利益）から株主への支払い（配当）後に、企業に残ったお金です。

本債券信用銀行が破綻しました。

破綻したままでは他の金融機関に破綻の連鎖が広がります。それを避けるため、政府は破綻した金融機関への公的資金の投入に踏み切ったのです。

金融機関に対して「預金の全額保護」「一時的な一部銀行の国有化」、さらに安定した金融機関にも影響が及ばないよう、ほぼ価値がなくなった貸出債権（不良債権と言います）の買い取りなどを行ないました。

政府が財政政策としてこのような対応をすると同時に、金融政策を取り持つ日本銀行がゼロ金利政策を行なったことで、銀行にはゆとりが生まれるはずでした。しかし、金融機関の破綻というトラウマから、銀行が持ち直しても、企業や一般の人々がお金を借りてまで投資しようという風潮は、すでになくなってしまっていたのです。

④ 預金者を守るために金融機関をしっかり整えるための規制

さて、こうした金融機関の倒産を防ぐために、世界では先んじて動きがありました。

１９８８年、バーゼル合意（バーゼルⅠ）という、国際的に活動する銀行を管理監督し、それらを破綻させないための合意ができました。１９７０年頃の石油危機や１９８０年代のラテンアメリカ債務危機（メキシコなどのラテンアメリカで債務返済ができなくなった）

公的資金とは

主に税金によって　まかなわれる資金が、公的資金です。政府が重大な事象（巨大銀行が破綻すると日本中に問題が起きるといった事象）をコントロールするために、その金融政策を国会で議論し決定して投入します。

の経験が、こうした制度がつくられる契機となりました。ただ残念ながら、この制度では山一證券や日本長期信用銀行のような不良債権処理の対応はできなかったようです。

ここでは、銀行を始めとする金融機関の預金者保護のために、そして金融機関の保護のためにどのような規制があるのかを記しておきます。

バーゼルⅠ（1988年）

バーゼル規制は1980年代後半にできました。金融機関が大きくなり、かつグローバル化しているために、どこかの国で銀行などの金融機関が破綻すれば、世界的に連鎖して影響を受けてしまいます。

バーゼルⅠは、1992年度から本格的に適用されました（日本銀行による記載）。金融機関に破綻が起きないように、特にグローバルな銀行での破綻を未然に防ぐために「バーゼル規制」という銀行の自己資本比率規制ができたのです。自己資本とは銀行などの金融機関の株主資本など、銀行自身が持っているお金（資本）です。

自己資本比率が高いということは、もし銀行が預金者から預かったお金で投資に失敗しても、銀行自身のお金があるので倒産しにくいことを意味します。

銀行は預金者からお金を借り、それをもとに融資をしたり、債券・株式などに投資をします。この総額を〝総資産額〟と言います。総資産額に対して自己資本を8％以上（国際統一基準）持つことが国際業務を行なう銀行に求められます。

なお、国際業務を行なわないなど、一定の銀行では4％の自己資本比率があれば良いことになっています。

バーゼルⅡ（2004年）

バーゼルⅠをより精緻化したのがバーゼルⅡです。自己資本比率という計算結果の安定性や正確性を保つために、分母や分子となる数値をより適確に把握することが目的となっています。

バーゼルⅢ（2017年）

リーマンショック（2008年）では、サブプライムローンというこれまでになかった新商品が問題となりました（§8参照）。バーゼルⅢでは銀行だけでなく、これらを開発・利用する金融機関に対しても規制が強化されました。

バーゼルⅢの中身は、経済の国際化、金融市場の国際化の影響に応じた自己資本比率規制です。どこかで何かが起きてしまった時に世界へとあっという間に伝わってしまうので、それをマクロ（全体）レベルで、プルーデンス（慎重に、我慢強く対応する）でコントロールしようとするものです。

バーゼルⅠはすでに存在する数値を把握する、たとえるなら企業における財務諸表の結果を見るようなものでした。バーゼルⅢは、結果を見るだけではなく、悪くなるような結果を起こさないための国際的な規制だと言えます。

なお、バーゼルⅢは２０２８年に完全実施される見込みです。

2013年には、アメリカの中央銀行のバーナンキ総裁がテーパリング（過剰流動性を抑える措置）を実施したとたん、国債利回りが急騰（国債が売られる）し、金融不安が起きました。中央銀行総裁の発言は市場を極端に動かすことがあるのです。
日本でも、中央銀行である日本銀行総裁には、金融不安が起きないようにする手腕が問われます。

おぼえてほしい §11のキーワード

金利

お金の借り手（預金は銀行が借り手となる）が貸し手に対して支払う元本に上乗せするお金のこと。

公定歩合と無担保コールレート

日本銀行が民間銀行に貸付を行なう際に適用する金利を公定歩合と呼んでいた（§13参照）。1994年に公定歩合は終了し、現在は金融市場で決まる金利（無担保コールレート（オーバーナイト物））が、日本銀行の操作目標となっている。

バーゼル規制

国際的な銀行など金融機関のシステム健全性の強化や、銀行間の競争上で不平等がないようにするために策定されたルール。BIS規制とも呼ばれる。

SECTION 12

有効求人倍率、完全失業率

1993年 就職氷河期

景気が悪い時期に卒業すると
就職できないなんて！

○× 新聞

就職内定率 過去最低を更新

若者の就職難に悲鳴

○×新聞

発行○×新聞社

1993年 平成5年
10月1日

企業が新入社員を採用しない

モミジが赤く色づく秋、各企業の内定が出揃い始める。だが1993年の就職活動では内定が取り消される、あるいは企業側が内定活動を停止するという状況に陥った。

1990年のバブル経済崩壊の後、企業経営が苦境に陥っていた中、せめて新入社員の採用だけは続ける努力をしていたのだが、それも耐え切れないほどの状況に陥ったのだと言えるだろう。

高校や大学を卒業し、社会人として一歩を踏み出そうとしている学生に冷や水を浴びせるものだと批判が広がった。

逃げ場としての進学？

大学によると、文系・理系にかかわらず大学院生の数が増えたと言う。学業により深く専念するということではなく、内定が得られない学生が、そのままでは失業者になりかねないため、逃げ場として大学院入学を選んだとも言われている。学校側も就職支援活動を活発化したが、状況は好転せず、バブル期の企業側が新卒者を競い合いながら奪い合う売り手市場から、急速に買い手市場に変化したと言えるだろう。

新卒一括採用という独特な流儀

新卒一括採用の現実では、翌年の採用時に、すでに卒業した既卒人材の採用枠は用意されなかった。この状況が続けば、多くの新卒学生が職を失い続けることになる。

地球は1万年前まで氷河期でした。急激な状況の変化の中、多くの生物の命が失われました。経済の氷河期で犠牲になったのは若く元気な新卒世代でした。

Q1 有効求人倍率とは、どういう意味でしょうか？

Q2 就職氷河期世代が受けた影響が、今でも続くのはどうしてでしょうか？

1 氷点下の就職

今からおよそ2万5000年前から1万年前、地球の気温は今と比べて極めて低かったと言われています。

この氷河期時代は、マンモスやホラアナライオンなど、大きく元気のあった生物たちの命が奪われたのです。この氷河期は一度だけではなく、歴史上何度も起きています。

さて、経済にも氷河期はあります。経済力というのは、地球の気温の変動と同様に、大きく伸びたり、縮小したりします。**成長も縮小もどちらもそれほど長続きはしません。**この成長・縮小を定期的に繰り返す流れから逸脱してしまい、縮小状態が続くと氷河期と感じるような状態になります。

時代のことば **1993年「Jリーグ誕生」**

1993年5月15日、Jリーグが開幕し、サッカー人気が高まりました。最初は10チームだけでした。これまでプロ野球チームの数は限られており、チームがある地域も限られていたのですが、Jリーグはプロ野球が行なわれない地域にも進出し人気が高まりました。今では、J1に20チーム、J2に20チーム、J3に20チームと総数60チームになっています。

就職氷河期とは、1993年頃から起きた就業したくても就業先が見つからないという状況です。1993年当時は、特に高校や大学の卒業生が就職しようにも企業側が募集をしていないという点が時に問題視されました。１９９０年にバブル経済が崩壊し、企業の景気が一気に悪くなり、どの会社も新しい人を採用する余裕がなかったのです。

大学4年生になっても就職先が決まらずに、このまま卒業してしまうと「無職」になってしまうため、無理やり留年するとか、海外留学するとか、大学院に進むという学生が現れたりしました。就職先が見つからない高校生、大学生といった若者にとっては、つらい時期でした。

求職と求人

「職を希望する人」の数を**有効求職者数**と言います。ハローワークに行って職探しをすると、新規求職として登録されます。その月の新規求職者と、すでに登録されている求職者を合わせた数値が有効求職者数になります。

求人とは企業側がハローワークに「働く人を求める」ということです。ハローワークでカウントされた求人数を、**有効求人数**と言います。

求職者と求人、どちらもハローワークが仲介することになります。

有効求人倍率とは「有効求人倍率＝有効求人数÷有効求職者数」で表わされます（ただ

し、大都市圏などでは民間の職業紹介事業者を利用することも多いようですから、実際の数字とは多少の差があります。ここでは、公的なデータで状況を見ていきます）。

求職者と求人の推移

有効求職者数と有効求人数の変遷を見てみましょう（図12－1）。労働者が働く場を求めるのが黒線で、企業が働き手を求めるのが点線です。黒線が点線より上にあれば求職者が求人より多いことを表わします。

この通り、年によってかなり数値が動いています。注目すべきは1993年あたりから2005年頃です。求職者は増えているのに求人が増えていません。就職氷河期の様子が見て取れます。

図12-1　求職者と求人の数

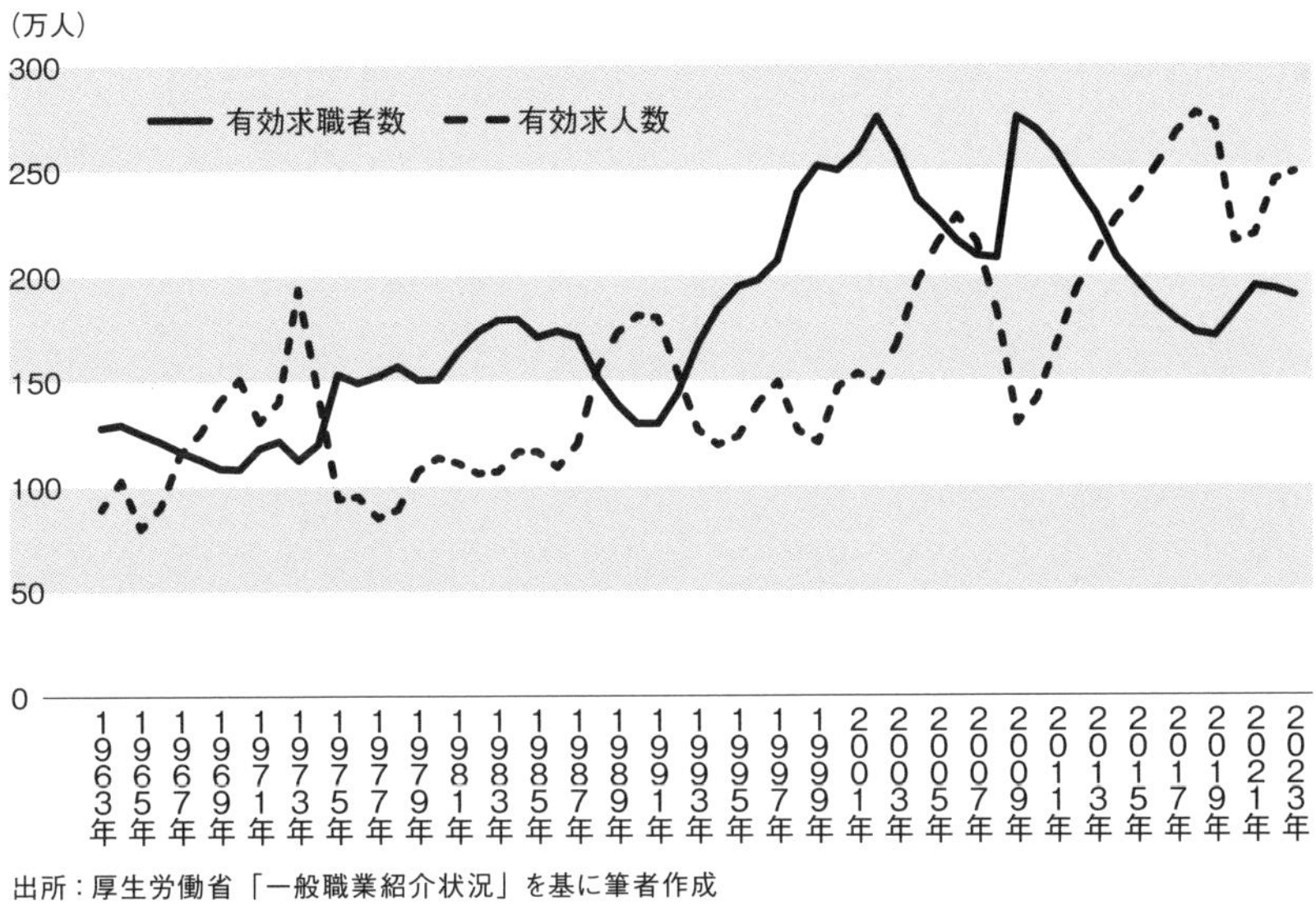

出所：厚生労働省「一般職業紹介状況」を基に筆者作成

有効求人倍率は経済に影響している？

求人数が求職者数より多ければ、有効求人倍率は1より大きくなります。これは景気が良いと言えることが多いです。

逆に求人は少なく求職が多ければ1より小さくなり、景気が悪いことが多いです。景気を示すGDPと有効求人倍率の動きを見てみましょう（図12－2）。

GDPの伸び率が高ければ有効求人倍率も大きくなり、GDPが低ければ有効求人倍率も小さくなるのが一般的です。

たとえば、1993年の就職氷河期の有効求人倍率が1を下回っている時には、GDPも低くなっています。GDPが伸びないと就職が難しいのは、経済的にはあたりまえのように思えてしまいますが、働くことを希望する人にとっては迷惑な話です。

2 有効求人倍率は高まるのにGDPが伸びないのはなぜ？

有効求人倍率が増えているということは働き手が足りなくなっているということを示します。働き手が足りないというのは、過去の状況にあてはめて考えると、民間企業を始めとするさまざまな産業が拡大しているということです。1970年代のオイルショック後や1980年代後半のバブル期は有効求人倍率が増加するとともにGDPも伸びました。

しかし、2011年頃から2018年頃にかけては、少し不思議な動きがあります。有効求人倍率が増えているにもかかわらず、GDPに大きな変化が見られません。

人手が足りない業種

2011年から2018年にかけて人手が足りず求人が多かったのは、「運輸業・郵便業」「宿泊業・飲食サービス業」「医療・福祉」でした（内閣府調べ）。すべて、2024年時点でも人手は足りていませんが、当時は顕著でした。

宅配事業が増えたこと、観光立国として海外からの旅行者が増えたこと、そして高齢者層が増えたことが理由と考えられます。

高度成長期（1960年代から1970年代）やバブルの頃（1980年代）は製造業や建設業で人手が足り

図12-2　有効求人倍率とGDP

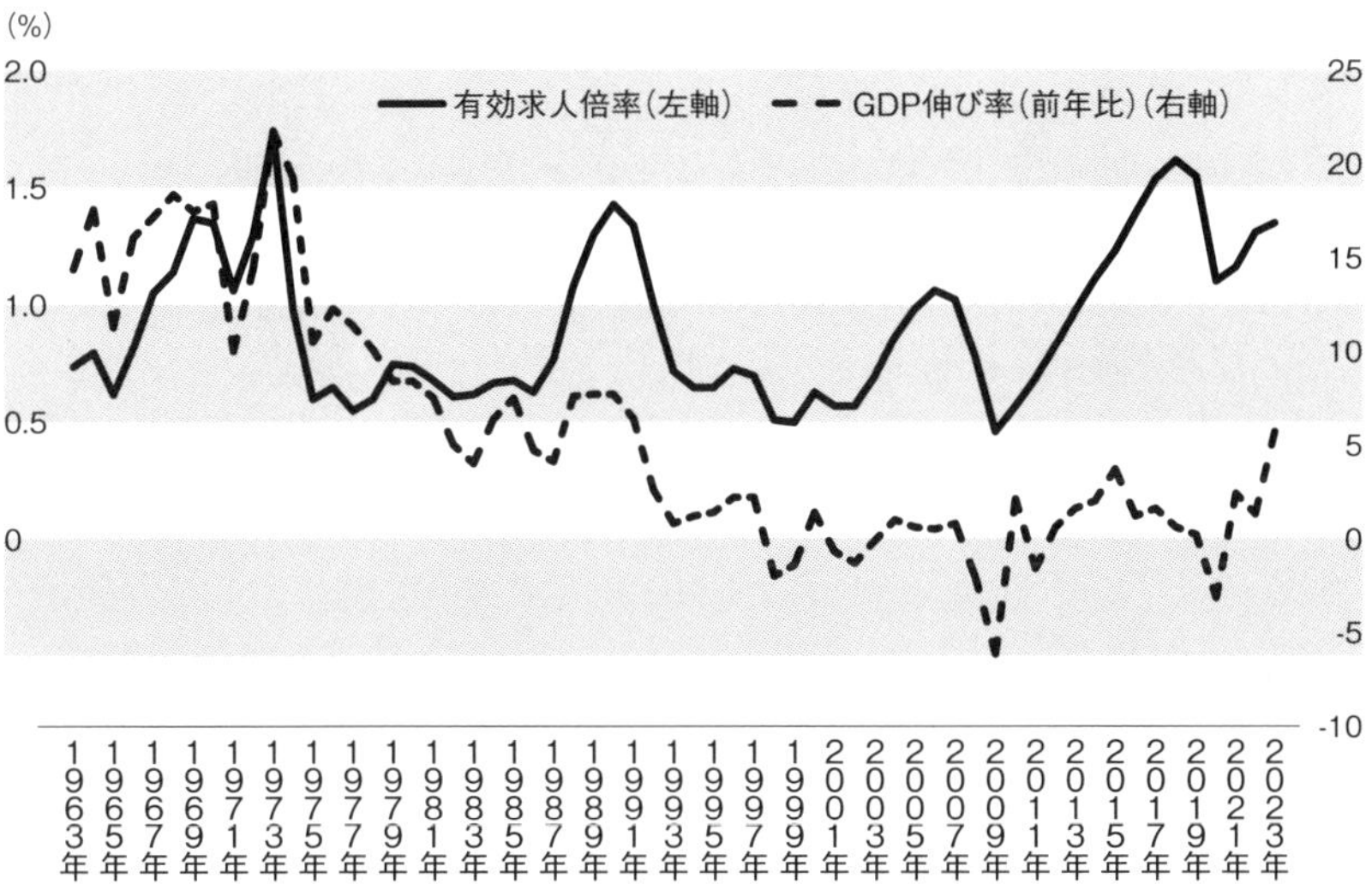

出所：IMF、厚生労働省の資料をもとに筆者作成

なかったので、同じ「人手不足」でも状況が異なっています。

伸びないGDPの理由

GDPは消費と投資と政府支出と貿易収支で算出されます。中でももっとも影響があるのが消費です（§5参照）。人々が十分な給与所得を得て消費を増やすのであれば、自動的にGDPは上昇します。

しかし、そうはなっていません。そこには、3つの理由があると考えられます。

①人口減少と高齢化：特に新規高卒・大卒といった若年労働人口の減少。

②サービス業の所得：宅配便、郵便、レストランなど、従事者が多いサービス業で従業員の所得が十分に増えていない。

③非正規雇用者：女性・高齢者・外国人の労働者数は増えているが、正規雇用ではないことが多く、また、就業時間が短いこともあり十分な所得と消費につながっていない可能性がある。

これらの複雑な要因で、有効求人倍率とGDPの動きに関連が見えづらく、また、人件費と物価の安さから「安いニッポン」と揶揄されてしまうこともあります。今後は消費を増やすため、就業体制の変化が必要です。

③ 完全失業率とは？

完全失業率とは、職に就きたい、就業したいと考えていても、まったく仕事がない状況の人の比率です。就職活動をしているにもかかわらず職を得ることができない状態なのです。

働くことができる人口から、非労働力人口という学生・専業主婦・高齢者を除いた人口が**労働力人口**です（図12－3）。なお、ここには、「本当は正社員になりたいけれど、今はアルバイトで働いている」という人は含まれません。

この労働力人口のうち「働きたいけれど職を得ることができない」完全失業者が増えると、経済的に問題が出てき

図12-3　労働力人口

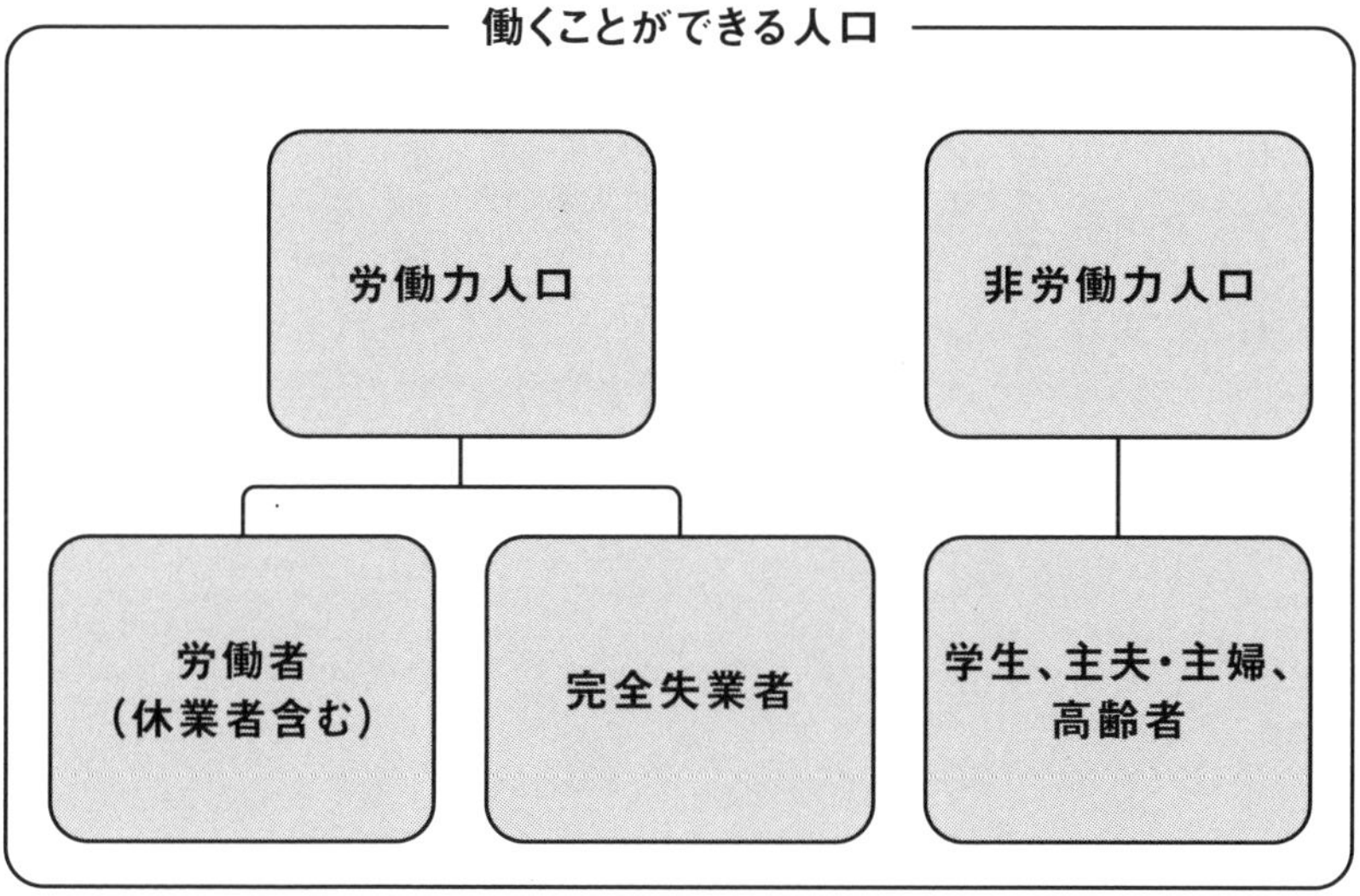

ます。また、**それ以上に問題なのは、人としてのやる気がそがれることです。働く場がないというのは精神的に疲弊してしまいます。**

2019年の「骨太の方針」

2019年、安倍政権のもとで、「骨太の方針」に就職氷河期世代の支援が記されました。就職氷河期が始まった1993年から26年経っています。もう氷河期は終わったのではないかというこの時期に発表されたのは、なぜでしょうか？

この背景には**日本特有の就職事情**があります。日本では残念ながら、学校卒業時に一時的であれ失業している場合、正社員として職に就くことが難しい状況にあります。企業側も、職に就く側も、新入社員として正規雇用される際には同程度の年齢であることを意識してしまいます。「新卒」で就職ができないと、その先もずっと正社員として仕事に就けないことが多いということです。

本人には何の落ち度もないのですが、就職氷河期に卒業してしまって、職に就けず完全失業状態になってしまうと、景気が回復した後であっても正社員として採用されることは難しかったのです。

こうした氷河期世代の影響から、総務省が発表した2018年の調査によると、アルバイトなどの非正規社員が370万人程度、完全失業者が220万人程度生まれたと言われています。

労働力が足りなくなっている高齢社会の日本にとっては、大変もったいない状況です。そこで政権は就職氷河期世代の正規雇用を打ち出したのです。

日本は人手不足

現在、日本は有効求人倍率が1を大きく超えた状況で、職を探す人よりも、働いてくれる人を探している企業の方が多い状態です。

「運輸業・郵便業」「宿泊業・飲食サービス業」「医療・福祉」の人手が足りないので、この分野を中心に、民間企業や公的機関で就職斡旋活動が進んでいます。

さらに、労働力人口の中からできるだけ完全失業者を減らすことを目的として、就職氷河期世代に対して正規雇用の機会などの支援を打ち出しています。正規職に就くということは給与が安定し消費が活発化するだけでなく、公的・私的年金や退職金の安定にもつながります。超高齢社会への対応としても、雇用を増加させることが急務なのです。

4 人口減少時代の働き手

完全失業率は働くことを希望していながら仕事を得ることができない状況だと説明して

きました。就職氷河期には残念ながら、景気の悪化で完全失業率が増えてしまいました。

また、私たちは人口増の日本を前提として、労働人口が増えることをあたりまえとしてきましたが、これからは結婚、出産の数も増えない状況になり、人口減少の時代に入ります。

人口が減るであろうことがわかっている状況において**労働者数を増やすには、完全失業率を可能な限り下げる必要があるのです。**

図12－4は完全失業率と総人口と労働力人口の推移を示しています。点線で表わす総人口は就職氷河期の頃でも増えていました。2008年時点で総人口は約1億2808万4000人ともっとも多い状況でした。その時には就職氷河期（1993年から2000年初頭）と同様に、リーマンショック（§8参照）の影響で完全失業率が高まっていることがわかります。

今後、総人口は減っていき、2056年には1億人程度、2070年には8000万人台になると想定されています。

図12－4の灰色の労働力人口は、数値が徐々に伸び、2020年に最大になっています。労働力人口が最大の状況下でさらに経済力を維持・向上するためには、1人あたりの労働生産性を高める（プラス要因の増加）と同時に、完全失業率を限りなく減らすこと（マイナス要因の減）が求められます。

時代の流れとともに、特にＩＴ化が進んでいる状況では、刻一刻と求められるビジネススキルも変動します。デジタルへの対応力を持つ人材の育成が人口減少を上回るようにすることが必要な時代になっています。

ポール・クルーグマンというノーベル経済学賞（2008年）の受賞者が興味深い発表をしており（2005年 Rethinking Japan）、その内容が翁邦雄《おきなくにお》氏の『金利と経済』（ダイヤモンド社）に記されています。

そこでは、日本の生産年齢人口（15歳以上65歳未満）1人あたりの生産量（労働者1人あたりどれだけ生産しているか）は1997年から2005年までは確かに減っていますが、それ以降はアメリカと大きくは変わらない伸びを示している、とされています。

そうであれば、就職氷河期で成長しなくなったGDPは氷河期が終わるとアメリカと同様に伸びたはずなのですが、現実はそうはなっていません。

この理由をクルーグマン氏は日本の人口動態、特に生産年齢人口の減少にあるのではないかと記しています。

図12-4　完全失業率と人口の推移

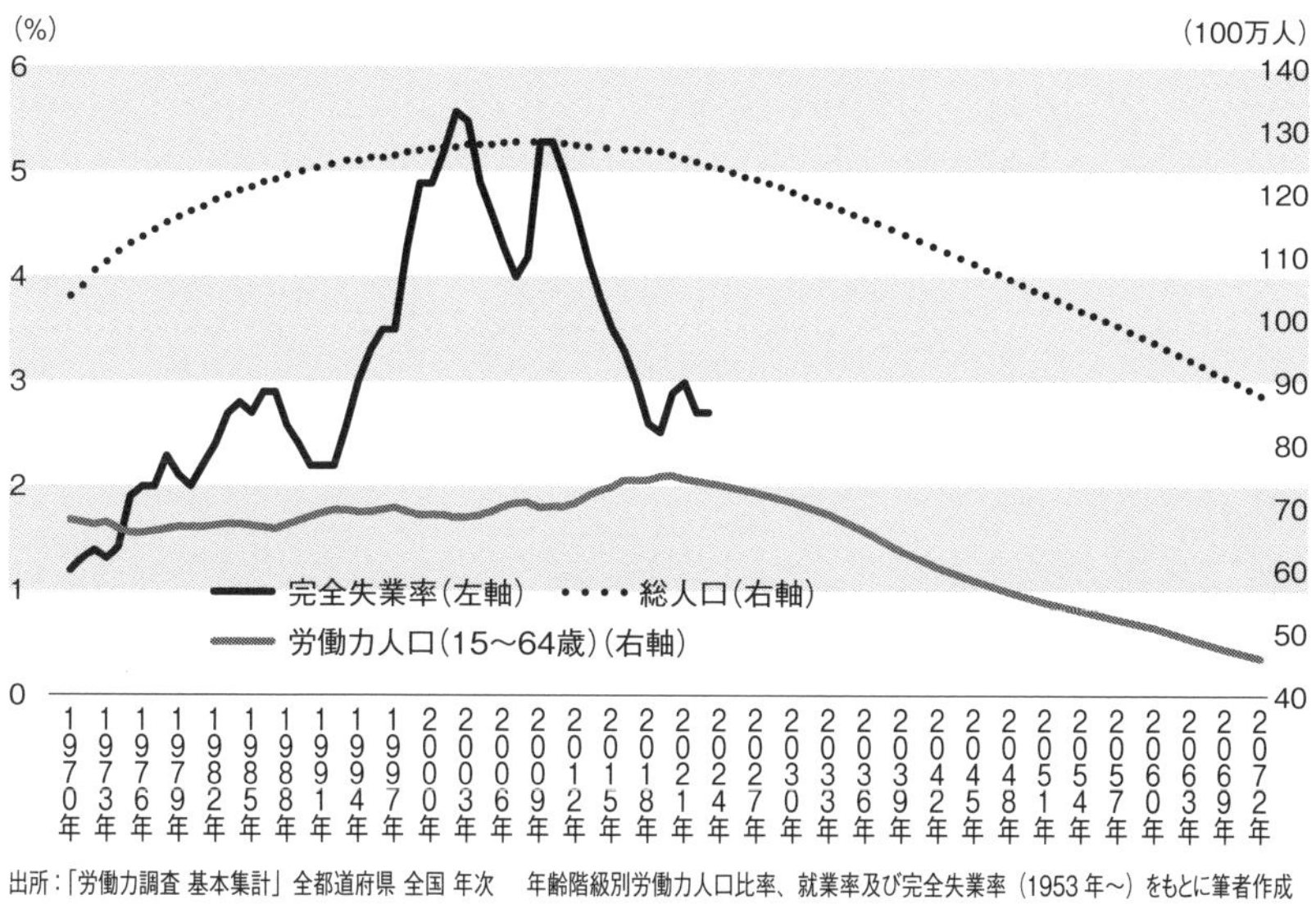

出所：「労働力調査 基本集計」全都道府県 全国 年次　年齢階級別労働力人口比率、就業率及び完全失業率（1953年〜）をもとに筆者作成

1人あたりの生産量が増えようとも、生産年齢人口の増加がなければ総合した伸びは抑えられてしまうのです。

現在、さまざまな企業で、定年の年齢が後ろ倒しされています。60歳から65歳への延長が主流となり、すでに70歳まで定年を伸ばした企業も現れています。大企業だけでなく、中には中堅、中小企業で80歳を定年に設定していることもあります。

今は、まだ人口が1億２０００万人を超えている状態ですが、これからは、人口減少の時代が訪れます。結局、人がいなければ生産年齢人口は増えません。人を増やす、つまり出生率を上げるためにはどうしたら良いか、政府の２０２３年の骨太の方針の「異次元の少子化対策」でも対策が議論されています。

金の卵

1960年前半からの高度経済成長期、中学を卒業した若者が地方から都市部へ集団就職しました。企業は貴重な若者を「金の卵」と名付けました。「これから金儲けをしてくれる!」という期待感ゆえの命名だったのかもしれません。

おぼえてほしい今日のキーワード

就職氷河期

1993年～2005年頃に新規学卒者の有効求人倍率が著しく下がった時期を指す。民間企業の不安定さに不安を持った若者の公務員への就職希望が増加した。当時の新卒者は、景気回復後も日本特有の就職事情により、正社員になれないままの人もおり、今でもこの問題は解消されていない。

有効求職者数

仕事を探しており、ハローワークに登録している人の数。就職しているが職を変えたい人は対象にはならない。

完全失業率

労働人口（15歳以上の労働意欲のある人）を分母として、完全失業者（職についておらず、求職活動をしている人）を分子とした比率である。2023年は2.6%程度。

生産年齢人口

15歳以上65歳未満の生産能力を持つ人口を生産年齢人口という。女性、高齢者、若者、外国人の労働者数を増やすことが課題である。長期的には人口増加のための少子化対策が始まっているほか、ロボットなどのＩＴ活用も推進されている。

SECTION 13

インフレからデフレへの急降下

1990年 バブル崩壊

バブル崩壊って

何が悪かったんですか？

○× 新聞

公定歩合、今日から4.25%

三重野総裁が発表

○×新聞

発行○×新聞社

1989年 平成元年
4月17日

0.5%の上昇 日本銀行即日実施

日本銀行は現行の年3・75%の公定歩合を引き上げ、年4・25%とすることを決定した。

大蔵省（現・財務省）からの反発があり調整はもつれたが、最終判断は一致した。

公定歩合（「基準貸付利率」）とは、政策金利と呼ばれ、これが上がると民間銀行が貸出す際の金利も上がることになる。

公定歩合が上がると民間銀行の金利も上がるため、銀行や、銀行から融資を受け株の購入や不動産を取得している企業や投資家は困惑の様子を見せている。

1985年から続く金融緩和により、不動産価格、株価は大幅な上昇を見せていた。

景気の転換期か 市民への影響は

未曽有の好景気に沸いた日本では、これまで海外からのブランド品の服や鞄が飛ぶように売れ、数百万円の高級時計や数千万円のスーパーカーが売れ続けていた。海外旅行は珍しくなくなり、飛行機もファーストクラスの利用者が増える一方。企業の海外進出も進み、10月にはニューヨークのロックフェラーセンタービルを日本企業が8億ドル超で買収するなど、景気に弾みがついていた。これまでは株式や土地といった資産の所有者が価格の上昇による恩恵を受けてきた状況で、今後、公定歩合が上がることによってデフレへと変わるのか、変化が注目される。

三重野康氏は12月17日に日本銀行総裁に就任したばかりだった。

西暦1989年の１月８日、元号が平成になりました。平成元年です。平成の意味は「国の内外そして天地とも平和が達成される」です。その時は、なごやかな年が始まるのだと誰しもが考えていたことでしょう……。

Q1 インフレ、デフレが生じる要因には何があるのでしょうか？

Q2 デフレが続くと、どのような影響が生じるでしょうか？

1 平成バブルの鬼平が鬼扱い

江戸時代の話です。長谷川平蔵という火付盗賊改方《ひつけとうぞくあらためかた》の役人がいました。彼は放火や犯罪を犯す不届きものを取り締まる役人で、不届きものを牢屋に送るのですが、そこで終わらずに彼らを改心させるという、人情味のある行ないもしたようです。

この実在の人物をモデルとした物語を、小説家の池波正太郎氏が『鬼平犯科帳《おにへいはんかちょう》』として出版したところ、悪党退治の爽快さと人情味で「鬼平」という名前はすっかり有名になり、ドラマ化されテレビでも大人気となりました。鬼平は人情味のある正義漢なのです。

時代のことば　**1991年「ソ連崩壊」**

1991年12月にソ連の大統領ミハエル・ゴルバチョフ氏が辞任し、ソビエト連邦はロシア連邦となりました。ゴルバチョフ氏はソ連の大統領時代に初めて来日して海部俊樹《かいふとしき》首相と会談し、日ソ共同声明に署名しました。また米ソの核軍縮が発表されました。当時は西側とか東側とかがなくなるのではないかとの期待もあったのですが、現状を考えると西と東の距離が開き始めたように思えます。

膨らみすぎた経済を萎ませる

さて、話はまったく変わりますが、1980年頃から銀行は、不動産担保融資に力を入れました。

これは不動産を「担保」とした融資で、銀行からお金を借りて（融資を受けて）購入した不動産を担保（借入れた資金を返済できない場合には購入した不動産を銀行にお金の代わりに返済する約束）にします。

不動産の価値が上がれば、担保の価値が上がるということなので、融資額を増やすことができます。企業が借金で不動産を買い、不動産の価値が上がると担保価値が上がり、もっと借金でき、また不動産を買う……という無限の流れのできあがりです。

これは、本業よりも、株価や不動産価値を利用して企業価値が膨らむだけ膨らんでいく、いわば経済という風船が膨らみ続けている状況です。経済学では、この状況を「バブル」と言います（§15参照）。

残念ながらバブルは目に見えません。「どこまでがバブルなのか」はバブルが崩壊しないことにはわからないのです。そして、

図13-1　バブル経済のその後は？

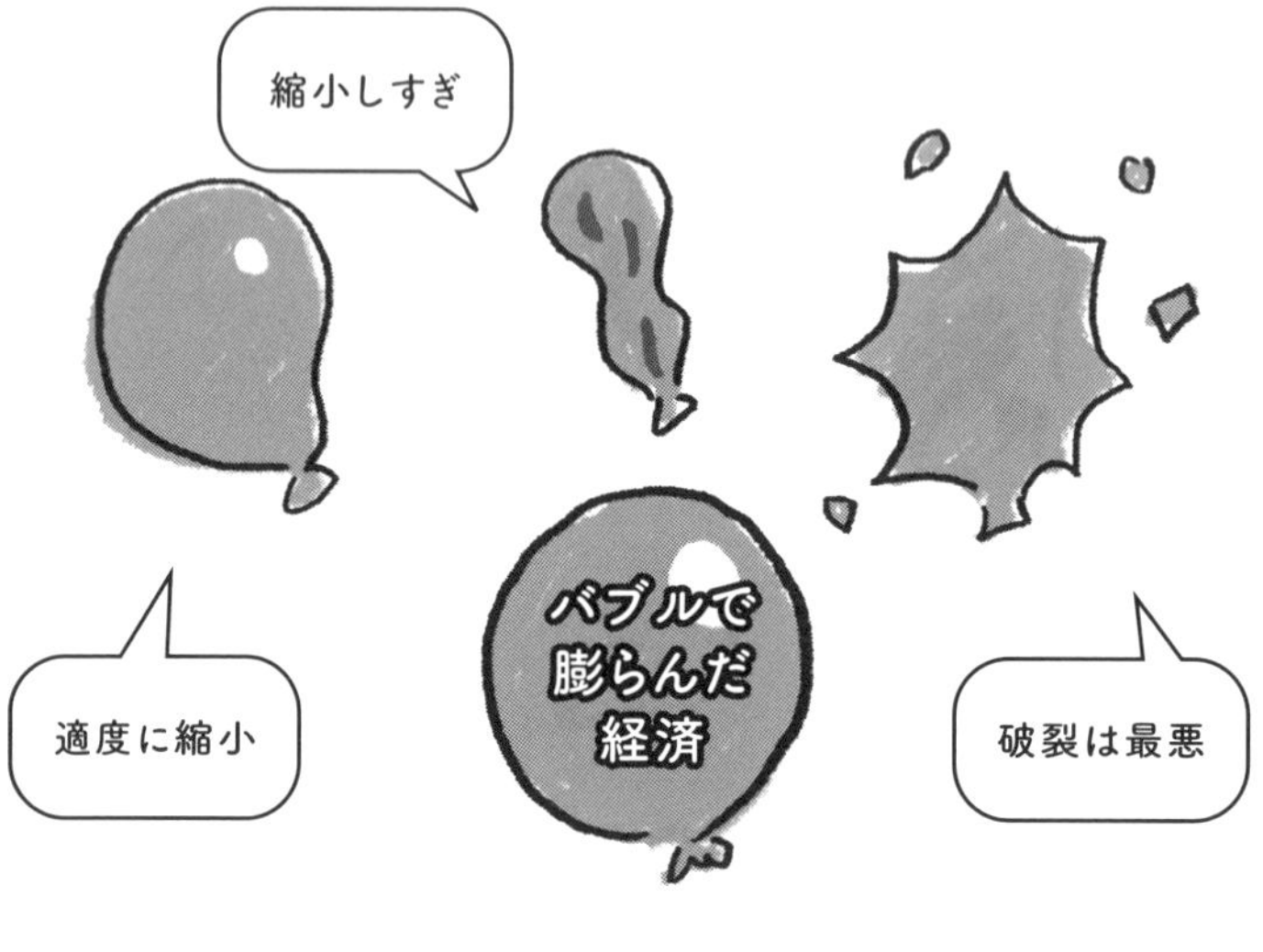

風船がいつ破裂するのかがわからないのと同様に、経済という風船がいつ破裂するかは予測できません（図13－1）。

平成の鬼平は、この予兆を感じ、その対策として公定歩合を上げました。ちなみに平成の鬼平とは、1989年12月17日に日本銀行総裁になった三重野康氏です。公定歩合を上げたことで、経済が落ち込み、マイナスの意味で鬼平と言われてしまいました（最初の頃は、バブルで膨らんだ経済をまともに戻す、プラスの意味での鬼平と喝采されていたのですが……）。

公定歩合とは、中央銀行である日本銀行が、民間銀行に資金を貸出す際の金利です。平成の当時は規制金利時代で、日銀が決定した公定歩合の利率が、預金金利など他の金利へ連動していました。

なお、**現在は公定歩合は預金金利などの他の金利とは連動せず、代わりに、日本銀行が目標数値を定める「無担保コールレート（オーバーナイト物）」という金融機関同士の金利（§11参照）が預金金利など他の金利に影響を与えています。**日本銀行が宣言した金利が他の民間金融機関の貸出金利などに影響するという構造は、今も変わっていません。

さて、公定歩合を上げた影響は企業・投資家・銀行に及びました。そして、そこで働いている従業員にも影響が及んだのです。

話を不動産に戻します。借金をして買った戸建てやマンションの価格はバブル崩壊により下落してしまいました。しかし、銀行の住宅ローンの金利は上がったのです。同時に企業の体力（収益力）は弱り、従業員の給与は上がりませんでした。ここから日本の賃金が上がることはなくなり平均賃金は減少し始めました。景気の影響が家計にも及び始めたのです。

平成の鬼平と褒め称えていた人たちが、景気の想定外の低下で、「鬼平」ではなく「鬼！」と呼び始めたのです。

② インフレとデフレ

「インフレ」「デフレ」とは景気の状況を表わす言葉です。

物価が上昇し、それが継続するとインフレが起こります。逆に物価が継続的に下落するとデフレが起きます。

インフレの仕組み

インフレとはモノ・サービスの価格が上がっていくことです。インフレの要因としてよく挙げられるのは、「ディマンドプル」と「コストプッシュ」の2つです。

「ディマンドプル」は需要が増える、つまり買う側が多くの消費を行なうことで、モノの価格が上がる状態です。買う側に潤沢な購買力（お金）がある場合です。この状況は適度なインフレ率であれば、あまり問題はありません。消費者の所得が上がり、消費価格がそれに応じて上がるのであれば、購買力は維持されます。

「コストプッシュ」は原価上昇が原因です。原価とは、たとえば原材料費です。原材料の価格が上がれば、売る側が価格を上げるということで、買う側の資金が潤沢であるか否かは関連しません。私たちの所得が増えなくても、モノの価格が上がるのです。**コストプッシュ型のインフレでは可処分所得（自由に使えるお金）が減少してしまいます。**

なお、インフレの原因は他にもさまざまあり、原材料の高騰に起因するインフレを**「資源インフレ」**と呼び、賃金の上昇に起因するインフレを、**「賃金インフレ」**と呼びます。

デフレの仕組み

デフレについても知っておきましょう。デフレとは、モノ・サービスの価格が下がっていくことです。デフレには3つの理由が考えられます。

第1の理由は、お金の動きが弱まることです。たとえば銀行が貸出し先を見つけられな

「おじいちゃん、おばあちゃんからもらった1万円のお年玉だからずっと大事にしています」
お金を大切にするのは大切なことですね。しかし、インフレが進むと大事な1万円の金銭的な価値は目減りしてしまいます。インフレが進む状況下では孫からは「お年玉はお金じゃなくて金（ゴールド）か不動産にしてね。インフレに強いから」なんて言われるかもしれません。

くなり、本来あるべき金融仲介機能が発揮できなくなることです。預金者は銀行預金をするのですが、それを誰も借りなければお金は銀行口座に眠ってしまい、せっかくの預金は誰にも利用されません。信用創造という、銀行の役割が止まっている状態です。

第2の理由は、景気悪化です。バブル崩壊のような景気悪化で誰もモノを買わなくなると、売る側は価格を下げるということになり、デフレが止まらなくなります。

第3の理由は、輸入品の値下がりです。海外の企業が価格を下げたり、日本が円高になったりして輸入品の価格が低くなれば、消費額は減っていきデフレが進みます。

3 銀行からお金が消える

後述しますが、そもそもバブル経済の実態とは、金融資産や地価が上昇したことであり、私たちの日々に関わる消費者物価は大きな変動は見せませんでした。では、影響を受けたのは誰だったのでしょうか？

図13-2　マネーストック（前年比）

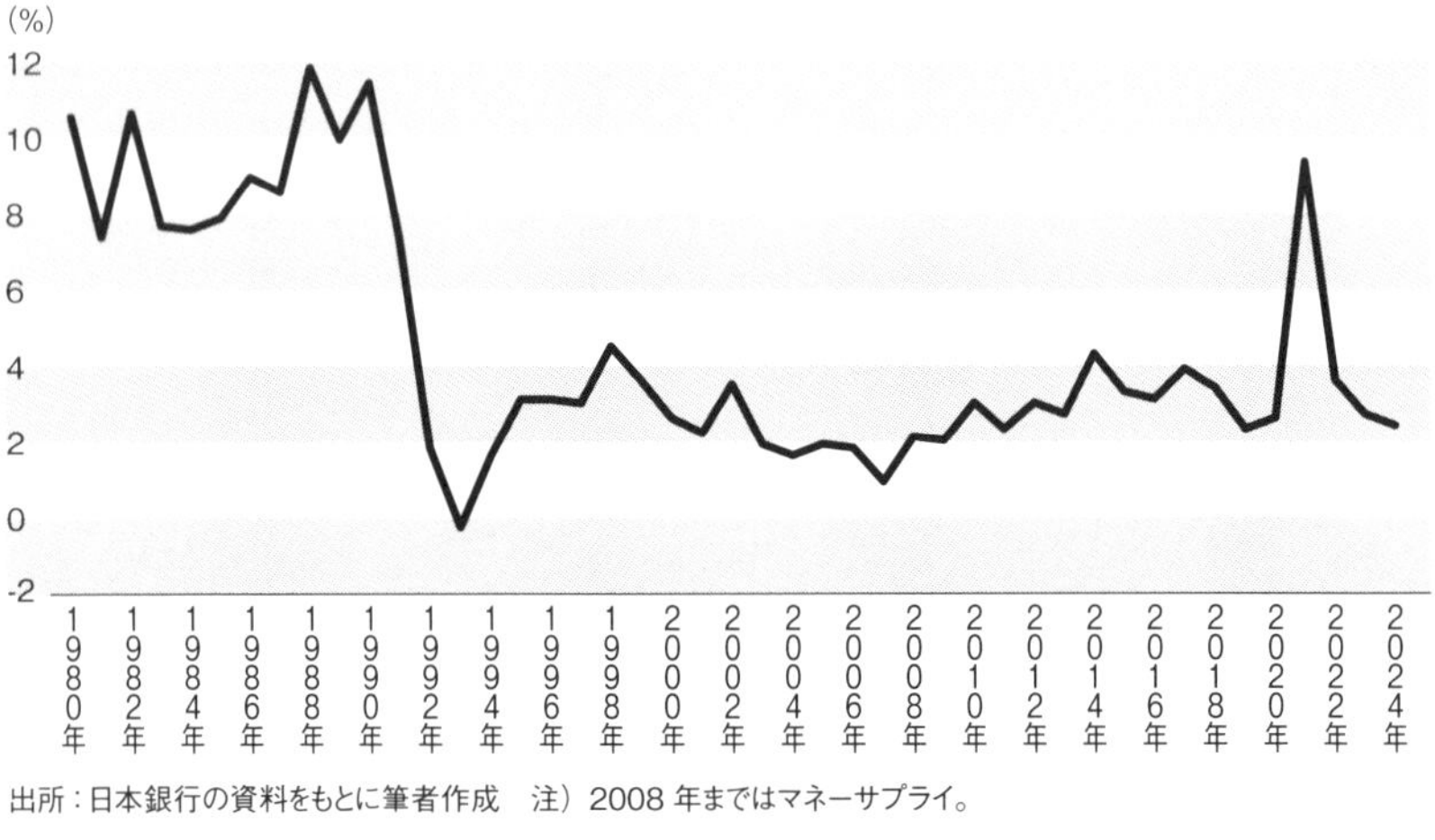

出所：日本銀行の資料をもとに筆者作成　注）2008年まではマネーサプライ。

バブルの崩壊と銀行

バブルの時と、崩壊した時の二時点で、民間部門の保有資産を示すマネーストック統計（M2《エムツー》）の伸び率を見てみましょう（図13-2）。M2とは少しおおげさに言えば、民間銀行がどれだけお金を市中に貸しているかを表わしています。民間銀行は1985年から1990年までは、私たちや企業に高い比率でお金を貸していました。貸出したお金の使い道の多くが不動産の購入や、ノンバンクへの融資でした。

預金者が銀行にお金を預けます。銀行は企業に融資し、その融資額は融資先の銀行口座に入ります。それが、事業で相手方に支払われると相手側の銀行口座にお金が入り、相手側はそのお金で誰かに支払い、支払いを得た側の銀行口座に……という流れで民間銀行の預金の総量は増えていきます。これを「**信用創造**」と言います。

バブル期には信用創造が急速に拡大し、それがバブル崩壊で縮小しました。市中の民間銀行が膨らませたお金は、バブル崩壊とともに消えていったのです。

利用され始めた預金保険機構

預金保険制度とは、民間銀行が倒産した場合でも、口座保有者の預金額と利息が守られ

ノンバンク

貸出しだけを行なう金融機関。普通の銀行（バンク）は預金を受け入れて、それを貸出しに回しますが、ノンバンクは預金の受入れはせず、貸出しに特化します。貸出すための資金は銀行から借入れます。消費者金融やリースが有名ですが、1980年代は企業や不動産向けに巨額の融資をしていました。

る制度です。現在は**１０００万円とその利息が保護**されることになっています。

１９３３年にアメリカで預金保険制度ができ、１９６０年代になるとイギリスやヨーロッパの中央銀行もこれに続きました。そして日本では、１９７１年につくられています。創設以来ほぼ使われることはなかったのですが、バブル崩壊でとうとう民間銀行もリスクにさらされるようになり、ついに利用され始めました。

民間銀行では、１９９２年頃から力の弱った銀行が力量のある銀行に吸収されたり合併される動きが出ました（§10参照）。この頃から一般市民にも預金保険機構の存在が知られるようになり、預金額が多い預金者は複数の銀行に預金を分散させたりしたのです。

銀行の「貸し渋り」が始まる

バブル期に流行った言葉に「財テク」があります。当時、隆盛だったハイテクブームに乗り、財務テクノロジーと呼び、民間企業の余剰資金を株や不動産に投資しようとしたのです。

民間銀行はバブル期には企業に出向いて財テクのための融資に積極的でした。財テクとして代表的だったのが〝トッキン〟と〝ファントラ〟でした。トッキンは「特定金銭信託（特金）」のことで、信託銀行が投資家（財テク担当者）の指示に基づいて運用する手法です。ファントラは「指定金外信託（ファンドトラスト）」で、投資家（財テク担当者）は信託銀行と、その背後にいる証券会社に運用を一任する手法です。「信託銀行」という銀行の形をとるものではありますが、銀行預金のように元本が守られるわけではなく、リターンとリスクの双方を投資家が受け入れる手法です。

バブル崩壊により、財テクのために融資した分の多くが不良債権になってしまいました。企業も大変ですが、融資した民間銀行も大変です。本来、銀行員は融資先のリスクを見抜くことが仕事なのですが、まったく見抜くことができなかったのです。

銀行員はこの段階で、リスクを取ることをやめてしまったようです。**貸したお金が返ってこない、という経験をした民間銀行の貸し渋りが始まりました。**企業はお金を借りられなくなってしまったのです。まるで、銀行からお金を貸すという本来やるべき業務が消えてしまったようです。

④ インフレからデフレへ

バブルが崩壊し、今後の経済に不安が生じた頃『清貧の思想』（中野孝次、草思社、92年9月初版発行）が書店に並びました。

バブル崩壊により企業が倒産したりする中で生まれた〝経済成長ではなく、清貧な生き方で良いではないか〟という考え方です。バブルで金融資産や不動産はインフレになりました。この反動のバブル崩壊で、インフレは吹き飛びました。

給与は上がらず、物価も上がりません。もはや清貧で良いではないか、と皆が思い始めたのです。人々の間に、デフレを受け入れる気持ち（デフレマインド）が広がり始めました。

デフレは悪いことなのか？

インフレは物価が上がることで、デフレは反対に、物価が下がることでした。このデフレが経済的に良いか悪いかを見るには、2つの視点が必要です。

1つは、消費者目線です。消費者からすればモノやサービスの価格が下がるのですから何の問題もありません。

もう1つは、企業目線です。企業側から見れば販売価格が安くなっていくことになります。商品を安いまま売れば売上が当然低くなりますので、会社から従業員へ支払われる給与も低くなります。

消費者物価の低下率と給与の低下率が同じであれば普段の暮らしには問題ないかもしれませんが、企業の社長も従業員も人間ですから面白くありません。清貧の思想は必要なものではあるのですが、一方で人間として成長が欠かせないのです。

時間軸で考えるデフレの真の問題

デフレの「物価が下がること」だけを取り上げると、デフレの真の問題は見えてきません。そこには借りた時と返す時という2時点の時間の経過を考える必要があります。

たとえば、バブル期にビルを借金1億円で買った企業は、バブルが崩壊しても1億円を返済しなければなりません。

デフレは物価が下がるということですから、ビルの評価額は下がります。しかし、借金の額面は減りません。デフレになっても返さなければいけない「数字」としての返済額は何も変わらないのです。

1億円で買って負債が1億円ならば、デフレになって買ったモノの見た目の金額の評価額が5000万円になっても、返済しなければいけない額は1億円のままなのです。住宅ローンでも同じことが起きてしまいます。これがデフレの怖さです。

インフレだったら、ビルは見た目値上がり、売却時には1億円から大きく価格が上がり2億円になるかもしれません。支払う利息の貨幣価値も下がりますから、支払いが楽になります。

デフレの場合には、貸す側は時間が経つほど多くの利息を得られるため良い思いをしますが、借りる側は大変なことになるのです。バブル崩壊の影響から生じたデフレによって、借りる側は借金返済に疲弊し、倒産が相次ぎました。

貸す側の民間銀行も、借り手がまさに〝不良〟になってしまい、不良債権（§11）の処理で苦労をしました。もしも、インフレが続いていれば不良債権処理の問題は起きなかったでしょう。

国際競争力

日本は1992年以降デフレ局面になり、それからはデフレ状態が長く続きました。当時、会社員の間では「はたらけどはたらけど猶《なお》わが生活楽《くらし》にならざりぢっと手を見る」という短歌が入った、石川啄木の歌集『一握《いちあく》の砂《すな》』が流行ったりしました。

デフレによって物価が下がることは、消費者側には良い面もありますが、収益を上げる側の企業としては必ずしも良いとは言えません。

ひとくちに「バブルが崩壊した」と言っても、1990年代当時はまだ国際競争力は残っており、海外に活路を見出すこともできました。1980年代からの景気上昇の際に蓄積された生産性の高さ、自動車メーカーなどが持つ技術能力や研究開発力などがあり、まだ日本は優位だったのです。

しかし、2000年代に入っても、デフレは続きました。

日本のデフレと、海外の経済の発展の双方が影響して、企業の中では海外に生産施設を移す動きも多くなりました。それにより、**日本国内の雇用がなくなったり、技術が海外に流出していく**など、悪循環が生まれ始めました。

今、日本の若者が海外で働くことは珍しくなくなっています。アメリカ、EU、韓国などのインフレの国で、日本より高い給与を求めて出稼ぎするようになっているのです。人口減少の日本には、海外からの労働力が供給される必要があります。日本の若者が給与水準の高い海外に出るように、外国人に日本に来てもらうためにも、給与水準は上がる必要があり、そのためには適度なインフレが求められます。

おぼえてほしい §13のキーワード

インフレ

モノやサービスの価格が定常的に上がること。同じモノやサービスが同じ価格では買えなくなる。つまり保有する現金通貨の価値が減っていくことでもある。

デフレ

モノやサービスの価格が定常的に下がっていくこと。企業や事業主の収益が減ることともなる。その結果、給与が減り、消費も減ってしまい、貧しくなる恐れがある。

預金保険機構

万が一の金融機関の破綻に備えるために預金保険機構が存在する。決済用預金（当座預金など）は全額保護され、普通預金などでは1金融機関ごとに預金者1人あたり元本1000万円と利息が保護される。

ノンバンク

バンク（銀行）は預金者からの預金を使った貸出しなどを行なうのに対し、ノンバンクは金融機関から資金を調達して貸出しだけを行なうことが多い。消費者ローン、リースなどの業態が代表的。

SECTION 14

消費税と経済動向

1989年 消費税導入

税金って
弱いものいじめ？

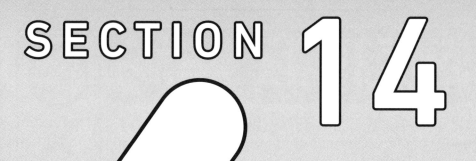

消費税3％導入 今日から

各地で反対運動と混乱

○×新聞

発行○×新聞社

1989年 平成元年
4月1日

国会強行採決

今日から消費税が導入される。成立にあたっては与野党の攻防が続いた。

１９８７年６月には自民党「税制改革大綱」で消費税導入を打ち出したが紛糾。

１９８７年に発足した竹下登内閣では、新たな抜本的税制改革が模索された。

１９８８年には、参考人聴取や地方公聴会などを重ねた結果、消費税法案を含む６法案を強行採決、国会は幕を閉じた。

消費税導入を見据え、政府は１月22日、税務職員約９００人の増員の方針を固めた。

対応に追われる事業者

３月31日、商品の棚卸、値札の付け替え、ポスター貼り、レシートの設定など、各地のデパートやスーパーでは夜を徹しての準備作業に追われた。消費税導入と引き換えに、ぜいたく品に付加されていた物品税は廃止となった。テレビなどの家電はこれまで20％だった物品税が３％の消費税になるほか、トラックは消費税により逆に値上げになる。各業界は今後の客の動向を注視している。事業者は定価以上のお金を取ることに不安感も強く、消費税がかかると聞いた客からは「弱いものいじめだ」と抗議とも言える言葉をぶつけられることも。

竹下登首相は導入初日となった１日、夫人とともに銀座のデパートでネクタイと塩鮭、計１万７０００円分購入。消費税５１０円を支払った。

財政の健全化という目的以外に、確実に起きる高齢化による年金、医療、介護への対応という大きな問題への策として消費税が導入されました。

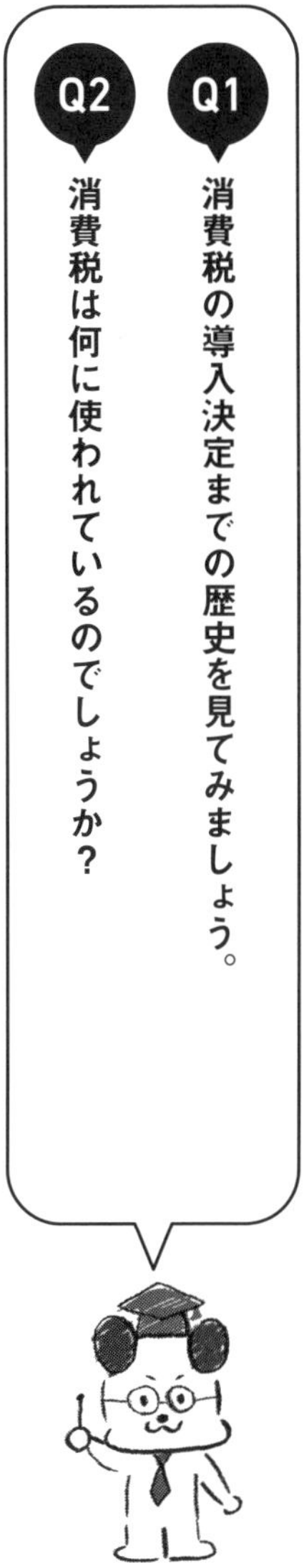
Q1 消費税の導入決定までの歴史を見てみましょう。
Q2 消費税は何に使われているのでしょうか？

① 嫌われ者の「税金」

私たちはなぜ、税金に対して抵抗感があるのでしょうか？　それは行動経済学で言うところの「**損失回避バイアス**」と「**現在価値バイアス**」で説明できます。

まず、税金の使用目的が社会保障など国民のためであったとしても、それが自分にとってどのように利益になるのかの実感がわきにくいからです。そのためにお金を支払うということは、損だけを被ったように感じてしまいます（損失回避バイアス）。

しかも、今、税金を納めてもそれによる利得を得るのはかなり先のことです。将来もらえるかもわからない利得のために、長い時間を割くことには抵抗感があるのです（現在価値バイアス）。

時代のことば　**1989年「オバタリアン」**

この年の流行語の1つで、堀田かつひこ氏の漫画のキャラクターです。図々しいがたくましい女性として人気を得ました。また、日本社会党の土井たか子委員長が、男性が多い国会で、丁々発止と男性議員を打ち負かす姿が脚光を浴びました。今、話題となっているさまざまなハラスメントが知られ始めた時代でもあります。

こうした感情から、当時、消費税に反対するデモ行進が起きたことは、何の不思議もありません。

② 消費税とは？

垂直的公平性と水平的公平性

消費税が導入される前、税制はシャウプ勧告に基づいていました。これは所得に応じた所得税を基盤とするものです。そして基礎控除額（総所得のうち一部の金額をあらかじめ引いておき、所得とみなさないこと）を設けて、所得が高くない人には税負担の軽減をしました。所得が低い人が軽減された分は〝富裕税〟として高額所得者が支払っていました。ざっくり言えば、たくさんお金を持っている人からはたくさん税金を納めてもらおうという**「垂直的公平性」**と呼ばれる税制です。今でも、それは所得税の累進課税制度（所得が多いと所得税率が高くなる）などで採用されています。

それから日本経済も成長し、ＧＤＰも世界第2位になりました。国民の多くが所得も消費も増やしてきました。そこで税金の内、一部を**「水平的公平性」**

図14-1　税制の変化

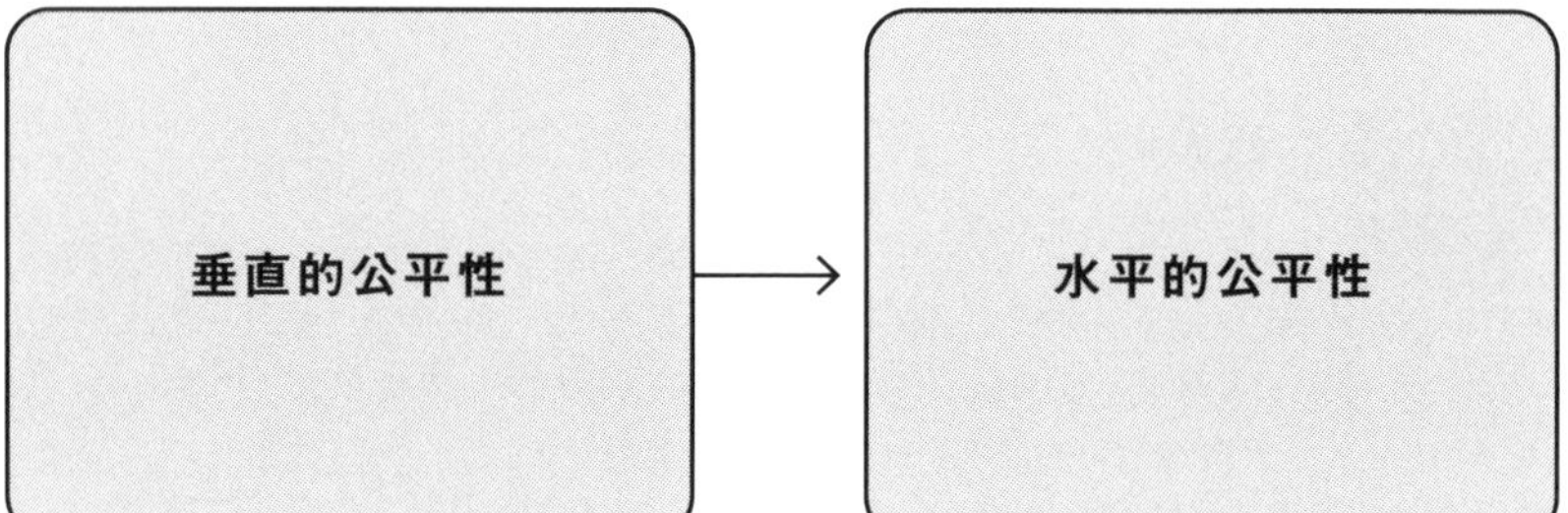

で考えてみようとなりました。**「水平的公平性」とは、所得にかかわらない、均一の税金です。**この考え方により間接税である消費税が導入されました。もちろん所得が十分ではない人もいるため、消費税によって過度な負担となるという問題も存在します。

消費税の使途については財務省が公表しています。2023年のデータでは年金、医療、介護、子育て支援が中心となっています（図14-2）。

図14-2　消費税の使途

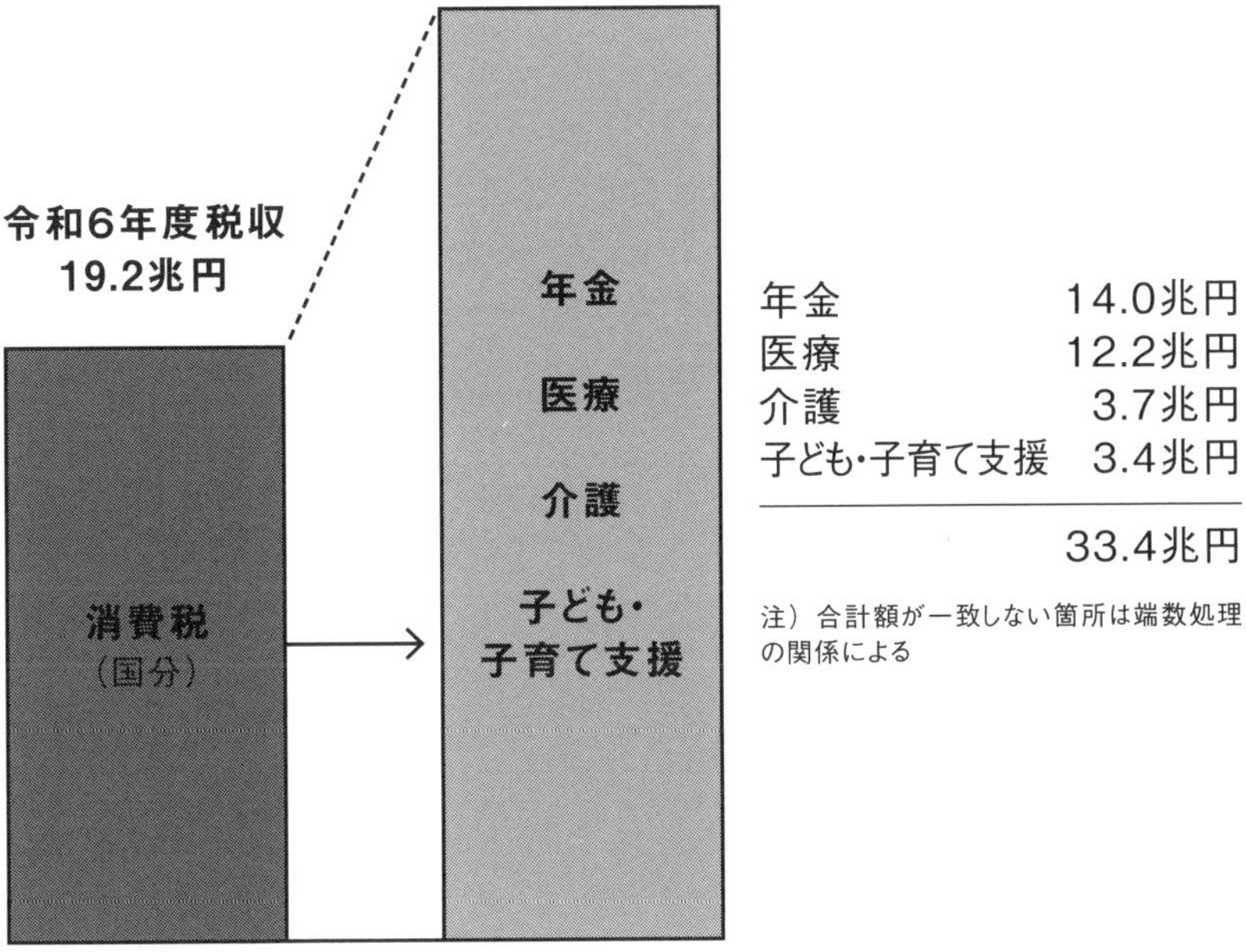

注）合計額が一致しない箇所は端数処理の関係による

出所：財務省「消費税の使途（令和6年度予算）」をもとに筆者作成

③ 消費税と景気

消費税と物価

1989年4月1日、日本で初めて消費税が導入されました。

今では買い物したら消費税は払うもの、というのはあたりまえになっているかと思いますが、当時は一大騒動だったのです。

昨日までは100円のモノを買ったら100円玉1枚で済んだのに、消費税導入後からは100円の買い物をした後で合計額が〝勝手に〟103円になることは、違和感がありました。その後、数度にかけて段階を踏んで税率が変更され、今に至っています。

消費税に限らず、増税には経済の失速の懸念が生じます。それはなぜでしょうか？

増税は景気を悪くする？

消費税が上がると、お金を使う消費（需要）は減るでしょうか？　販売側の販売量（供給）は減るのでしょうか？

「月に10回だけ1000円のランチを食べにいく」と考えてみましょう。手元に1万円があれば、予定通り10回ランチにいくことができます。レストラン側にとっても、月に10食のランチで売上は1万円になります。需要と供給が均衡している状況です。

ここで消費税10％が適用されるとどうなるでしょうか。ランチ代は1000円＋100円＝1100円になります。消費できる総額は1万円ですから、実質1100円となったランチならば9回しかできなくなってしまいます。

消費税は間接税（後ほど説明します）であり、モノやサービスの本体の価格にプラスされる税金です。モノやサービスの消費税抜きの「本体の価格」はこれまでと同じなので、同じように需要も供給もあるかと言えば、当然そうではありません。

人々の感覚としては〝価格そのものが上がった〟と、とらえてしまいます。実際に支払う金額は上がるのですから当然です。

事実上価格が上がったと考えてしまうと、需要は減るわけです。そして欲しがる人がいないので供給も減ってしまい、最終的には経済が伸びなくなってしまいます。

先ほどの例で言えば、お店にとっては、今まで10回で合計1万円使ってくれていたお客さんが、9回で計9900円しか使ってくれないことになります。これが何十人、何百人も積み重なったらどうなるでしょうか。

消費税3%の時の追い風

最初に消費税（3%）が導入された1989年は、まだ景気は良好でした。直前の数年間は、バブル経済ということで経済力が高まり、個人の保有資産も伸びていたのです。

さらに、1970年代のオイルショックによるインフレから徐々に回復して物価が落ち着いていることが図14-3でわかります。1980年は消費者物価の上昇率は7・7%でしたが、徐々に下がり1987年には0・1%となり竹下首相が消費税を提案した1988年も0・7%にとどまって落ち着きを見せています。

それに加え、円高の影響で供給側の企業としては輸入が楽になり、モノ・サービス自体の価格が低下しました。

これらの事情により、当時は実質的に消費税導入前と同じ支払い額の範囲で消費税分を吸収できていました。

たとえば、昨日まで消費税なしの1000円で売っていたモノが、今日からは円高の影響で日本では950円

図14-3　消費者物価指数上昇率の推移

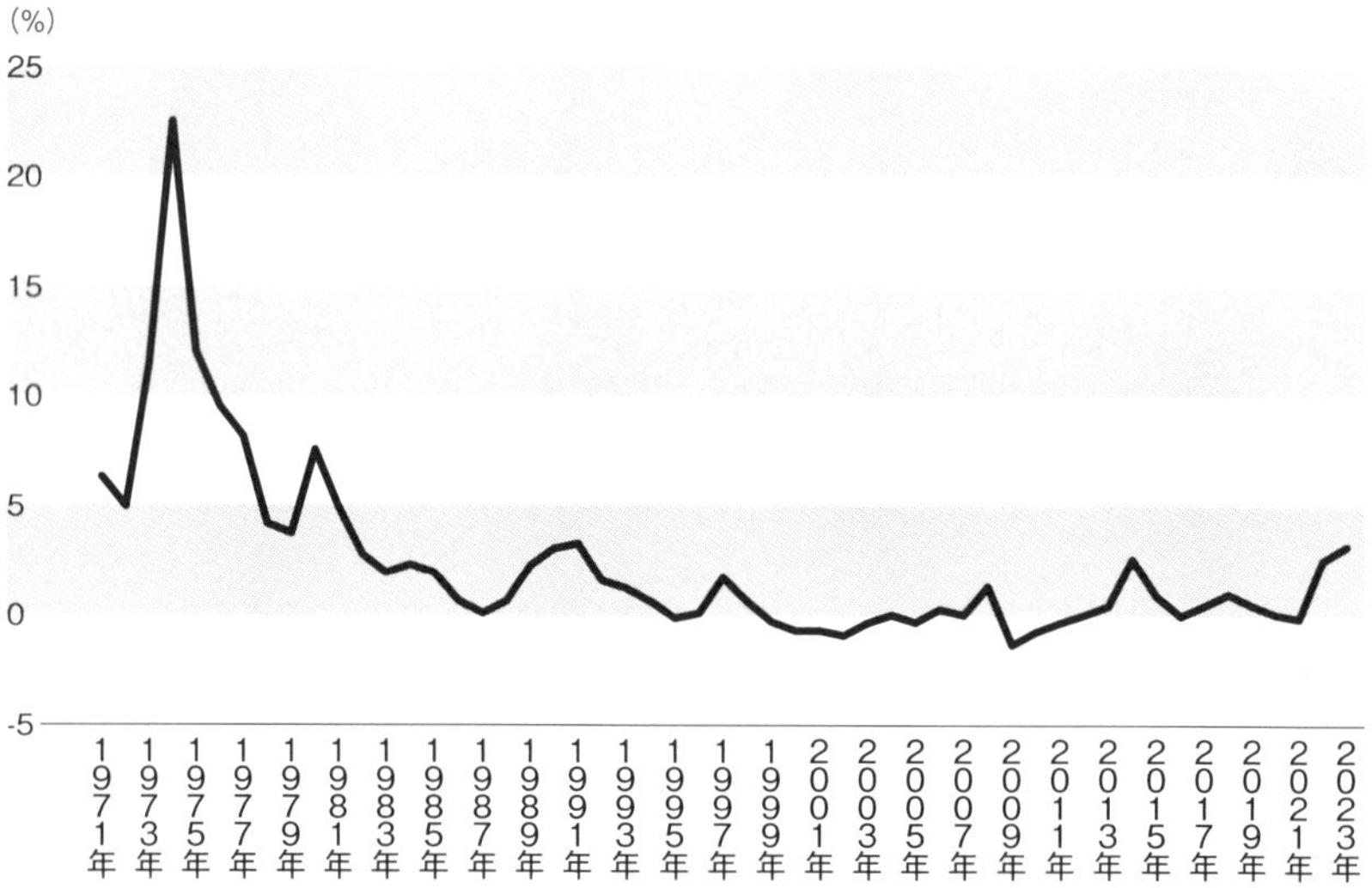

出所：e-Stat 2020年基準消費者物価指数

で売れば十分となったとします。この950円に3％の28円が追加されても、合計978円になりますから、消費税が追加されていても、企業は大幅な値上げに踏み切ることはありませんでした。

　これによって1989年当時は、消費税が需要と供給に大きな影響を与えなかったのではないかと思われます。

4 経済を支える消費税

社会保障費

　さて、これまで見てきたように国は税金だけでは足りない場合に国債を発行します（§7参照）。

　今、高齢社会で必要性が高まっているのが、年金や医療などの社会保障費です。社会保障が保険料と税金だけではまかなえない赤字の場合には、特例国債を発行します。

　1980年頃から、特例国債の発行額が増加しました。この国債という借金を減らすために、「借金」ではなく国の「収入」となる消費税が導入され、社会保障費をまかなったのです。これは成功し1990年から1995年まで特例国債の発行はほぼなくなりました。

日本経済と税金

ところが、バブル崩壊による景気の低迷は、残念ながら強力でした。加えて1995年に阪神・淡路大震災が起き、経済の落ち込みが進んでしまいました。

さらに少子高齢化も進み、社会保障費を増やさざるを得なくなったのです。それ以降、特例国債の必要性は高いままで推移しています。

また、国債が発行され続けることに不安を持っている人が増えています。国債は無尽蔵に発行されると財政破綻の危険性が増してしまいます（§7参照）。

プライマリーバランス（社会保障、防衛関係費などを税収でまかなえる状態）が取れるようになるためには、支出が増える分、税収も増やさなくてはなりません。

日本の現状を踏まえると、今後、消費税増税などさらなる税金の拡大が起きる可能性も考えておく必要があります。

ＩＭＦ（国際通貨基金）の発表では2023年の国債などの国の債務残高は、ＧＤＰと比較してアメリカは126・4％と100％超えです。イタリアは149・8％、そしてギリシャ危機があったギリシャは200・7％です。しかし日本は圧倒的に他国を超えた255・4％なのです。

5 消費税はどのようにしてできたのか？

1989年から始まった消費税ですが、もちろん簡単には成立しませんでした。ここで、消費税が成立するまでの歴史を簡単に学習しましょう（図14－4）。

大平首相の「一般消費税」

消費税は1989年の導入以前にも、何度か試みられてきました。まず1979年、大平正芳《おおひらまさよし》首相は一般消費税の導入を試みました。

当時もまた、国債の発行が増えていました。1973年、1978年の2度に渡る石油ショックの影響で、景気が良くなく、税収だけでは財政がまかなえなかったのです。足りない分は国債を発行すれば良いという簡単なものではありません。国債を発行して使えるお金が急に増えてしまうと、急激なインフレが生じる恐れがあります。

図14-4　消費税の動きと総理大臣

時期	税率	総理大臣
1979年	導入断念	大平正芳
1987年	導入断念	中曽根康弘
1989年4月1日	3%	竹下登
1997年4月1日	5%	橋本龍太郎
2014年4月1日	8%	安倍晋三
2019年10月1日	標準税率10% 軽減税率 8%	安倍晋三

大平首相は一般消費税導入を国民に問うために衆議院総選挙を実行しましたが、その選挙中に導入を断念しました。

中曽根首相の「売上税」

一般消費税導入の試みから8年経った1987年、中曽根康弘首相が売上税の導入を試みました。今の消費税と同じような大型間接税制度を導入しようとしたのです。

しかし、売上に対して税金がかかるということへの反対に加えて、保有財産の有無にかかわらず均等に税がかかってしまう（お金持ちが100円のモノを買う時も、お金持ちでない人が100円のモノを買う時も同額の税金がかかってしまう）ことに反対意見が多かったのです。

まるで非富裕層へのいじめのようだ、という感覚が国民に生まれたのでしょう。同時に郵貯マル優という、350万円までの郵便貯金利息には非課税という制度の廃止も提案されたこともあり、非富裕層いじめの論調が高まり、中曽根首相は売上税を断念しました。

竹下首相の「消費税」

売上税が否定された中曽根内閣は、竹下登首相に消費税の実現を託しました。1987

年11月に発足した竹下内閣は消費税法の成立に取り組み、**1989年4月に日本で初めての消費税が開始**されることになったのです。

竹下首相はなぜ、これまで大平首相も中曽根首相も実現できなかった消費税（一般消費税と売上税を含む）を実現できたのでしょうか？　竹下首相の手腕に加え、導入が検討され始めてから月日がたち、考え方が徐々に国民に伝わってきたのでしょう。また、日本が抱えていた財政赤字や高齢化の問題などで税収を増やす必要性が知られるようになったこともあります。これらにより、ついに消費税の制度がスタートしたのです。

なお、消費税と同じ考え方は、諸外国でも採用されています。EUや中国、韓国ではVATと呼ばれる消費税相当の付加価値税や、アメリカでは州ごとに売上税があります。多くの場合、低くて5％程度、一般的な税率は10％～20％超となっています。

図14-5　間接税の仕組み

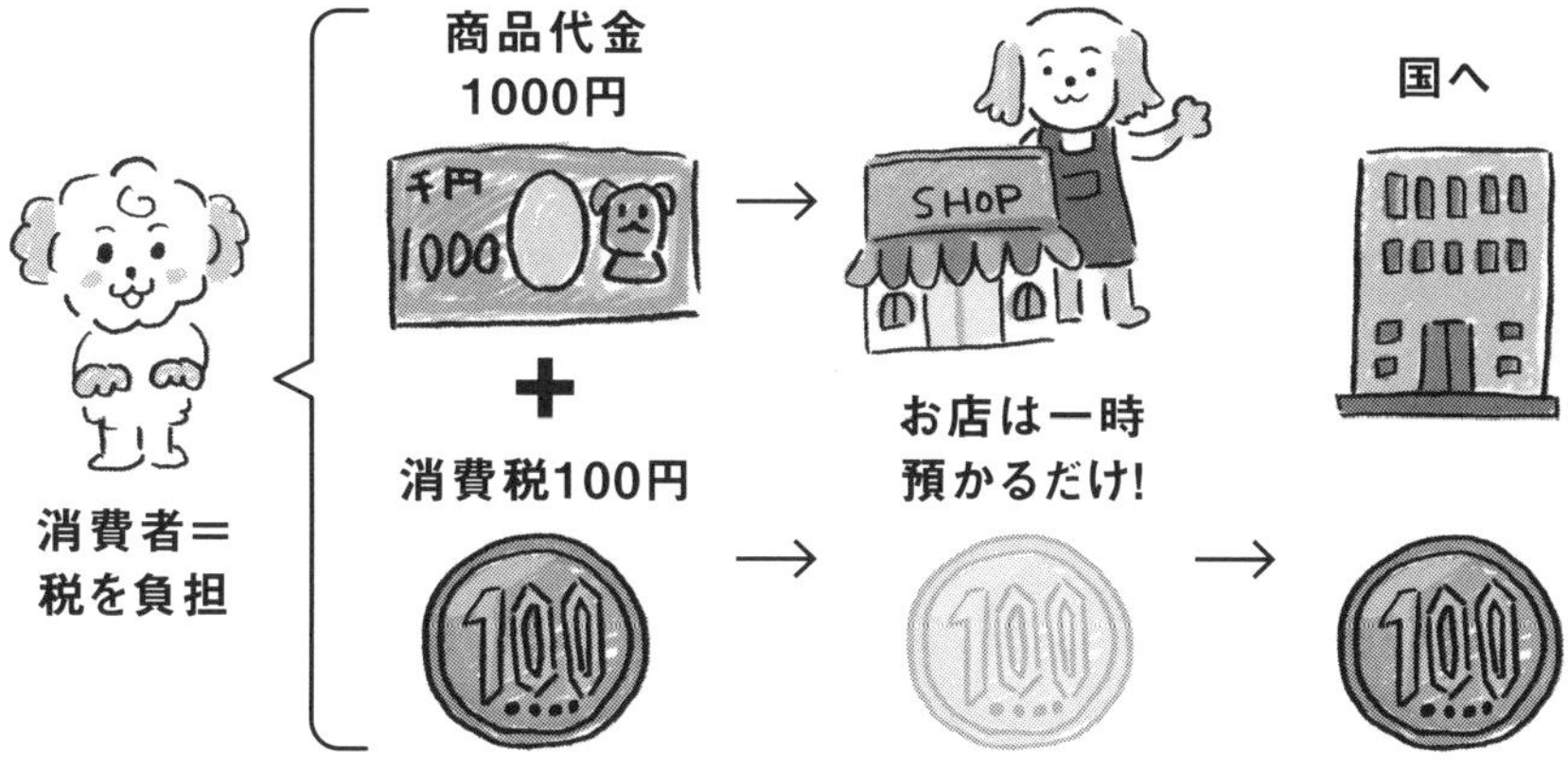

6 直接税と間接税

さて、消費税の制度である「間接税」というものは、勘違いされやすいのですが、本来的には富裕層か非富裕層かとは関連がありません。

「間接税」が本来意味するのは、税を納める側と、税を負担する側が異なることを言います（図14－5）。コンビニで買い物をして税を負担するのは購入者である消費者です。しかし、納める時はコンビニ会社がまとめて国へ支払います。購入者が納めた消費税は、コンビニがいったん受取りますが、いわば預かるだけです。当然、コンビニの収益にはなりません。

それに対し、**直接税は得た所得に対して、それを得た人に直接かかります**（図14－6）。コンビニのような企業の法人税や個人の所得税など、**お金を受取った所得者が直接、納税するのです。**

図14-6　直接税の仕組み

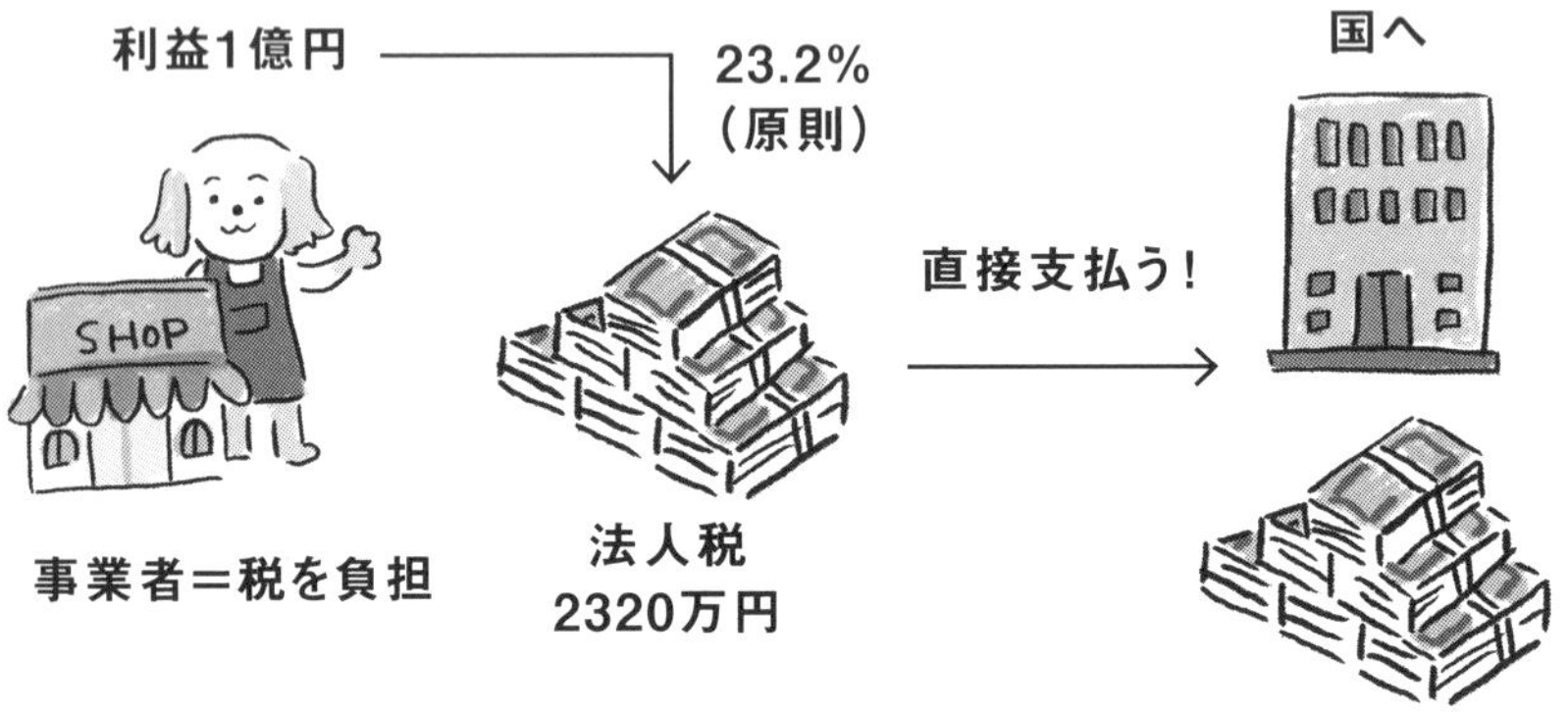

おぼえてほしい 今日のキーワード

消費税

水平的公平性で賦課される税金。1989年4月導入。主な使途である社会保障費などの増加に伴い、段階を踏んだ増税がされてきた。

間接税

消費者が直接納税するのではなく、税分は価格に“間接的に”上乗せし、売り手の企業などが税金をまとめて支払う方式。

直接税

企業の法人税や個人の所得税などに代表される、所得者が直接納税する方式。

世界の消費税

EU、中国など世界の多くの国ではVATと呼ばれる日本の消費税相当の付加価値税が存在する。アメリカは州によって付加価値税的な売上税がある。税率は各国、各地域で異なり、一般的には10%～20%超程度が多い。

SECTION 15

バブル経済と株価

1986年 バブル経済の始まり

「バブル経済」って
どんな状況？

○× 新聞

不動産価額うなぎのぼり

未曽有の好景気に沸く日本

○×新聞

発行○×新聞社

1986年 昭和61年

「人が足りない」企業は新卒争奪戦

「大卒の求人倍率が3倍に届きそうだ」各企業は新卒学生の確保に向けて動き始めた。卒業生1人に対して3社ほどの企業が奪い合いになるという状況だ。

企業としては「どんな学生でもかまいません。企業側でその学生をしっかりとした社会人に育てあげます」という考えで、新卒者の奪い合いとなっている。

パートも取り合いに

新卒採用だけでは労働力をまかなえないほどの好景気。夫が出社し、子どもが保育園や小学校にいる間だけ妻が働くことで労働力を補うパートタイム労働者が増加。ママチャリの売れ行きも増加し、子どもを学校まで颯爽と送り、パートタイムで働いてから、学校に迎えに行き、そこから塾に連れていく、そんなママの活躍が景気を支える。

「海外旅行へ」増加 都心ビルの価格は急騰

円高も進み、海外旅行が増える一方だ。新婚旅行の定番と言えば北海道や九州だが、ハワイやグアムも人気に。マンションも建設ラッシュで価格が高騰しているが、それでも購入希望者は増え続けている。購入のための住宅ローン額は、年収の5倍程度が相場と言われていたが、徐々に増えて年収の7倍以上も普通になりつつある。「不動産価格の上昇に終わりはない」と語る専門家も現れている。

「赤信号みんなで渡れば怖くない」という、お笑いコンビ・ツービートのギャグが大流行しました。この集団心理の同調性が消費行動に大きな影響を与え、人間の心理が経済に大きな影響を及ぼすことがわかった時代でもありました。

Q1 バブル経済とファンダメンタルズの状態について考えてみましょう。

Q2 バブル経済で不動産融資が増えたのは、○○○○○という金融業の存在がありました。何でしょうか？

① 24時間戦えますか？

1989年に放送されたテレビコマーシャルは、衝撃的でした。「24時間戦えますか？ビジネスマーン、ビジネスマーン、ジャパニーズビジネスマーン」という言葉が軽快な音楽とともに流れます。

24時間働いたら健康には悪いし、体を壊すかもしれません。でも当時は誰もそんなことは考えず朝から仕事をし、残業した後で飲み会でわいわいし、そこからディスコで踊りまくって、深夜の2時頃に酔っぱらって帰宅することは珍しくなかったのです。そして翌朝の8時にはまた出社です。週休2日ではなく、週休1日も普通でした。

時代のことば　**1985年の流行語「イッキ！　イッキ！」**

バブル前夜とも言える、1985年頃の新入社員のコンパなどでされた“一気飲み”を略した言葉です。当時は、会社、大学などでの飲み会で盛り上がり始めると使われる、飲み会専用のコールとして流行しました。現代ではハラスメントにもなりかねず、今では、筆者のような“年寄り言葉”かもしれません!?

「ファンダメンタルズ」という言葉があります。経済の世界では、ファンダメンタルズを**〝基礎的定常状態〟**と訳します。要するに「基本的に必要な状態」です。

人間にあてはめると睡眠時間は7~8時間、1日3食でスイーツやアルコールはたしなむ程度が定常です。体も必要な筋肉と適度な脂肪分を維持します。こうして毎日快適な状況を維持でき、体のファンダメンタルズが整います。

私たちは健康診断で身体的なファンダメンタルズの状況を把握できますが、経済のファンダメンタルズを把握するのは難しいものです。経済の状況、たとえばGDPが伸びていても、GDPのどの部分が筋肉で、どの部分が脂肪かはわかりません。

経済の〝筋肉〟が育つことによるGDPの増加であれば、ファンダメンタルズの増加なので良いのですが、脂肪分であればそれはファンダメンタルズではありません。

脂肪分は多すぎると体が動かなくなります。バブルはいわば経済成長の〝脂肪分〟です。バブルも多すぎると中身のない経済成長が慢性化してやがては破裂してしまいます。

§13ではバブル崩壊について話しましたが、ここでは、経済の脂肪分であるバブルがどのように形成されたのかを見てみましょう。

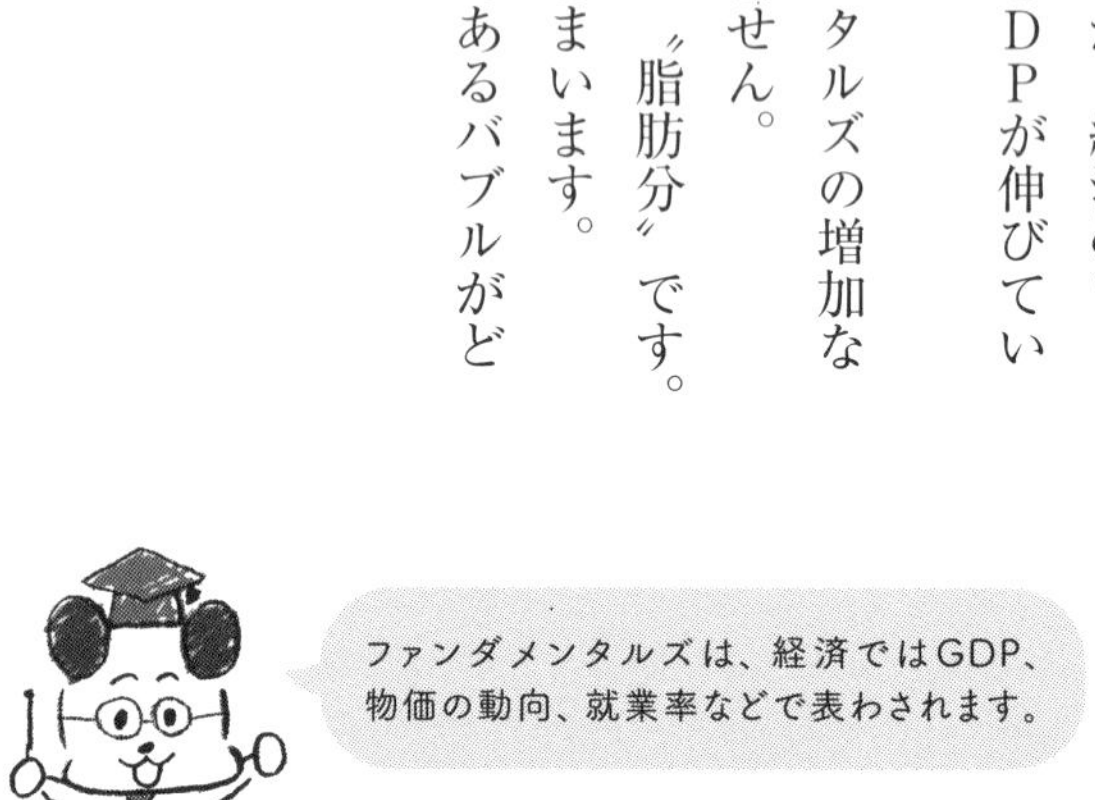
ファンダメンタルズは、経済ではGDP、
物価の動向、就業率などで表わされます。

②　NTT株高騰からバブルへ

1985年、日本電信電話公社が民営化され、NTTとなりました。大規模な株式会社の誕生です。

1987年、NTTの株式が売り出されました。**株式公開**、つまり新しく発行されたNTT株を人々が買う機会が生じたのです。

筆者は当時、銀行員でした。多くのお客様が銀行に来ては、「NTT株の売り出し価格はどうなるのか?」と質問されたことを覚えています。お客様は皆、期待感でわくわくしていました。株が大人気だったのです。

第1次NTT株の売出価格は119万7000円だったのですが、1987年2月9日は買い手が多く、初日は値がつかない状態でした。なんと、最終的には318万円まで価格が上がったのです。

銀行員は皆、大忙しでした。NTT株を買うため、お客様が、自身の銀行預金では足りない分、一時的なローンで高額を借り入れるというのです。NTTは大企業とはいえ、企業の株式ですから資産価値の変動リスクを伴います。そんなリスクがあるにもかかわらず「借金してでも買いたい」という投資家が増えていたのです。

人々の意識の変化

株に限ったことではありません。不動産も、銀行からお金を借りてでも購入したいという時代になっていました。

1970年から1980年代前半頃は、金利が8%程度で推移していました。その後、1985年頃からは徐々に金利が下がっていきました。そこで、人々の間では、低金利の銀行預金のような安全資産だけではなく、株式投資という、元本は保証されないが、より高いリターンの可能性もある〝リスク資産〟への興味も出てきたのです。ただ、今の日本のような「若者も含めて多世代で資産運用に取り組もう！」という状況ではありませんでした。

相応にリスクを取ることができる金銭的に余裕、あるいは株式投資について知識がある中高年層が、投資でリスクを取る側に軸足を移したのです。一方では「日本経済は今後も成長する」という楽観志向もあったと思います。

人々は、ファンダメンタルズを超えた部分までお金を借りるという消費構造に慣れていないのに、株を買ってしまったのです。貯金額の範囲内で消費するのではなく、それを超えて借金しても消費するという、新たな消費の仕方が始まりました。NTT株事件が表わしたのは、バブル経済の前兆だったのです。

いずれにしろ、株式投資の人気が上がり、**お金を「貯める」から「使う」へと時代の変化が生じたのがこの時期（1986年から1989年）でした。**

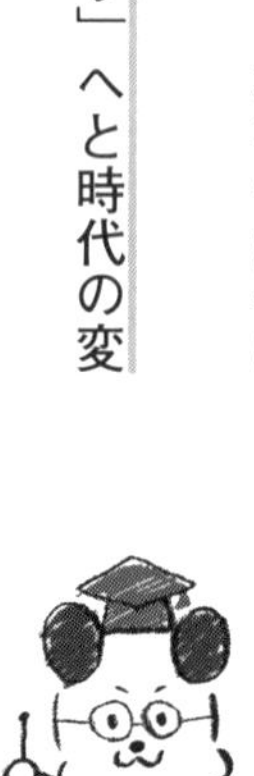

「低金利」とはいえ、当時の金利は5%程でした。今の0%台とは比べものになりませんね。

ブラックマンデーが浴びせた冷や水

ＮＴＴ株の第１次の売出価格は既述の通り、１１９万７０００円でした。この売出価格はＮＴＴ本社や、株式上場に関わる会社（主幹事証券会社など）が、企業業績などの情報を整理して「この価格で買いませんか」と提示する価格です。これがファンダメンタルズだと仮定しましょう。

１１９万７０００円が、どんどん価格が上がって３１８万円になるまでの間にＮＴＴの企業業績、つまりファンダメンタルズ＝筋肉が短期間でモリモリと発達したとは考えられません。わずかな期間で、企業業績とは関係のない脂肪分であるバブルが増えてしまった可能性があります。そうだとすれば、株の価格＝ファンダメンタルズ＋バブルということです。

もちろん投資家もバカではありません。ＮＴＴがこれから数年にわたって業績を伸ばすと、今は脂肪であるバブルも、数年間で企業経営を鍛える内に筋肉に変わって、ファンダメンタルズに変貌すると考えていました。しかし、想定外のことが起きたのです。

１９８７年10月19日の月曜日、ニューヨークのウォールストリートの証券取引所で株価が急落しました。いわゆる〝**ブラックマンデー**〟です。この影響で日本のＮＴＴ株も

225万円程度まで下がってしまいました。

高値で買った人にとっては318万円を支払って得たNTT株の資産が、225万円まで下がってしまいました。資産価値が下がった影響はさまざまです。株の購入資金の318万円を、すべて銀行から借りていたケースもありました。株の価値が100万円ほど下がってしまったのに、借金の318万円は変わりません。

幸いなことに、ブラックマンデーは収束も回復も早く済みました。そして、バブル経済は1989年末まで継続したのです。

3 なぜ「バブル経済」の状態が生まれるのか

バブル経済とは、モノの値段や株式・債券あるいは土地・建物といった資産の価格がファンダメンタルズを超えて上がってしまうことです。

ファンダメンタルズの動きはその要因を説明できることが多いのですが、バブル経済は理由が複雑に絡み合って生じるので説明が難しく、それをコントロールすることは困難です。というわけで、これまでもさまざまな「バブル」が起きては破裂することを繰り返してきました。

オランダで起こったチューリップバブル

１６３０年頃、オランダでチューリップ・バブルが起きました。チューリップの球根の価格が上がり、球根１つがわずか数年で年収の数倍になるまで価格の大変動が起きたのです。球根１つの価格が年収をはるかに超えるなんて正気の沙汰ではないように思えます。チューリップは見た目がかわいく万人に好かれるという価値や、品種により栽培が難しいから価値が高まるだろう、という人間心理からくるファンダメンタルズの考え方もあったのでしょう。

しかし、このバブルの真の原因は、当時の株価（１６３０年代に証券市場があったのです！）の急上昇が原因でないかと言われています。

株価が上がることで利益を得ていた富裕層は、さらに利益を得ようとチューリップを高値で買います。チューリップが単なる球根で、どこに実質的な価値（ファンダメンタルズ）があるのかを考えずに購入し、異常に価格が上がるバブルが起きたのです。今思えば、笑うしかないような出来事が起きていました。

１９８０年の日本への不満

話は日本に戻ります。日本経済は１９５０年代から始まった高度経済成長で発展し、輸出が盛んでGDPも好調でした。貿易黒字が大きくなっていました。

反対に、アメリカやヨーロッパは日本から輸入をしていたのですが、日本への輸出は多くありませんでした。当然、経済的には不満が積もります。

1973年には円ドル相場が変動相場制（§17参照）になって円高が進み、日本が海外のモノを安く買えるようになったことで、日本への輸出は増えつつありましたが、不満は解消しませんでした。

そして1980年代が始まりました。

第2の黒船襲来

江戸時代、嘉永《かえい》6年（1853年）にアメリカ合衆国海軍東インド艦隊のペリー提督が浦賀にやって来て、大砲をちらつかせながら鎖国から貿易国に変更する日米和親条約を結びました。当時の人々からすれば「結ばされた」と言えるものだったでしょう。

1983年に〝第2の黒船〟とでも言うことができる、日米円ドル委員会が開催されました。日本に対して、さらなる円高を求めるものでした。

1985年、ニューヨークのプラザホテルで日米を含む先進5カ国の中央銀行代表と財務省代表でプラザ合意が結ばれました。ここでは円高圧力だけではなく、日本の内需拡大が話し合われました。

プラザ合意は日本に対して「円高（ドル安）を行ないながら、輸入も増やすようにしろ」と為替と貿易の両面の大砲をちらつかせたようなものです。輸出が制限された中でこれを達成するには、国内でどんどん消費するしかありません。

これが1985年頃から始まった、バブルが起きる要因となったのです。

4 ガイアツで株価と地価が上がった

円高は輸入をしやすくし、内需が拡大します。日本人が輸入品をいっぱい消費できます。円高で消費が増えると、プラザ合意の円ドル委員会の思惑通りになるはずです。

それでは、プラザ合意後の消費者物価の変化と内需の拡大について見てみましょう。

消費者物価は変わらなかった

プラザ合意の第2の黒船の影響で日本銀行は金利を下げました。外部からの圧力で金利を下げるというこの動きは「ガイアツ（外圧）」と呼ばれました。

金利が下がることによって銀行からお金を借りやすくなります。国民はお金を借りて、借りたお金で消費を増やすと思われました。

実際に、消費は増えました。消費が増えると、モノの価格（消費者物価）も上がりそうです。しかし、この時は、円高ゆえに輸入価格が上がらなかった（下がった）ため、輸入品の物価は変わらなかったのです。

既述のＮＴＴ株の話に戻りましょう。〝株〟の取得とは、つまり〝金融資産〟を取得するということです。取得にはお金がかかりますので、足りなければ銀行から融資を受けることが必要です。

金融資産の取得は、消費者物価指数には反映されません。つまり、**目に見えるモノやサービスの価格は上がらなくても、目に見えない金融資産である株や債券は上昇していきました。**

株価は、１９８７年のブラックマンデーの影響で、少し低下しましたが、また１９８９年には高くなり、バブル状況は続いたのです。

銀行からお金を借りて不動産を買う

金融資産と同様に土地・建物・マンションといった不動産に焦点があたりました。

銀行が、住宅ローンや不動産ローン、あるいは企業向けローンなどに積極的に取り組んだのです。株や債券に興味がない預金者のお金は、銀行が行なう間接金融によって預金者が知らない間に、不動産に融資されていたのです。

各地で積極的に土地が買われたことで、地価が上昇しました。図15－1では、1986年から1987年にかけて東京都区部で、その後、1988年には全国平均で地価が上昇していることがわかります。

不動産とノンバンク

銀行は1960年、1970年頃は不動産に対する融資には慎重でした。しかし、バブルの状況になって地価が上昇するとその融資は増えました。銀行から不動産への融資には一定の制限があります。せっかく銀行融資が増えるのに、制限（総量規制）があると、銀行のビジネスチャンスにも制限がかかります。

銀行はノンバンクに融資を行ない、この状況を乗り切ろうとしました。**ノンバンクとは消費者ローンやリースと呼ばれる金融業です。銀行のように預金があるわけではなく、貸出しのみに特化します。**ノンバンクは消費者金融のイメージがありますが、不動産金融も行ないますし、規模は

図15-1　地価の動き（前年比）

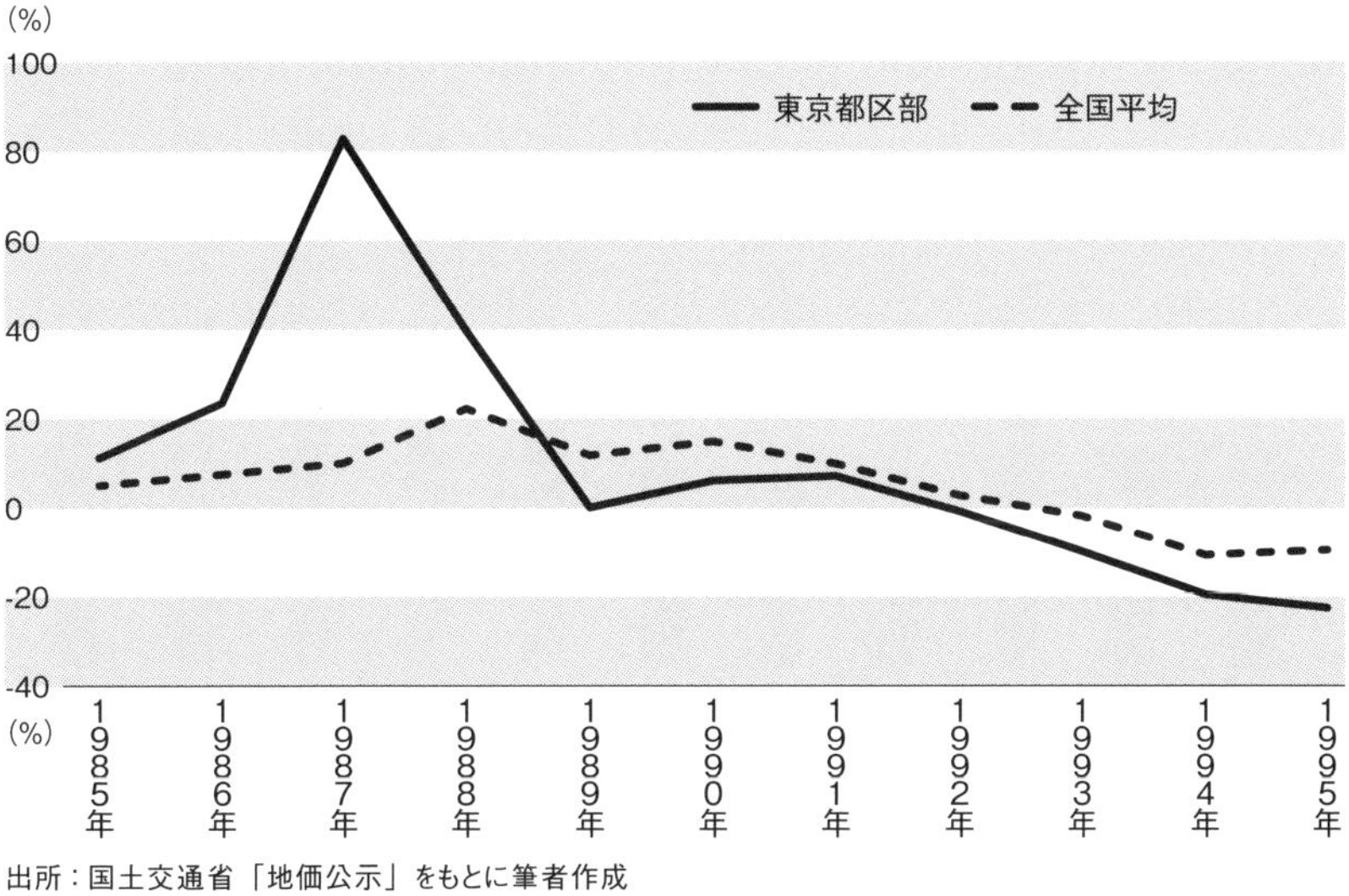

出所：国土交通省「地価公示」をもとに筆者作成

大きいです。図15－2では、銀行による不動産向け融資とノンバンク向け融資の比率が伸びていることがわかります。特にノンバンク向けの増加は著しく、**銀行→ノンバンク→不動産融資と、迂回した形で融資が行なわれたのです。**

不動産への融資により、大都市で高層ビルがたくさんできあがりました。東京都庁や横浜ランドマークタワーなどの建設が始まったのもこの頃です。ちょうど、バブル崩壊の1年前のことでした。

5 株価の上昇バブル

プラザ合意を受けて内需の拡大を達成するために、日本銀行は金融緩和策として金利を下げました。お金が日本銀行から民間銀行を通じて、市中に流れ出したのです。市中とは民間企業と家計の両方です。

家計は株を買いました。株価の動向だけを見て「株価

図15-2　不動産とノンバンクへの貸出比率

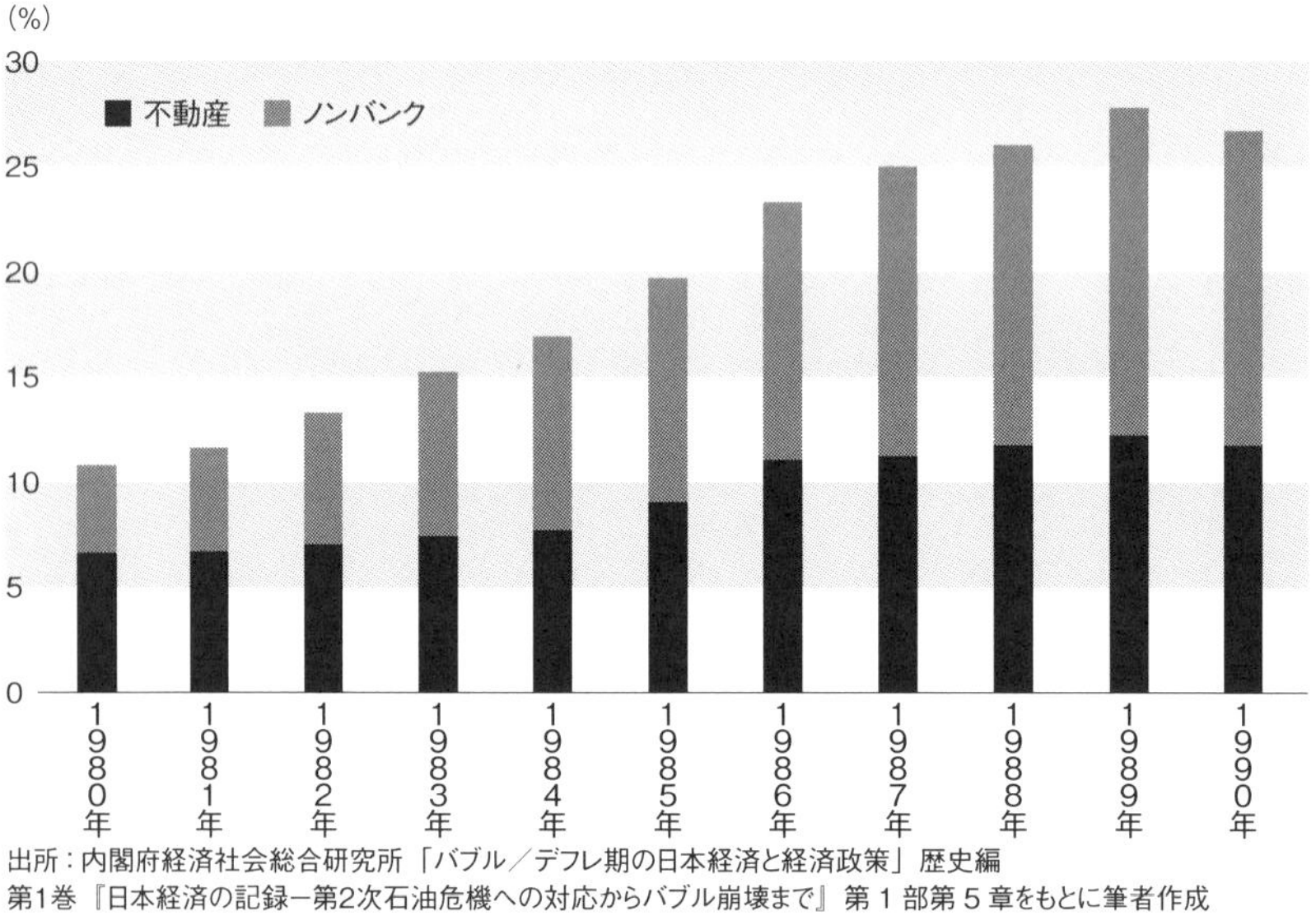

出所：内閣府経済社会総合研究所「バブル／デフレ期の日本経済と経済政策」歴史編
第1巻『日本経済の記録―第2次石油危機への対応からバブル崩壊まで』第１部第５章をもとに筆者作成

が上がりそうだから株を買う」という流れで株価が上がりました。もちろん、しっかりと株式を発行している企業の動向を見ることもありましたが、短時間で株価が動くので、時間の余裕がなくなってしまう投資家が多かったのです。

企業も株を買いました。企業は企業同士で株の持ち合いをして、株を保有している企業の価値が上がると、財務上はその企業の資本が増えます。その資本の増加を利用してビル・建物など不動産を買い入れます。すると、その不動産は価値が上がっていきますから、保有する企業の価値も上がり、その株式価値も上がります。すると、その株を保有している企業はそのお金でまた別の株を買います。こうして「ニワトリが先かタマゴが先か」はわかりませんが株価も不動産価格（地価）も上がっていったのです。

この人々や企業の動きは**バンドワゴン効果**と呼ばれる行動経済学の考え方で説明できます。バンドワゴンとは行動を起こす先頭を意味して、競馬などでは「勝ち馬」とも呼ばれます。**企業も家計も勝ち馬に乗ろうとして少しでも株価・不動産価格が上がっている先に我先にとお金を流し込んだのです。**

最終的に誰が流し込んだかと言えば、それは民間銀行です。民間銀行の親分の日本銀行でもあります。**日本銀行がプラザ合意で約束した流動性は、いつの間にか〝過剰〟流動性になっていました。**果たして、このバブル景気で勝ち馬に乗った勝者はいたのでしょうか。

おぼえてほしい
今日のキーワード

ファンダメンタルズ	経済の「基礎的な状況」を指す。国とその国の企業などの経済的状況を踏まえてファンダメンタルズが指標化されることが多い。
バブル経済	1980年代後半、中でも不動産価格や株価がファンダメンタルズを超えた経済の状態。
ガイアツ	第2の黒船と言われる経済的な合意のこと。日米を含む先進5か国でプラザ合意が結ばれ、日本の内需拡大が求められた。これがバブル経済につながったと言われることもある。

SECTION 16

企業物価指数、消費者物価指数

1973年 オイルショック

オイルショックで
トイレットペーパーがなくなる？

トイレットペーパーどこへ？

中東戦争の影響続く

○×新聞

発行○×新聞社

1973年 昭和48年
10月19日

オイル・ショック 大臣発表から混乱続く

第4次中東戦争に端を発した紙騒動はとどまるところを知らず、混乱は広がり続けている。市民の紙製品、ガソリンの買い溜めが相次ぎ店頭から続々姿を消した。

「おひとり様1ケースだけです。順番に並んでください」。近畿地方のスーパーでは大行列ができ、店員がハンドマイク越しに必死に呼びかけを行ないながら混雑の整理に追われていた。大行列の目的は、トイレットペーパー。1家族1点の制限のため、中には4人家族で父、母、息子、娘が他人のように並んで1人1ケースを買う姿も見られた。小売店の売り惜しみや値上げも相次ぐ。政府は買い溜め自粛を呼びかけたが、国民の不安感は拭えず効果は限定的だ。

どうする石油確保 問われる政治の手腕

政府は「石油節約運動」として日曜ドライブの自粛、高速道路での低速運転、暖房の設定温度調整などを呼びかけた。騒動の背景には、アラブ諸国とイスラエルの関係がある。10月17日、サウジアラビア、イランなど石油輸出国機構（ＯＰＥＣ）加盟の6カ国は原油公示価格の21％引き上げを決定。さらに、敵国イスラエルを見据え石油戦略を展開、親アラブの「友好国」には石油を供給するが、イスラエル支援国へは供給制限することを表明。日本は石油の8割を中東からの輸入に依存しており、反アラブの米国側に立てば、石油供給断絶を免れない。田中角栄首相は、アラブ主要国に特使を派遣する準備を進める。

トイレットペーパーの生産は実際には足りていました。しかし、空っぽの棚を見た人たちがパニックになり、「紙が足りない」という噂はどんどん加速していきました。

Q1 なぜ、みんながトイレットペーパーを買い求めたのでしょうか？

Q2 石油の価格は誰が決めるのでしょうか？

① トイレットペーパー事件

1973年のことです。テレビでは第4次中東戦争の画像が出ていました。そして、当時の中曽根康弘通商産業大臣が「〝紙〟を節約してください」と国民に注意喚起していました。

中東戦争の影響で石油の輸入量が減る可能性と、石油や石油による電力を使ってつくる製品の供給量が減る可能性をわかりやすく知らせるため、もっとも身近な紙を使って説明したのです。

しかし、国民はそうは受け止めませんでした。〝紙〟と聞けば紙に関連したさまざまなモノだと思うのは自然です。ここで、紙がいつの間にか誰かの誤解で、トイレットペーパー

時代のことば　**1973年「ノストラダムスの大予言」**

1973年のベストセラーが『ノストラダムスの大予言』です。そこには“1999年7月に空から恐怖の大王が降りてきて世界は破滅する”と記されていました。筆者は当時中学生でしたが、友だちと一緒に読んで怖かったのを覚えています。当時はオイルショックで世情が不安定でした。それまでは順調に経済が成長していたので、急に遠い西側で起きた中東戦争や、足下にやって来たガソリン価格の高騰などの予測できない恐怖感を大王と重ねたのでしょう。

になっていました。トイレットペーパーが第4次中東戦争で枯渇してしまうと思い込み、あわててスーパーに行ったのです。

この時に働いていたのは〝ハーディング効果〟。ハーディングとは、動物が先頭に従って群れをつくることを言います。**論理的に正しいかどうかを、個人で判断するのではなく、周囲の行動に従ってしまう効果です。**

2020年、新型コロナウイルス感染症が流行した際、不織布マスクを買うために行列ができ、仕方がないので「アベノマスク」が各家庭に配布されたことに似ています。これもハーディング効果でしょう。

私たちはこのように、簡単にハーディング効果に影響されてしまいます。

大臣が伝えたかったのは、トイレットペーパーがなくなるということではなく、単に、「石油輸入量が減って、値段が上がるかもしれないので紙を大事にしよう」ということだったのですが、皆が群れのごとくにトイレットペーパーを求めてしまいました。

ちなみに、トイレットペーパーの製造工程は次のようなものです。古紙を溶解し、洗浄し、ドライヤーで乾かし、ビッグロールを巻き取り機（ワインダー）でミシン加工して通常のトイレットロールにします。ここで、大量の電気エネルギーを利用します。**電気は石油を使った火力発電でつくられます。石油がないと電気エネルギーもつくれなくなってしまうのです。**

②　石油の価格は誰が決めるのか

私たちは日々の生活の中でエネルギーを必要としています。発電のために主に使われるのは石油（天然ガスを含む）で40％を占め、30％は石炭です。これらの化石燃料は温暖化対応や環境対応には問題があるのですが、それを知りつつも、**石油に依存**することからは脱却できないのです。

石油は石炭に比べるとさまざまな意味で効率的です。自動車は石油由来のガソリンで動きます。ガソリンが効率的にエネルギーに変換できるので、自動車のガソリンタンクは小さくて済みます。もしも石炭であれば、大きなトランク全体に石炭を積み、それを燃やしながら走る必要があります。

このように、石油はエネルギーを生み出すのに効率的で、不可欠な存在です。その石油の価格（原油価格）はそもそもどのように決まってきたのでしょうか？　誰が決めているのかを歴史をたどって考えてみましょう。

世界が石油を大量に使い始めた

石油の産出国と言えばサウジアラビアを思い浮かべるのではないでしょうか。かつては砂漠だけだと思われていた国の地底には、エネルギーが蓄えられて眠っていたのです。

それまで主流だった石炭による発電は、効率性に問題がありました。石油が効率的なのは当時すでにわかっていたのですが、ごく一部の地域で採掘され、利用されていただけでした。そのような中で、アメリカとイギリスは石油、特に安価な石油を求めていました。この状況が変わったのは1950年代です。中東地域で大規模な石油が相次いで発見され、ここから石炭から石油へとエネルギー源が変わり始めます。

中東の中でも、サウジアラビアに石油が埋蔵されていると聞きつけた、**アメリカのルーズベルト大統領とイギリスのチャーチル首相**が利権を争ってサウジアラビアに訪れました。そして、エクソン・モービル（米）、シェル（英）などの資本力を持つアメリカとイギリスの企業が、それぞれの国を代表する形で利権を得たのです。

資本力とは、たとえるならば、土地を持っている地主のところに金銭力のある資本家が訪れて「あなたの土地に、私のお金でビルを建てさせてもらえませんか？　そうすれば土地の利用料を差し上げますよ」というようなことです。地主はお金がなくても土地を有効に活用して利用料を得られますし、資本家は、土地代の支払いは生じますが、ビルという建物を得て、ビルを使いたい人たちを探し、ビルを使わせる金額を決めて、土地代よりもさらに高額なビルの使用料を得ることができます。

アメリカもイギリスも、お金はありました。石油を販売する能力もありますから、それによる収益を得ることができます。そこで、サウジアラビアの土地の地下に埋蔵されている石油の利用料を支払うことで、世界中で石油を売ることができるという巨額の収益機会を得たのです。

エクソン・モービルやシェルなどの大手は**石油メジャー**と呼ばれ、その内の7社ほどがセブンシスターズの石油メジャーと呼ばれました。

石油メジャーからOPECへ

サウジアラビアの原油価格が、石油メジャーの指示で決定されるということは産油国であるサウジアラビアにとっては面白くはありません。1960年、同じ思いを持つサウジアラビア、イラン、イラク、クウェートそして南アメリカのベネズエラが、**OPEC（石油輸出国機構）**を設立しました。

産油国が自ら原油価格を決定できるようにしたのです。販売者側の石油メジャーが価格を決めるのではなく、地主側が価格を決めるという変革が起きました。

経済から政治への流れ

人間は何らかの不満が生じると、それが積もったままであれば大きな不安や不満となり、いずれ爆発してしまいます。ＯＰＥＣを設立して、原油価格の調節の力量も得て、経済的に余裕ができた段階で、不安と不満が溜まり始めました。

契機はイスラエルの存在だと言われています。イスラエルはアラブ地域に国を創設しました。アラブの人たちは、イスラエルに一部の土地を奪われたという認識を持ったのです。アメリカはイスラエルを支持しました。その結果、アラブの国であるサウジアラビアは、アメリカを友好的な国とは見なくなったのです。また、アメリカからすれば、石油メジャーの存在によってサウジアラビアに経済が伸びる機会を与えたのですが、サウジアラビアからすれば「利用料が少なすぎる」という不満が積もっていました。こうした積み重ねにより、イスラエルと、アラブ地域との戦いが起きたのです。

３ 第４次中東戦争と原油価格の変動の始まり

１９７３年10月、第４次中東戦争が起きてしまいました。構図はアラブ対イスラエルということになっていますが、アラブ諸国では、イスラエルの後ろ盾としてアメリカがいる

「友好国と非友好国」

平和で協力的な関係性を持つ国同士のことを友好国と言います。その逆、友好ではない国同士が非友好国。政治、経済など、さまざまな分野での関係を端的に表わします。

という認識が一般的でした。

そこで、**サウジアラビアはアメリカを「非友好国」とし、全面的な禁輸措置**を採りました。もちろん、石油も含まれます。日本は〝アメリカの同盟国〟と見なされ、日本も禁輸となりそうだったので、当時の副首相、後の第66代首相の三木武夫氏があわててアラブ各国を訪問しました。これほど日本にとって石油と原油価格は重要だったのです。

1945年から、1960年にOPECが設立されるまでは既述の通り、原油価格はメジャーの支配下のもとで低く抑えられました。その後、OPECの設立で価格は上がりましたが、それでも急激な変動はありませんでした。

しかし、この戦争が転機になりました。1960年からずっと、2ドル程度で落ち着いていた原油価格を、1973年に急に5・12ドルに値上げしたのです。ここから石油の価格変動が始まりました（図16-1）。同時に、石油と関連するモノの価格変動が起き始め、変動幅は徐々に大きくなり、2000年からはますます激しくなりました。

図16-1　原油価格の変動（1970年から1995年）

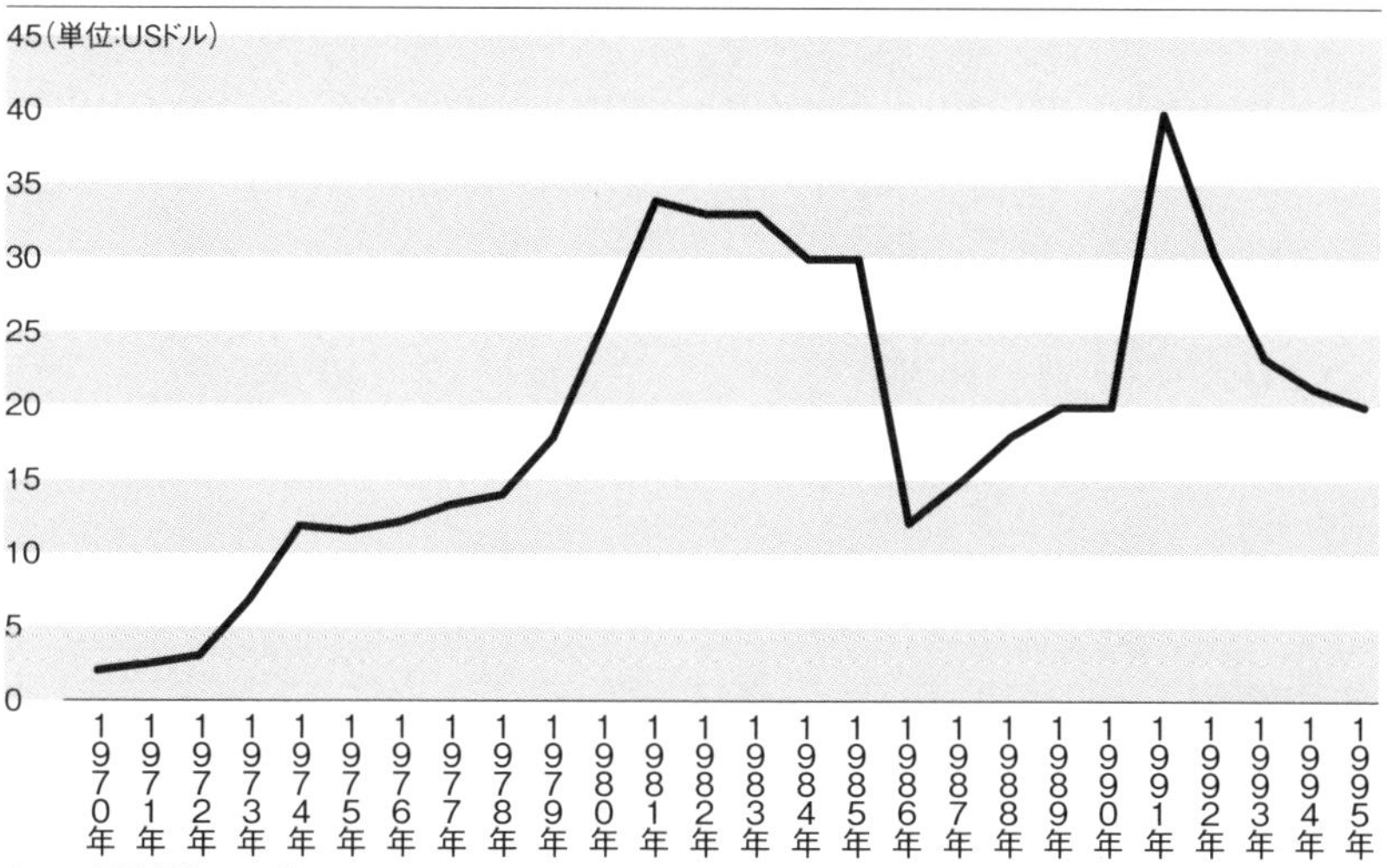

OPEC 原油価格、1バーレル：USドル
出所：アラビアン・ライトの価格などを利用し筆者作成

④ 物価と石油の関係

私たちが必要としている電力エネルギーの4割は、石油でつくられています。そのため、一見すると石油と関係のなさそうなものも、石油の価格が上がるとその影響を受けて値段が上がることになります。ここで参考になるのが「企業物価指数」です。

企業物価指数とは？

企業物価指数とは日本銀行が作成している物価の動向を表わすものです。

日本にはさまざまな企業があり、その企業が財（モノやサービス）を生産して出荷するという取引をしています。**この取引段階の価格動向を把握し、指数化したのが企業物価指数です。**なお、ここで言う指数とは同種のモノ・サービスの価格の変動を示しています。

企業物価指数は基準時点との比較で表わされ、2024年時点では2020年を基準としています。2020年時点の価格を100として、そこからどれくらい価格が上昇したかを逐次発表しています（図16－2）。

たとえば、2024年10月10日発表では「2024年9月の企業物価指数速報値」が発表されています。この時は「国内企業物価指数は、前月比0・0％（前年比＋2・8％）」で

図16-2　企業物価指数

2024年9月	指数（基準時:2020年）	8月	前月比	8月	前年同月比	8月
総平均	123.1	123.1	0.0	-0.2	2.8	2.6

出所：日本銀行調査統計局「企業物価指数」（2024年9月速報）

した。先月とはそれほど変化はなくとも、前年同月比では大きく物価指数が上昇していることがわかります。

前月末までの指数が、翌月中旬には発表されます。極めて早く発表されるので、景気の現状を把握することができる優れものです。

日本の企業物価指数は、2021年の初期あたりから大きく上がり始めたと言われています。2021年2月の企業物価は、前年同月比9・3％増と発表されました。これまでには見られなかった上昇率です。

この主な理由は、原油価格の高騰だと言われています。日本企業はさまざまなモノを輸入し、それを使ってつくったモノを輸出することで収益を上げています。その**輸入品の中で大きなものがエネルギー、つまり原油**です。

もちろん、製品の製造にはエネルギーが必要ですから、**輸入したエネルギーを使ってつくられた製品は高くなり、国内の企業物価指数も上昇します。完成品を輸出するにも、輸出価格が上昇します。**原油などエネルギー価格の動向が、即時的に日本

図16-3　原油価格と企業物価指数

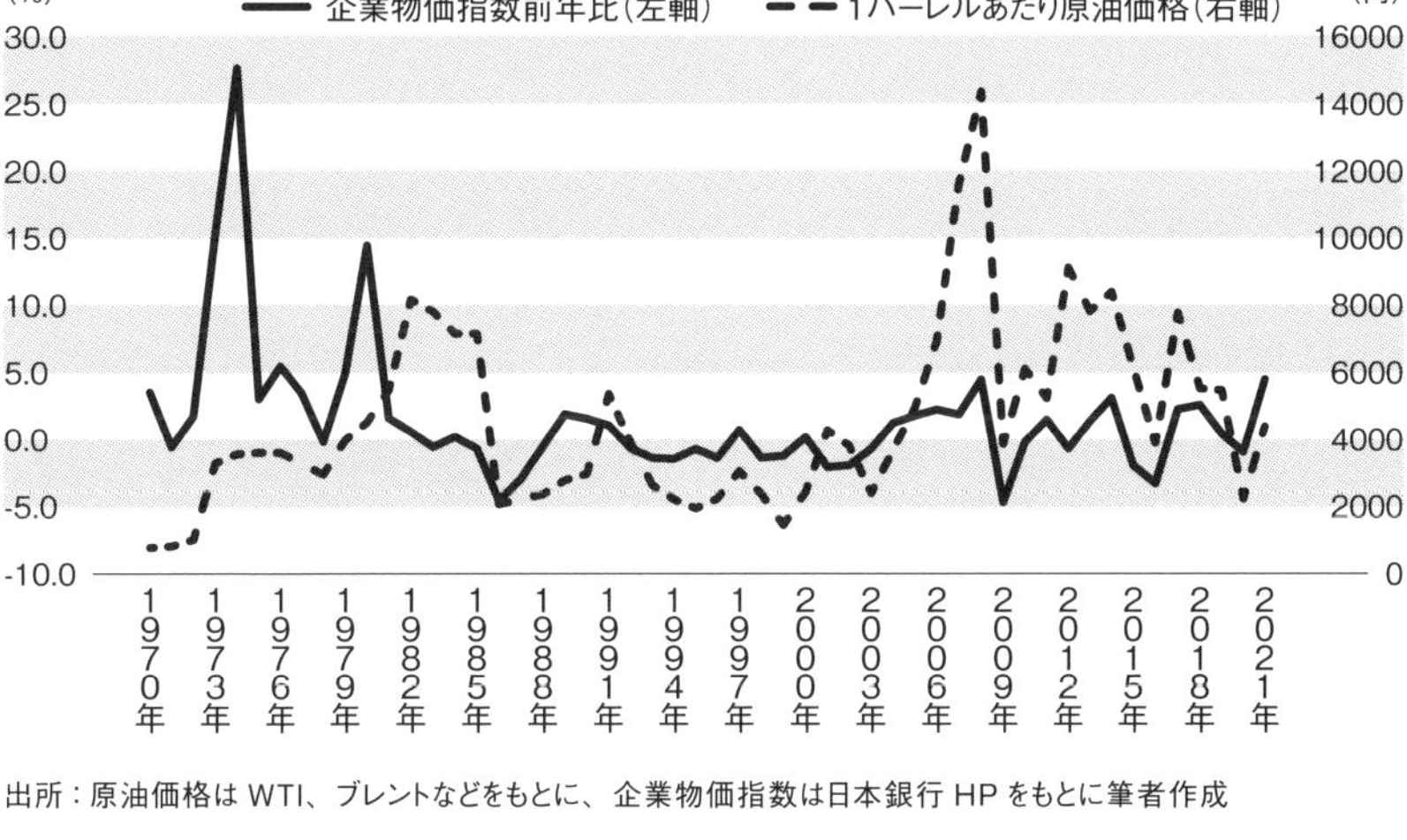

出所：原油価格はWTI、ブレントなどをもとに、企業物価指数は日本銀行HPをもとに筆者作成

経済に大きな影響を与える構造になっているのです。

図16－3は原油価格の変動と国内企業物価指数（前年比）を示したものです。1973年から少しの原油価格の上昇に反応して、企業物価が急激に上がっています。これがオイルショックと狂乱物価と呼ばれる時期です。

消費者物価指数とは？

消費者物価指数とは全国の世帯（家族や独立している個人）が家計においてモノやサービスを購入する時にどれだけ何に使ったかを時系列的に見るものです。要するに個人が使う金額の、前月・前年同月比といった時系列的な動きを指数化したものです。

企業物価指数は企業同士のやりとりにおける物価の変動を見ますが、消費者物価指数は私たち個人がモノとサービスを買う時の価格の変動を見るものです。

さて、最近は私たち一般消費者も、物価の上昇を実感

図16-4　消費者物価指数と金利（前年比）

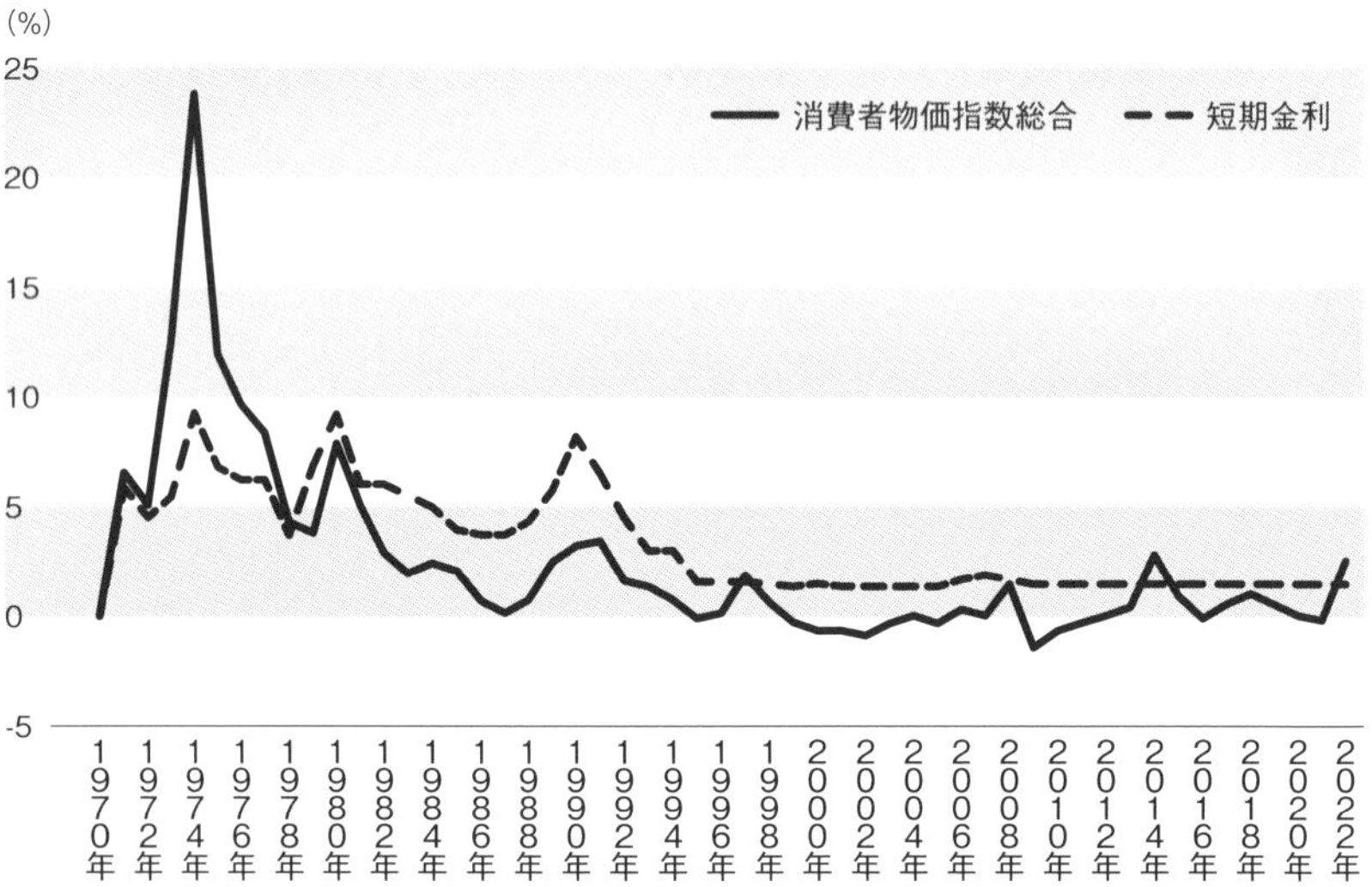

出所：消費者物価指数は総務省統計局のデータ、短期金利は日本銀行のデータをもとに筆者作成

することが多くなりました。

先ほど見た企業物価指数の上昇は2021年の初期からでした。消費者物価指数は少し遅れて2021年の9月頃から上昇を始めました。企業の物価が上がってからしばらくして消費者物価が上がったのです。

これは企業側ができるだけお店で売る価格を抑えようと努力をして、場合によっては企業収益を下げてでも価格を上げないように頑張ったという見方もできます。

こうした国内企業の努力にもかかわらず、世界ではウクライナとロシアだけでなく、イスラエルあるいはアフリカでも紛争が起き、ますます企業物価が不安定になりました。

そして、相次ぐ企業物価の上昇に耐えきれず、日本でも2022年頃から消費者物価指数が上がり始めました。

消費者物価が上昇することを止められないのであれば、今後必要なのは、それに見合ったただけの賃金の上昇です。

⑤ オイルショックの終焉

話を1973年のオイルショックに戻します。当時、国内での消費者の騒動を鎮めるため、政府は「国民生活安定緊急措置法」を定めて国民の生活物資（トイレットペーパー、家庭用灯油など）の価格抑制を行ないました。加えて、石油の適正な供給を確保すると同時に、使用を節減するために、「石油需給適正化法」も定めました。

これらは、利用料の値引きを行なった2023年の「電気・ガス価格激変緩和対策事業」や2021年からの「燃料油価格激変緩和補助金」などと似たような措置です。

こうして、トイレットペーパーを求めた狂乱は幕を閉じました。

このように、日本の物価の動きは、石油などの化石燃料に大きく影響を受けているのです。さまざまなエネルギーでの代替を模索していますが、まだ化石燃料依存は大きなままです。2022年には石油メジャーの中で、石油発掘の抑制措置を停止する動きも出てきています。

石油と物価の変動はまだまだ続きそうです。

企業物価指数は、以前は「卸売物価指数」と呼ばれていました。卸売価格だけでなく、企業間価格や生産者の価格なども計測されているので、より幅広いことを示すため2002年から名称を変更したのです。

おぼえてほしい 今日のキーワード

原油価格

石油の卸売価格で、主にOPECの影響を受ける。日本はエネルギー源の多くを石油の輸入に頼っているため、この価格が物価へと直結しやすい。

企業物価指数

企業の生産取引段階での価格動向を把握し、指数化したもの。消費者物価指数に先んじて上下するため、パロメーター的役割を果たす。日本銀行が作成・公表している。

消費者物価指数

個人（家計）が、モノやサービスを購入する時に、どれだけ何に使ったかを前月比・前年同月比といった時系列的に見る指数。

SECTION 17

貿易と経済圏

1971年 ニクソンショック

日本の未来を占う
貿易の仕組み

○× 新聞

米国 金・ドル兌換停止

ニクソン大統領、突然の発表

○×新聞

発行○×新聞社

1971年 昭和46年
8月15日

米国、スタグフレーション状態からの脱出目指す

8月15日、ニクソン大統領は米ドルの金兌換の一時停止を、国内に向けたテレビ演説で突然発表。国内失業対策の他、10%の輸入課徴金の実施も合わせて発表された。近年、アメリカ国内はベトナム戦争の縮小による失業者の増加やインフレに苦しんでいた。各国ではドルの両替の総額を制限するなど、ホテルや両替窓口での自衛対応が広がる。

一夜明け日本も対応に追われた。「安くつくり外国に売る」輸出を重点にしてきた日本。ドルの価値の下落に輸入課徴金が加われば、米国への輸出が大幅に減少する可能性が高く、貿易業界や大蔵省は注視している。景気刺激のため、政府は大型補正予算編成の検討を始めた。

直前の通達 各省庁方針固まらず

今回の発表が日本政府に通達されたのは、公式発表の10分前。佐藤栄作《さとうえいさく》首相への直接電話だった。現段階では輸入課徴金の対象品目など不明点が多く、各省庁は「まだ情報不足だ」と口を揃える。

円切上げせざるを得ないか

戦後の金融は、ドルを基軸通貨として成り立ってきた。固定相場だった敗戦国の日本円や、西ドイツマルクは今後切上げられるだろう。さらに、今後は変動相場制につながる可能性も高い。

中央銀行の通貨の発行量が、希少資源である金と連動して一定の制限をかけられていたのです。
アメリカだけでなくグローバルに経済が発展したために金兌換の限界を迎えたと言えます。

Q1 金・ドル兌換の停止が世界に影響を与えたのはドルが「○○通貨」だったためでした。何と言うでしょうか？

Q2 変動相場制とはどのような制度でしょうか？

1 ニクソンショックとは？

1971年8月15日のことです。当時のアメリカ大統領、リチャード・ニクソンが突然、世界に向けて発表しました。

「私は大統領としてアメリカのために米ドルと金の兌換《だかん》を停止します。我が国のドルを守り、それによって雇用を促進しインフレも抑えます」

これが〝ニクソンショック〟として知られる事件です。

当時は〝**金ドル本位制**〟でした。ドルは、いつでも一定の定められた量で金に換えることができたのです。つまり、ドルの価値が金という希少資源の価値に基づいていたのです。

時代のことば 1971年「ゴミ戦争」

東京や大阪などの都市部で、急激な人口増によりゴミの量があふれてしまう問題が起きました。まだ企業や自宅で自らゴミを燃やすこともあった時代で、焼却施設が十分にありませんでした。経済力の上昇とゴミの量の上昇が重なり、焼却施設の建設場所をどこにするかも問題となりました。

1945年に第二次世界大戦が終結し、ヨーロッパなど先進国の経済が成長しました。ほぼ30年にわたって、多くの国では経済活動が活発化し、経済が成長していたのです。

一方で、アメリカは**景気が低迷しているのに物価だけが上がるという〝スタグフレーション状態〟**に陥っていました。さらに、貿易（国際収支）赤字も増えていました。日本やドイツを始めとする世界各国から大量にモノを買っていたのです。

大量にモノを買うということは、大量に世界各国にドルを支払うということになります。アメリカのドルが世界各国に散っていくのです。

貿易赤字のこの状況を、日本やドイツなど輸出側から見てみましょう。

「アメリカに輸出してドルを得るのは良いことだ」

「でも、ドルを発行しているアメリカは巨額の貿易赤字らしいぞ」

「今後ドルの価値が低下して紙切れになるかもしれない。ドルを金に交換しよう」

と思い始めても不思議ではありません。

一方、アメリカは

「いろいろ外国から輸入したいから貿易赤字は仕方ないよ」

「ドルと金が交換できると、貴重な金を持って行かれてしまう」

「でも、すぐには金ドル本位制をやめられないだろう」

「ドルを金と交換できるというのは、誰でも交換できるというわけではありません。かつては交換できたようですが、1970年頃は中央銀行同士のやりとりでのみ、ドルを金に交換できました。

「基軸通貨としての威厳もなくなってしまうのは困るな」

と思っていたのではないでしょうか。

そこで、ニクソン大統領はまず**ドルと金の交換を停止するという措置（兌換停止）**をとりました。

さらにニクソン大統領は１９７１年の終わり頃にアメリカを含む主要10カ国（イギリス、フランス、ドイツ、イタリア、カナダ、オランダ、ベルギー、スウェーデン、日本そしてアメリカ）が集まって、**「金1オンス（約28g）の価値を、35ドルから38ドルにする」**ことを決定します。１オンスあたりの金の価値を上げたのです。逆から見れば**ドルの価値を金に対して少し低くしたと言えます。**こうすると、貿易でドルをいっぱい支払うとしても、そのドルを万が一金に交換しなければならなくなった場合、支払う金の量を少なくすることができます。

外国の製品を輸入した時、ドルの支払いによって金という希少資源が流出していく心配を、以前よりは気にしなくて良くなり、アメリカとしてはドルの使い勝手が良くなりました。

反対に輸出国から見れば支払うドルは同じだとしても〝万が一金に交換する時の金の量は減る〟ということになったのです。ドルの価値が減った（下がった）のです。

これが〝**スミソニアン合意**〟です。スミソニアン合意とともに、対日本では、１ドル＝３６０円で固定されていた相場が、ドルの価値が減ってしまった（交換できる金の量が減ったから）ため、1ドル＝308円になりました。

つまり、円高・ドル安になったのです。金の交換量は減りましたが、輸出一辺倒だった日本にとっては円高で輸入がしやすくなりました。日本がアメリカのモノを買えるようになり、マクドナルドの1号店が1971年に日本に進出したのは象徴的でした。

さて、円高にはなったのですが、これだけでは終わりませんでした。

ニクソン大統領は「そもそも固定相場制は経済の平等さに欠ける」と考えたのでしょう。**その時の国の経済力に応じて貨幣価値が変動することにより、経済成長を各国で分かち合えると**考えたのです。

1973年2月14日、固定相場制からとうとう、**変動相場制**に移行しました。これにより、金の価値とドルの価値には交換関連性がなくなりました。

移行したとたんに円高・ドル安が始まりました。背後に金があるからこそドルの価値が円に比べて高かったのかもしれません。背後の金がなくなった5年後の1978年には、1ドル＝200円ほどに安くなりました。アメリカのモノを輸入したらアメリカへの支払いが308円ではなく、200円で済むようになったのです。お買い得です。

反対側から見ると、アメリカにモノを輸出したら以前は308円もらえていたのに、200円しかもらえなくなりました。円で見た場合、輸出額が額面上減ってしまうことになります。輸出立国だった日本はアメリカが提案した変動相場制という大事件に巻き込まれ、その輸出立国としての地位を下げました。

② 変動相場制とは？

相場とは「取引の価格」のことです。円とドルの交換のことを**外国為替《がいこくかわせ》**と呼んでいます。日本の貨幣である日本円と、外貨との交換をする時の価格を**外国為替相場**（為替レートと言うこともある）と言います。

外国との取引が起きた時は基本的に、相手国の法定通貨で支払いをする必要があります。アメリカに旅行する時は、ドルに換えます。その時に、国の経済状況により、1ドルが90円だったり160円だったりと、為替相場が変動しますが、これが**「変動相場制」**です。

一方**「固定相場制」**は、為替相場の変動がありません。そのため、他国との輸出入での価格変動が抑えられます。一方で、それぞれの国の経済状

図17-1　輸出入はバランスが必要

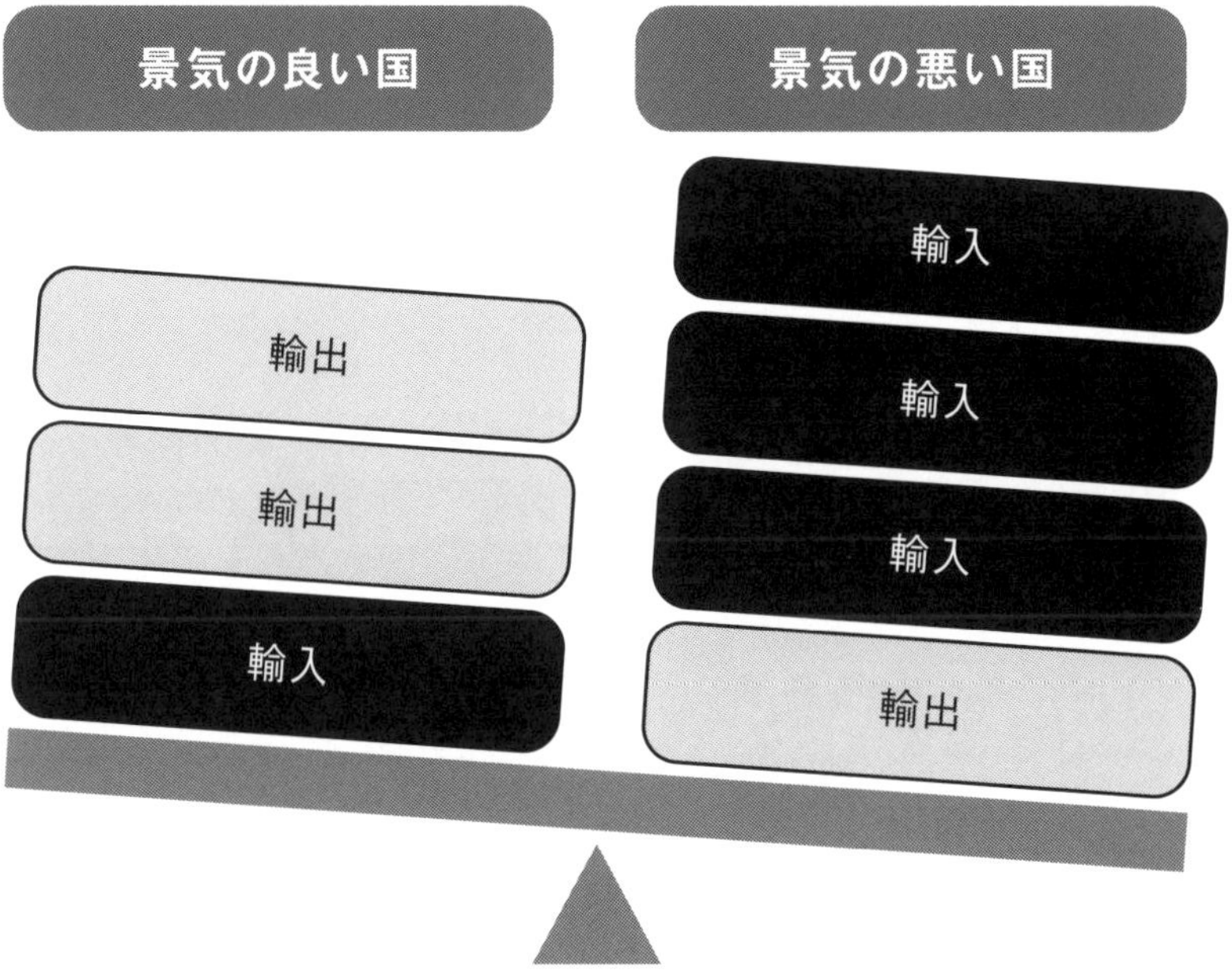

況が反映されず、不平等になる恐れがあります。

固定相場制から変動相場制への移行

１９７３年から日本は、変動相場制でアメリカと外国為替取引をすることになりました。

当時、日本のＧＤＰは１９６８年からアメリカに次ぐ世界第2位でした。スタグフレーション状態のアメリカから見れば、「日本の経済はすっかり成長しているんだからアメリカを儲けさせてくれよ」と思っても不思議ではありません。

平等の観点からは、景気が良い国と良くない国とで差が出ないようにすることが求められます。図17-１にあるように輸入の重みで景気が悪くなっているのであれば、輸出を増やして、景気の良い国の輸入を増やす必要があります。

そのためには輸出側の貨幣価値を低くして、輸入側の貨幣価値を高くする必要があります。つまり、貨幣価値をその時の国の景気状況に応じて変動させることで、バランスをとるのです。

図17-2　為替

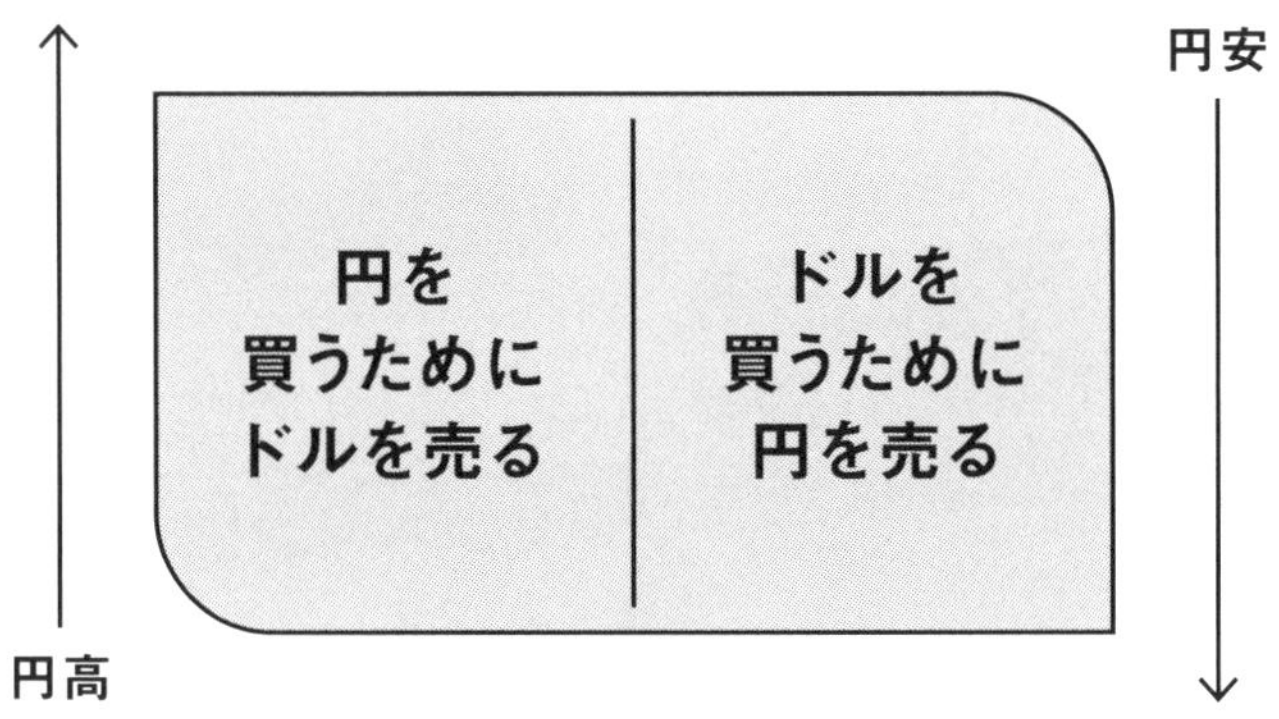

円安・円高の相対性

そもそも円安や円高は、なぜ起きるのでしょうか?

「円」の「ドル」に対する、相対的な価値が変動するために、円安・円高が起きるというのが基本的な考え方です。円とドルの価値を相対的に判断するのです（図17－2）。

円が必要になるということは、相対的にはドルが不要になるということです。必要だという側の円には買い手が集まります。競争が起きて、円の価値は上昇し円高になります。その片側でドルは売られて価値は縮小します。

ボクシングと同じです。ただし仲の良い友だち同士のボクシングです。どちらかがパンチを出せば、相手はパンチを受けます。でも友だちですから仲が悪くなってはいけませんので勝ち負けをつけません。

どっちかが強くて相手側がフラフラしたら、強い方はパンチを遠慮して、相手のパンチを受けるようにします。こうしてボクシングは延々と続きます。終わりはありません。これがボクシングの相対パンチ制、つまり国際通貨の変動相場制です（図17－3）。

図17-3　貿易は国同士のボクシング

誰が必要としているのか

円やドルの価値は、それを必要とする人々がいるから動きます。必要性は「**実需**」か「**投資**」かで分かれます。たとえば、ハワイにいくために円をドルに交換するのは実需です。日本企業がアメリカに工場をつくるために円をドルに交換するのも実需です。つまり、実際に何かモノやサービスを売買するために通貨交換が起き、為替変動が起きることは「実需」になります。

日本にとって、アメリカからの輸入が多ければドルを払わなければいけないので、円売り・ドル買いでドル高になります。アメリカから日本への輸出が多ければドルを円に換えなければいけないので、ドル売り・円買いになって円高になります。

実需はこのように為替交換をしています（§２参照）。

一方で、モノやサービスの売買や輸入・輸出と関連しない通貨交換が「投資」です。為替変動による差額で収益を上げる投資目的で、ドルを買ったり、円を買ったりすることです。

なお、「投資」と似た「投機」という言葉があります。短期的な機械的な投資行動を投機と呼び、長期的な目標を持つ場合を投資と呼ぶことが多いです。投資する側の心理的な受け止め方の違いで、使い分けられているようです。

投資による円ドルの売買は、全体の８割以上を占めると言われています。

近年、資産運用立国が提唱され、個人投資が活発になっています。NISA（少額投資非課税制度）の人気も出ており、海外の経済が伸びていることから外国への投資が増えています。アメリカに投資するにはアメリカドルを買う必要があるため、その影響で円が売られます。当然のことながら円安となってしまいます。
海外でドルの収益を上げた分、そのドルを円転すれば円の価値は上昇しますが、なかなか日本円には換えません。また海外でドルで投資をするのです。
2024年4月29日、約34年ぶりに1ドル＝160円台の円安になりました。円ドルレートの動きにはさまざまな理由があるのです。

③ ブレトンウッズ体制とＷＴＯとＩＭＦ

固定相場制の話に戻ります。第二次世界大戦が終了した直後は、戦勝国、戦敗国などさまざまな国の貨幣価値の変動が起き、貿易にも支障をきたしました。そのため、ドルを基軸通貨とし、金を基準にする体制ができあがったのです。さまざまな国との決済に必要な為替変動や価値の適切な判断を円滑に行なうために国際決済システムの枠組みができあがりました。それが**ブレトンウッズ体制**です（§３参照）。しかし、ニクソン大統領が導入した変動相場制によって、事実上この体制は機能しなくなりました。ここから世界各国の変動相場制が始まりました。

ＷＴＯの目的

ブレトンウッズ体制によって、さまざまな目的をもった国際組織ができあがりました。通貨についてはＩＭＦ（国際通貨基金）、経済力の復興についてはＩＢＲＤ（国際復興開発銀行）がつくられました。貿易についてはＧＡＴＴ（関税および貿易に関する一般協定）ができ、ＧＡＴＴは**１９９５年にＷＴＯ（世界貿易機構）**に引き継がれました。

ＷＴＯには、現在、世界で１６６の国と地域が加盟しています。

自由に貿易ができることと同時に、差別的な貿易がないようにすることが、ＷＴＯの目的です。

第二次世界大戦前の１９２９年から１９３０年、世界大恐慌が起き、その時に農産物や工業製品などを自国内にとどめ、それを輸入したいという国に対しては関税を高くするといった**保護主義**が進んで世界が分断されました。各国で貧富の差が明確になり、富める国は資源を保護し、富めない国に輸出入の機会を与えない状況です。

これが第二次世界大戦に結びついたという考え方もあり、ブレトンウッズ体制では貿易についての無差別原則が定められたのです。これによって、多角的貿易体制（多数の国で相互に貿易収支のバランスを取り合うこと）ができあがりました。

ＷＴＯとＩＭＦの役割

ＷＴＯの役割を果たすために必要なのが、ＩＭＦです。

ＷＴＯは、〝貿易〟という経済的に極めて重要な動きが、自由かつ円滑に行なわれることを目的にルールを定め、活動しています。

一方、**ＩＭＦは貿易に関する〝お金の取引〟に着目します。**為替動向を監視し、各国の為替政策にも注意を置いています。

ＷＴＯが貿易のコントロールをし、ＩＭＦはそれを資金面で監視・コントロールすることで一体となり、協働している面があるのです。

経済と貿易

秩序ある貿易や為替取引を行なうには、多国間の関係性の構築が重要です。WTOやIMFに加入するだけではなく、経済的や政治的に仲の良い国同士の関係性に基づくグループもできています。たとえば、G7、G20、APEC（アジア太平洋経済協力）、OECD（経済協力開発機構）、ASEAN（東南アジア諸国連合）などです。

こうしたグループでは、各国の立場で、1国が経済の力の差で1人勝ちにならないようにする施策を検討しています。

たとえば、インフラなどへの投資を積極化したり、大型のプロジェクト設備（ビルや工場）への投資をしたりすることでグループ全体の経済発展に寄与しています。また、グループ内での関税を抑えることもあります。

サプライチェーンが複雑に絡み合っている中で、貿易はもはや不可欠となっています。こうした行動によって、域内の各国の貿易も促進され経済力が強化されるのです。

④ 経済圏を広げる取組み

1993年1月、**EU（欧州連合）**が設立されました。もとは、EC（欧州共同体）として設立され、欧州の経済的な共同を目的としていました。当時、欧州にはドイツやフランスなど経済的な強国がありました。

一方、1992年の12月、アメリカ、カナダ、メキシコといった元より経済的な共同意識の高い南北のアメリカ大陸の国で、**NAFTA（北米自由貿易協定）**が署名されました。

ヨーロッパも、貿易力を強化するNAFTAに取り残されないようにしなければなりません。EUは、通貨の統合だけでなく、経済の統合も果たしました。つまり、EUに所属する国同士では、国内の取引と同じようにモノ・サービスやお金のやりとりができるようになったのです。

EU内の貿易は基本的に自由であり、EU域内の国同士の取引に税金はかかりません。その他、さまざまにEU加盟国同士のメリットがあり複数の国にまたがる巨大経済圏ができあがりました。

図17-4　TPPと新NAFTAとEU

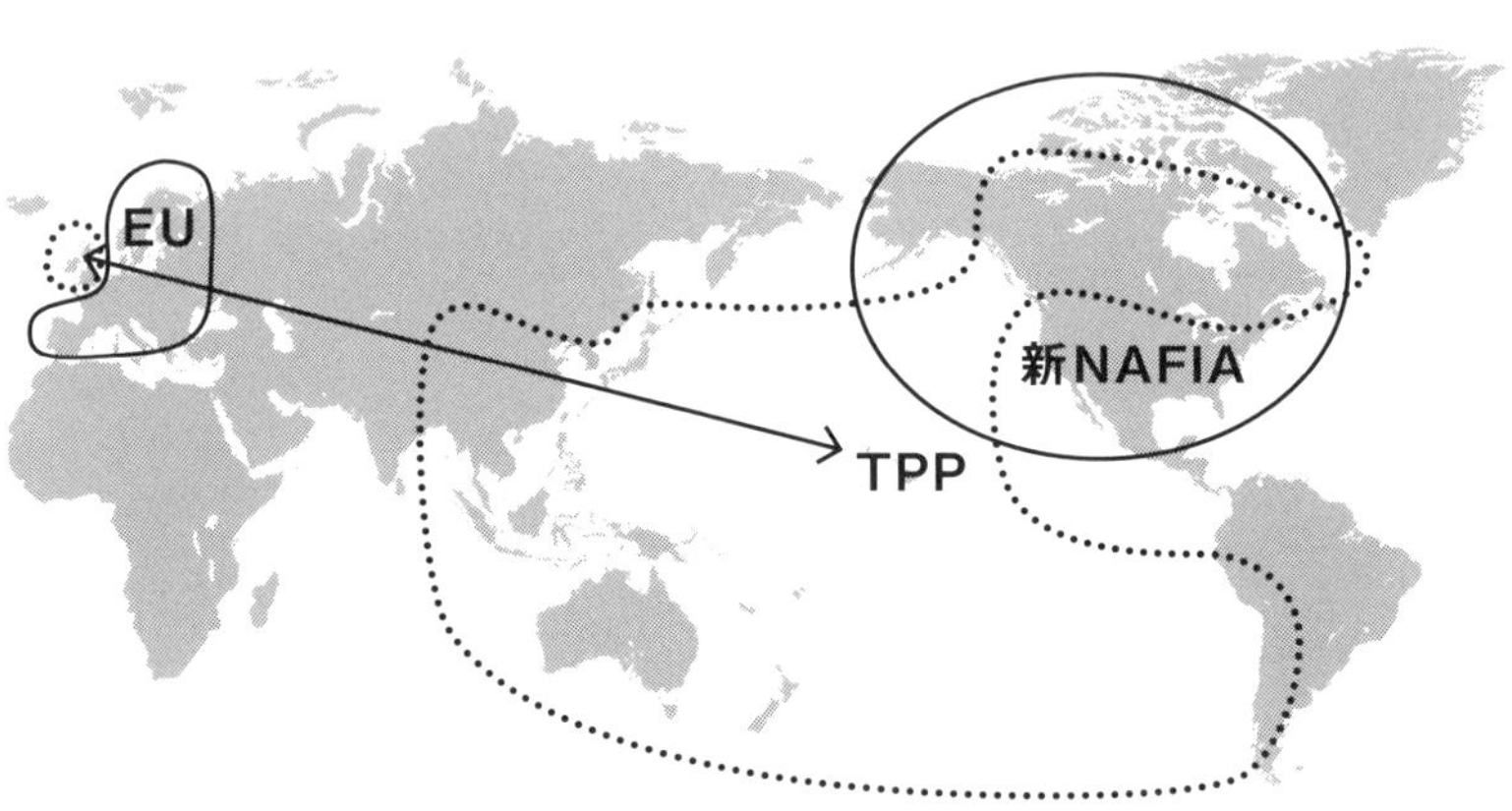

アジア圏も、NAFTA（2020年に新NAFTAに変更）、EUといった2つの巨大経済圏を黙って見ているわけにはいきません。日本、アジア太平洋地域も動いています。

FTAとTPP

WTOのルールを一部修正してできあがったのが**「FTA（自由貿易協定）」**です。FTAはFree Trade Agreementの略で、特に関税に着目して締結国・地域の間で自由貿易を目指します。関税という不自由さを撤廃することを掲げているのです。

日本は**TPP（環太平洋パートナーシップ）**という環太平洋の各国間との自由貿易に参加するために、2016年署名をしました。このTPP間ではFTAが適用されるので関税などに優遇措置が適用されるのです。

TPPの参加者は貿易と投資を自由化し、各国間の貿易についての問題点を将来的に解決することを目指しています。EUや北アメリカの新NAFTAのような〝貿易連帯〟を、環太平洋地域でもつくろうとしたのです。

TPPは環太平洋地域で幅広く貿易連帯を形成しています。さらにその領域を広げ、2023年には、2020年にEUから離脱したイギリスの参加も正式に承認されました。GDPで見た場合には、最大の貿易連帯になる可能性もあります。これまでのアメリカ中心、ヨーロッパ中心という貿易とそれにつながる経済力の様相が、変わりつつあります（図17-4）。

一帯一路構想

図17-4に見られるように、世界では、アジア圏、EU、アメリカ圏のように、地域でまとまって貿易圏を形成してきました。しかし、はるか昔には、もっと広範なエリアでの貿易が盛んでした。

紀元前、当時の漢王朝が西アジア~現在のトルコまでの物流ロードをつくりました。それが**シルクロード**です。インフラ整備から始まり、貿易だけでなく、文化の交流も進みました。

今、中国が打ち出しているのが〝新・シルクロード〟とも言える**「一帯一路」構想**です。この構想は、陸と海の両面を見ています。

陸は、中国から中央アジアを経てトルコまでほぼ西進し、そこから北進してロシアのモスクワに行き、ドイツやフランスを進み、最終的にはイタリアのベネチアまでをつなぐ貿易ルートを構築する構想です。

海路では中国からインドネシア、シンガポール、インド、紅海に面したジブチ、アフリカのタンザニア、トルコ、イタリアを結びます。

一帯一路構想は、陸の面でも海の面でもシルクロードと同様、インフラを整備する点に、強みがあります。これは中国の経済力を活かした施策です。

陸路では鉄道整備で貨物運送の利便性が上がり、貿易が進みます。道路整備が進むことで、貿易が活性化し文化や観光も盛り上がります。海の面のインフラである港の構築、整備にも資金提供することで、海でのモノの流れが促進されます。

一帯一路構想は、中国の経済力を活かし、これまで欧米中心につくられてきた新NAFTA、EU、TPPとは異なる貿易連帯をつくり出そうとしているのです。

5 デジタル貿易

さて、貿易は基本的にモノ（現物）の越境によって成り立っています。その際に通貨の受取りや支払いでは為替が必要となります。

今、課題となっている新しい貿易があります。それは、現物ではなくデジタルを目的物とする貿易です。インターネットを通じて、外国の映画、コンサート、漫画や本などのデジタルコンテンツをダウンロードして自国で楽しむことは一般化しています。これらはしっかりした各国間の無形資産の貿易なのです。こういった娯楽にとどまらず、医療などの重要技術の貿易もデジタルで行なわれています。デジタル貿易あるいはデジタルを介した貿易について、さまざまな枠組みで対応が進んでいます。

各国で思惑はさまざまです。まだ統一されたルールは定まっていません。デジタル貿易のためのインフラはすでにできていますが、それに対する制限が国ごとにバラバラなのです。データの越境移転や個人情報保護については、それぞれの国の法律、規制、政策に関連する問題であり、解決には時間がかかりそうです。

おぼえてほしい §17のキーワード

金ドル本位制	アメリカドルをあらかじめ決められた一定量で金（ゴールド）に交換できるようにし、金の価値をドルの価値の裏付けとした制度。
固定相場制	為替レートを各国間で固定化するもの。1971年までは1ドル＝360円と固定化されていた。ペッグ（しばりつけて動けなくする）という意味でペッグ制とも呼ばれる。
変動相場制	為替レートが各国の経済状況によって変動するもの。浮き沈みがあるのでフロート（浮く）制ともいう。経済の実態が反映されることに加え、投機にも利用される。
世界貿易機構（WTO）	行きすぎた保護主義が第二次世界大戦の原因となった反省から、多角的貿易体制の維持を目的として貿易のコントロールを行なう国際機関。

おわりに

本書は、経済や金融に関する1970年頃以降の事件について記しています。その事件の背景にある経済的な動向や、金融にかかわる影響などをできるだけわかりやすく記すようにしました。

各章の最初に、新聞記事風に事件をまとめました。銀行券の偽造のことや暗号資産が盗まれたこと、あるいは地震のことや税制の大きな変更である消費税の導入、また、オイルショックや金ドル兌換制の廃止から変動相場制などを事件として取り上げています。

これらの事件あるいは、事象もしくは騒動は、過去にあった珍しい出来事ととらえてしまうことが一般的かと思います。「へーえ、こんなことがあったんだ」と思うのが通常ではありますが、そこで思考停止していただきたくはないのです。

ここで記したさまざまな事件は、決して珍しいものではなく〝また、起きる〟と考えていただきたいのです。「こんなことがあったのなら、似たようなことはまた必ず起きるぞ」と備えていただきたいのです。本書は、これから起きることに備えるために〝過去のことを知っておいて損はない〟という趣旨で書かれているのです。

依田《いだ》高典・京都大学教授が、ケンブリッジ大学で教鞭をとったジョーン・ロビンソンの考え方を紹介しています。ロビンソンは、経済学は合理性や均衡という「常識的に考えればこうであろう」という状態をスタートラインとして考えていることを強く批判しているのです。

経済は、政府や企業が思っている通りに動くのであれば、合理性や均衡状態を仮定することができるはずです。これが経済に学がついた〝経済学〟の考え方です。この考え方自体に問題はないのですが、現実は合理的でもなければ均衡状態でもないことが十分にあり得ます。いや、必ずあると言っても良いのではないかと思います。

合理的であり均衡状態であることが、経済学のあたりまえではなく、非合理的で非均衡であることも、また、あたりまえとして受け入れるべきなのです。つまり、経済において事件は普通に起きるもので、起きないことはないと考えて、それに備えるために過去を学んでおく必要があるのです。

本書を記すにあたっては東京国際大学名誉教授の上林敬宗《かみばやしたかのり》氏にご指導をいただきました。コア・コム研究所の勝島一氏には、データの収集と分析に協力いただきました。三津間氏にはアイデアをいただきました。また日本実業出版社編集部の皆さまには出版にあたりご尽力いただきました。みなさまに感謝いたします。

INDEX

山本御稔（やまもと　みとし）
コア・コム研究所株式会社取締役社長、東京国際大学特任教授、東京科学大学非常勤講師。
1961年生まれ。同志社大学経済学部卒。シカゴ大学MBA。九州大学博士課程満期退学。中央信託銀行（現・三井住友信託銀行）、監査法人トーマツ（デロイト・トーマツ）にて資産運用・金融部門のパートナーを経て現職。
著書『経済ってなんだ?』（SBクリエイティブ）など多数。

「本当《ほんとう》にあった事件《じけん》」でわかる
金融《きんゆう》と経済《けいざい》の基本《きほん》

2025年2月1日　初版発行

著　者　山本御稔　©M.Yamamoto 2025
発行者　杉本淳一

発行所　株式会社日本実業出版社　東京都新宿区市谷本村町3-29　〒162-0845
編集部　☎03-3268-5651
営業部　☎03-3268-5161　振　替　00170-1-25349
https://www.njg.co.jp/

印刷・製本／中央精版印刷

本書のコピー等による無断転載・複製は、著作権法上の例外を除き、禁じられています。
内容についてのお問合せは、ホームページ（https://www.njg.co.jp/contact/）もしくは書面にてお願い致します。落丁・乱丁本は、送料小社負担にて、お取り替え致します。

ISBN 978-4-534-06156-0　Printed in JAPAN

日本実業出版社の本

下記の価格は消費税(10%)を含む金額です。

日本&世界の景気を把握し先読みする
経済指標 読み方がわかる事典

森永康平
定価1980円(税込)

日本、米国、欧州、中国の景気動向の把握や、景気予測に役立つ、経済指標64項目の読み方と使い方を解説。個人投資家や金融関係者、経済ニュースが読めるようになりたい人におススメの1冊!

イラストでサクッとわかる
日本一たのしい税金の授業

稲垣 啓
定価1760円(税込)

税金の仕組みやルールを、超絶ユニークなイラスト図解で、わかりやすく、かつ面白く教えるオールカラー図解入門書。インプットした知識を深める「税金クイズ」も豊富に盛り込まれています。

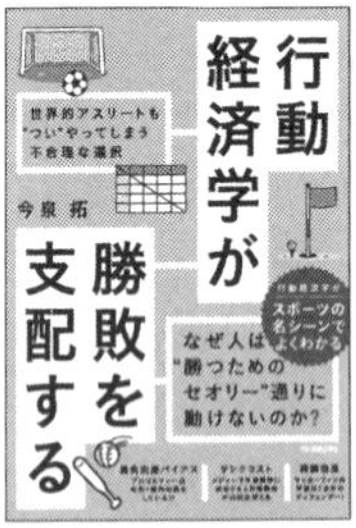

行動経済学が勝敗を支配する
世界的アスリートも"つい"やってしまう不合理な選択

今泉 拓
定価1980円(税込)

世界的アスリートでも「勝つためのセオリー」通りにプレーできない人間の不合理を、実際のスポーツのデータをもとに図やグラフを用い丁寧に解説。行動経済学が楽しみながらより深くわかります。

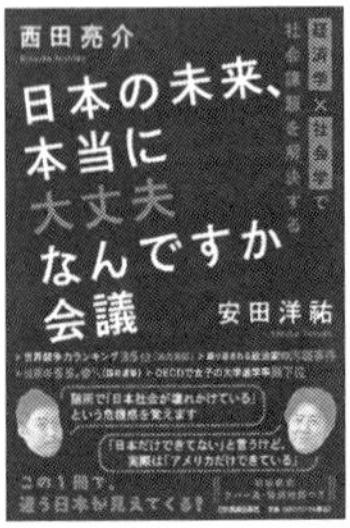

日本の未来、本当に大丈夫なんですか会議
経済学×社会学で社会課題を解決する

西田亮介・安田洋祐
定価1980円(税込)

異能の社会学者と正統派の経済学者が日本の未来を考えてみた! 人と組織の生産性、政治における金と票のメカニズム、教育の格差など、日本の社会課題を見渡し、解決への道筋を議論します。

定価変更の場合はご了承ください。